CB014070

Praça da Concórdia, Paris. Litografia da série "Revolução de 1848", de A. Bes e F. Dubreuil, *c.* 1849.

A TEORIA DA REVOLUÇÃO
NO JOVEM MARX

Michael Löwy

A TEORIA DA REVOLUÇÃO NO JOVEM MARX

Tradução
Anderson Gonçalves

Copyright desta edição © Boitempo Editorial, 2012
Copyright © Michael Löwy, 1970
Tradução do original em francês *La théorie de la révolution chez le jeune Marx*
(2. ed., Paris, Éditions Sociales, 1997)

Coordenação editorial	Ivana Jinkings
Editora-adjunta	Bibiana Leme
Assistência editorial	Pedro Carvalho
Tradução	Anderson Gonçalves
Preparação	Mariana Echalar
Capa	Antonio Kehl sobre gravura de Karl Marx discursando em Londres (autor desconhecido); na quarta capa, foto das barricadas parisienses da rua Royale, em 1848.
Diagramação e produção	Livia Campos
Assistência de produção	Camila Lie Nakazone

CIP-BRASIL. CATALOGAÇÃO-NA-FONTE
SINDICATO NACIONAL DOS EDITORES DE LIVROS, RJ

L954t

Löwy, Michael, 1938-
    A teoria da revolução no jovem Marx / Michael Löwy ; tradução Anderson Gonçalves. -1.ed., ampl. e atual. - São Paulo : Boitempo, 2012.

    Tradução de: La théorie de la révolution chez le jeune Marx
    Inclui bibliografia
    ISBN 978-85-7559-291-5

    1. Marx, Karl, 1818-1883. 2. Revoluções - História. 3. Filosofia marxista. I. Título.

12-6459.   CDD: 335.4
                                                                           CDU: 330.85

É vedada a reprodução de qualquer parte
deste livro sem a expressa autorização da editora.

1ª edição: setembro de 2012
1ª reimpressão: setembro de 2016; 2ª reimpressão: abril de 2021

BOITEMPO EDITORIAL
Jinkings Editores Associados Ltda.
Rua Pereira Leite, 373
05442-000 São Paulo SP
Tel./fax: (11) 3875-7250 / 3872-6869
editor@boitempoeditorial.com.br | www.boitempoeditorial.com.br
www.blogdaboitempo.com.br | www.facebook.com/boitempo
www.twitter.com/editoraboitempo | www.youtube.com/tvboitempo

SUMÁRIO

AGRADECIMENTOS 12

APRESENTAÇÃO, *Rodnei Antônio do Nascimento*............................13

PREFÁCIO À EDIÇÃO DE 1997 19

INTRODUÇÃO 29
    Observações metodológicas 29
        Premissa de um estudo marxista do marxismo...........................29
        Os quadros sociais do marxismo: o proletariado 31
        A ciência revolucionária do jovem Marx 39
    A revolução comunista e a autoemancipação do proletariado.....42
        O mito do salvador supremo 42
        A autoemancipação operária 45
        O "comunismo de massas" de Marx..50

1. A PASSAGEM PARA O COMUNISMO (1842-1844) 53
    A *Gazeta Renana*...53
        O Estado e o interesse privado..56
        O sofrimento dos pobres 60
        O comunismo..62
        A filosofia e o mundo..66
    Ruptura e transição: 1843 68

    Crítica da filosofia do Estado de Hegel..73

    A correspondência com Ruge...75

  A adesão ao comunismo 83

    Sobre a questão judaica 85

    Crítica da filosofia do direito de Hegel – Introdução..............................89

2. A TEORIA DA REVOLUÇÃO COMUNISTA (1844-1846)..........................97

  Marx e o movimento operário (1844-1845)...97

    As sociedades secretas comunistas em Paris (1840-1844) 98

    A Liga dos Justos em Paris 107

    O cartismo..112

    A revolta dos tecelões silesianos..117

    A síntese teórica de Marx...120

  O corte: teoria da revolução (1844-1846) 121

    Os manuscritos de 1844...121

    O rei da Prússia e a reforma social (*Vorwärts*).....................................128

    A sagrada família 134

    Teses sobre Feuerbach 143

    A ideologia alemã 149

3. A TEORIA DO PARTIDO (1846-1848) 159

  Marx e o Partido comunista (1846-1848) 159

    O Comitê de Correspondência Comunista...160

    A Liga dos Comunistas 171

  Os comunistas e o movimento proletário (1847-1848) 178

    Miséria da filosofia...179

    Manifesto do Partido Comunista..181

4. PARTIDO, MASSAS E REVOLUÇÃO: MARX DEPOIS DE 1848.................191

  Mensagem do Comitê Central à Liga dos Comunistas
(março de 1850) 191

  Contra o "socialismo de Estado" de Lassalle 194

A Primeira Internacional 198
A Comuna de Paris 200
Marx, Engels e a social-democracia alemã 203

APÊNDICE – A REDUÇÃO DA JORNADA DE TRABALHO É A
CONDIÇÃO DO REINO DA LIBERDADE 209
O capital, I, VIII, "A jornada de trabalho" 209
A luta de classes e a redução da jornada de trabalho 211
O reino da liberdade 213

SOBRE O AUTOR 217

Nota da edição

Esta edição do livro *A teoria da revolução no jovem Marx*, de Michael Löwy, tem por base a tradução de Anderson Gonçalves, publicada em 1997 pela editora Vozes. Para a nova publicação, o texto foi revisado e cotejado com o original francês. Foi também incluído um apêndice, "A revolução da jornada de trabalho é a condição do reino da liberdade", apresentado entre as páginas 209 e 216.

Na atividade revolucionária, o transformar a si mesmo coincide com o transformar as circunstâncias.

Karl Marx, *A ideologia alemã*, 1845.

A emancipação dos trabalhadores deve ser obra dos próprios trabalhadores.

Karl Marx, *Preâmbulo dos estatutos da Associação Internacional dos Trabalhadores*, 1864.

Não há salvadores supremos:
Nem Deus, nem César, nem tribuno.
Produtores, salvemo-nos a nós mesmos!
Decretemos a salvação comum!

Eugène Pottier, *L'internationale*, 1871.

AGRADECIMENTOS

Somos gratos a todos aqueles que nos fizeram críticas e deram sugestões, tanto à forma como ao conteúdo de nosso trabalho: Denis Berger, Jules Humbert Droz, Ruy Fausto, Norman Geras, Anna Giannini, Ernest Labrousse, Claude Lefort, Eder Sader, Aziz Simão, Roberto Schwarz.

Agradecemos igualmente ao Instituto Internacional de História Social de Amsterdã, o qual nos permitiu consultar os manuscritos inéditos de Marx que fazem parte de seus arquivos.

Expressamos nosso profundo reconhecimento ao saudoso professor Lucien Goldmann: sem sua ajuda e encorajamento dificilmente poderíamos ter cumprido nossa tarefa. Dedicamos este trabalho a sua memória.

APRESENTAÇÃO

Na história do marxismo não foram poucas as tentativas de separar a obra prática de Karl Marx de sua obra teórica. Do austro-marxismo à marxologia, muitos intérpretes quiseram negar o vínculo entre o diagnóstico objetivo do capitalismo e as opções políticas de Marx. Enquanto suas análises histórico-sociais eram vistas como um empreendimento científico respeitável, a afirmação de superação do capitalismo numa forma de organização social comunista não passaria de um apêndice arbitrário da teoria. Isolados esses dois momentos, o marxismo ficava reduzido a uma disciplina acadêmica tradicional, desprovida de qualquer dimensão revolucionária.

Opondo-se francamente a essa corrente, Michael Löwy propõe-se neste livro compreender a gênese histórica do novo materialismo inaugurado por Marx como resultado de uma evolução ao mesmo tempo política e filosófica. A teoria da revolução comunista é precisamente o fio condutor que lhe permite articular os diferentes momentos dessa trajetória, que conduz do neo-hegelianismo de esquerda à ideia de autoemancipação do proletariado e sua síntese teórica em uma filosofia da práxis, passando pelo comunismo filosófico. Essa perspectiva insere o autor naquela linhagem do marxismo para a qual a teoria da revolução não é apenas um tema entre tantos do pensamento de Marx, ao lado da economia política, a filosofia ou a história, mas aquele que unifica todos e dá o sentido próprio da obra. Já György Lukács afirmava, contra a neutralização política do marxismo operada pelas tendências cientificistas do movimento comunista nas duas primeiras décadas do século XX, que, antes de tudo, a "dialética materialista é uma dialética revolucionária".

Mas, para além da recuperação do caráter revolucionário do marxismo, o sentido mais profundo e a originalidade deste livro podem ser mais bem avaliados se recordarmos, mesmo que de modo breve, a versão predominante no debate acerca do sentido autêntico do marxismo na época em que foi publicado pela primeira vez na França, há mais de quarenta anos. Refiro-me, evidentemente, às posições de Louis Althusser e seus discípulos, das quais o estudo de Löwy discrepava inteiramente e de maneira consciente, ainda que não explícita.

Na leitura althusseriana, o aspecto prático da elaboração de Marx não vem ao caso, visto que, dessa perspectiva, o que marca a passagem para o verdadeiro materialismo é uma ruptura teórica realizada pelas categorias econômicas da maturidade com aquela noção dita abstrata de homem que acompanha a crítica da alienação efetuada pelo jovem Marx. Trata-se aqui do conhecido corte epistemológico que, segundo Althusser, dividiria a obra de Marx entre a ideologia humanista dos escritos de juventude e a teoria científica alcançada com a crítica da economia política madura.

Löwy, no entanto, rejeita os próprios termos dessa interpretação, o que explica, aliás, por que o leitor praticamente não encontrará aqui indicações a respeito da famosa disputa que opunha o jovem e o velho Marx, embora ocupasse na época o centro das discussões sobre o marxismo na França e também no Brasil. Ao tomar a teoria da revolução como eixo do itinerário intelectual do jovem Marx, ele passa por cima da oposição pura e simples entre teoria e "ideologia" e mostra que a formação da nova compreensão do mundo é inseparável de sua experiência política no interior do movimento comunista europeu. A certa altura, Löwy menciona de passagem o que considera a principal deficiência das leituras meramente epistemológicas: enquanto estas se perguntam sobre a existência ou não de um pressuposto antropológico nas obras de juventude, e em que momento ele teria afinal vindo abaixo, deixam escapar as transformações políticas essenciais pelas quais passa o pensamento de Marx e preparam a formulação de uma filosofia da práxis. Se é verdade, admite Löwy, que a fundação dessa nova concepção filosófica exige o rompimento com o ponto de vista teórico anterior — Friedrich Hegel, Ludwig Feuerbach e o neo-hegelianismo —, este vem acompanhado de um processo de radicalização política sem o qual se torna incompreensível. Seria preciso reconhecer, portanto, que a ruptura que dá nascimento ao marxismo não é apenas epistemológica, mas também política — o que, de resto, obriga a repensar os nexos entre teoria e ideologia, entendida esta última não como um ponto de vista unilateral sobre a realidade, mas como portadora de um interesse coletivo autêntico, que merece ser acolhido no interior da elaboração intelectual.

A consideração do sentido político, além de permitir apreender a unidade da obra, traz consigo ainda outro elemento essencial para o entendimento da evolução teórica do jovem Marx como o é a história – um dado que deveria ser óbvio para qualquer investigação sobre um autor que afirma a historicidade radical do pensamento humano, mas permanecia negligenciado, em razão do núcleo epistemológico em torno do qual giravam as discussões sobre o marxismo. E, para Löwy, o enraizamento histórico de um sistema de ideias não prejudica em nada seu valor teórico, não o reduz à mera ideologia, mas consiste, ao contrário, em sua fonte de legitimação. Com base nessa convicção, ele pode lançar-se então à tarefa de recuperação do contexto histórico em que se constituiu a teoria da revolução de Marx. Mais especificamente, demonstra como a ideia-chave de autoemancipação do proletariado pela revolução comunista germina e toma corpo somente a partir do contato do filósofo alemão com as vertentes socialistas e comunistas do nascente movimento operário, entre os anos 1840 e 1848.

Acompanhando a minuciosa exposição do autor, compreende-se, com efeito, o impacto decisivo da descoberta do caráter revolucionário do proletariado sobre as ideias políticas e filosóficas do jovem Marx. Até os artigos dos *Anais Franco-Alemães*, predominava o esquema neo-hegeliano da superioridade da atividade teórica sobre a atividade prática na transformação da realidade. Desse ponto de vista, a reforma da consciência deveria preceder qualquer transformação da sociedade. As reivindicações sociais das populações pobres, apesar de despertar a simpatia do jovem hegeliano de esquerda, eram vistas como pertencentes à esfera das necessidades privadas da sociedade civil e incapazes, por isso, de uma ação política genuína. Quando se torna clara para Marx a impossibilidade de realizar um Estado universal num sistema dominado pela propriedade privada, ele passa a admitir então a necessidade de uma revolução social que tenha como base material o proletariado, única classe da sociedade que, por seu sofrimento universal, representa um interesse universal.

Contudo, o proletariado ainda permanece como base passiva da revolução, aquela que apenas sofre as condições a sua volta, cabendo à filosofia o papel ativo de condução das massas: o filósofo deve ser a cabeça da revolução, ao passo que o proletariado seria seu coração, segundo a conhecida fórmula da "Crítica da filosofia do direito de Hegel – Introdução"*. Somente a participação direta nas primeiras organizações operárias comunistas revelará finalmente para Marx

---

* Em K. Marx, *Crítica da filosofia do direito de Hegel* (2. ed., São Paulo, Boitempo, 2010), p. 145-57. (N. E.)

a extraordinária capacidade de ação revolucionária autônoma do proletariado, muito mais efetiva do que o ativismo publicista e literário dos jovens hegelianos de esquerda. A confirmação definitiva desse impulso politicamente transformador é dada em junho de 1844, quando eclode a insurreição dos tecelões da Silésia contra a exploração e a opressão capitalistas. Constituídos numa nova classe, os operários se impõem então como o elemento verdadeiramente ativo da emancipação, anulando de uma vez por todas a crença na atividade teórica como agente protagonista da revolução. Do mesmo modo, a revolução comunista só poderá ser concebida agora como um ato de autoemancipação do proletariado, que dispensa qualquer interferência externa para sua realização.

A atividade revolucionária do proletariado, na qual Marx identifica a matriz da verdadeira atividade humana, servirá ainda de modelo para a filosofia da práxis. Na luta contra as condições de existência, os operários transformam o mundo que os cerca, ao mesmo tempo que transformam a própria consciência. Essa ação não é nem o simples reflexo passivo das circunstâncias nem muito menos uma ação apenas teórica. Trata-se antes de uma prática revolucionária que se volta para as condições exteriores, modificando-as, e ao mesmo tempo modifica o sujeito da ação. A filosofia da práxis designa exatamente essa prática em que coincidem mudança do meio e de si mesmo. O conceito de prática revolucionária vem a ser, por fim, o fundamento teórico da revolução comunista como autoemancipação do proletariado, isto é, de uma ação efetivamente transformadora e autônoma.

Ao longo de todo esse percurso, percebe-se o traço nitidamente antidogmático e antiutópico da noção de autoemancipação operária. Esta não é um ideal abstrato, criado na cabeça do filósofo e imposto de fora às massas, mas a expressão das aspirações reais de uma classe, despojada dos resquícios da ideologia burguesa que carregava muitas vezes com ela, uma teoria coerente e adequada à sua posição social. O mesmo princípio de autonomia da ação operária também deve orientar, segundo Marx, a formação do partido comunista e sua relação com os organismos dos trabalhadores: o partido não deve erguer-se acima deles nem substituir sua atividade espontânea, mas constituir-se como um partido dentro do partido operário. Ao conceber semelhante teoria do partido, Marx não apenas se opõe a todas as formas de sectarismo, utopismo e messianismo que atuam à margem das manifestações operárias ou simplesmente as instrumentaliza em favor de ideias arbitrárias sobre uma sociedade futura, como também estabelece os marcos de um partido democrático de massas.

Ao contrário, portanto, das declarações que dão o comunismo de Marx como algo ultrapassado – por confundi-lo de maneira abusiva com as experiências socialistas feitas em seu nome –, o que sua teoria da revolução ainda é capaz de nos ensinar é justamente seu sentido antiautoritário e democrático, sua capacidade de reconhecer as potencialidades emancipadoras no interior da sociedade presente, a despeito de todos os prejuízos intelectuais e ideias preconcebidas. Precisamente por ter se livrado dos preconceitos filosóficos da esquerda hegeliana e do sectarismo dos primeiros socialistas é que Marx pôde certificar-se da força revolucionária da classe operária, no momento em que esta mal havia se constituído. Tal perspectiva comprova até mesmo que a classe operária como sujeito da revolução nunca foi um dogma para Marx, mas uma descoberta feita a partir da experiência com os movimentos sociais mais avançados da época.

O marxismo se deixa esterilizar num saber inofensivo quando abandona esse empenho revolucionário que marcou sua origem. Tal risco está presente hoje na atitude daqueles que se dispõem a saudar em Marx o teórico genial do capitalismo, ao passo que repelem o corolário político de seu diagnóstico como um desvio utópico pertencente ao campo da escatologia moral. Mais uma vez é a unidade prático-teórica de seu pensamento que é posta em xeque. Nesse sentido, nada mais oportuno do que a leitura deste estudo pioneiro sobre a teoria da revolução no jovem Marx, na medida em que contribui decisivamente para o esclarecimento da dimensão emancipatória de sua obra.

*Rodnei Antônio do Nascimento**

---

* Professor de filosofia da Universidade Federal de São Paulo (Unifesp). (N. E.)

PREFÁCIO À EDIÇÃO DE 1997*

Marx está morto?

Este livro foi publicado pela primeira vez em 1970 pela editora Maspero, na coleção "Bibliothèque Socialiste", dirigida pelo saudoso Georges Haupt. Foi traduzido para o italiano, o espanhol (sete edições), o japonês e o inglês. Curiosamente, suscitou mais interesse no mundo anglo-saxão do que na França: algumas obras, como o conhecido livro do marxista norte-americano Hal Draper, *Marx's theory of revolution* [Teoria da revolução de Marx]**, inspiraram-se amplamente nele – e não apenas para o título.

A edição de 1970 continha um último capítulo dedicado à questão do partido e da revolução *depois de Marx*: em algumas dezenas de páginas, eu tentava fazer um balanço do centralismo de Vladimir Lenin, do "espontaneísmo" de Rosa Luxemburgo, das complexas relações de Leon Trotski com o bolchevismo, da evolução de Antonio Gramsci desde os conselhos operários de Turim até sua teoria do partido como "Príncipe moderno" e, por fim, uma síntese teórica de György Lukács em *História e consciência de classes**** (1923). Tratava-se, é evidente, de tema para outro livro; era impossível tratar esses autores de modo adequado num número tão limitado de páginas. É por essa razão que preferi suprimir essa seção nesta reedição. Acrescento simplesmente que eu não escondia certa simpatia (crítica) pelas ideias de Luxemburgo e Trotski. Na verdade, minha leitura do jovem Marx era, em ampla medida, de inspiração "luxemburguista".

---

* Para a edição de 2012, foram atualizados apenas os anos que a separam da data de redação deste prefácio e/ou de fatos históricos. (N. E.)
** Nova York, MR Press, 1977. (N. E.)
*** São Paulo, Martins Fontes, 2003. (N. E.)

O livro é essencialmente uma *tentativa de interpretação marxista de Marx*, ou seja, um estudo de sua evolução política e filosófica no contexto histórico das lutas sociais na Europa durante os decisivos anos de 1840-1848 e, em particular, sua relação com as experiências de luta da classe operária em formação e com o primeiro movimento socialista/comunista. O objetivo é dar conta do aparecimento no jovem Marx de uma nova concepção do mundo, a *filosofia da práxis*, fundamento metodológico de sua teoria da revolução como autoemancipação do proletariado.

Trata-se de uma pesquisa interdisciplinar, que diz respeito tanto à sociologia quanto à história social, à filosofia e à teoria política, com inspiração no "estruturalismo genético" – termo utilizado por meu mestre e amigo Lucien Goldmann para designar seu marxismo humanista e historicista.

Desde a primeira edição deste livro, passaram-se mais de quarenta anos, e muita água rolou sob as pontes do Sena, do Reno e do Neva. Impérios vieram abaixo, as sociedades se transformaram e as modas mudaram: o modernismo foi substituído pelo pós-modernismo, o estruturalismo pelo pós-estruturalismo, o keynesianismo pelo neoliberalismo, o muro de Berlim pelo muro do dinheiro. E Marx?

Após o fim do "socialismo realmente existente" – ou seja, dos Estados burocráticos moldados pela fôrma stalinista –, assistimos a uma impressionante (quase) unanimidade entre jornalistas, banqueiros, gerentes, teólogos, deputados, senadores, ministros, universitários, filósofos, cientistas políticos, economistas e especialistas de todas as disciplinas para proclamar, *urbi et orbi*, em nome da história, do mercado ou de Deus – se não dos três –, que "Marx está morto" (tema já repisado no decorrer dos anos 1970 pelos chamados "nouveaux philosophes"). Ex-esquerdistas, ex-comunistas, ex-socialistas, ex-revolucionários, ex-tudo não perderam a ocasião de juntar-se ao coro.

"Marx está definitivamente morto para a humanidade". Essa frase data de 1989, ano da queda do Muro, ou de 1991, momento do desmembramento da URSS? Trata-se, na verdade, de uma citação do grande filósofo liberal Benedetto Croce, datada de... 1907. Não foi uma profecia particularmente bem-sucedida, como descobririam dez anos depois os partidários russos do liberalismo.

De fato, agora que o marxismo deixou de ser usado como ideologia de Estado por regimes burocráticos parasitários, existe uma oportunidade histórica para redescobrirmos a mensagem marxiana original e tentarmos desenvolvê-la de maneira criativa. No que me diz respeito, continuo a acreditar, tanto quanto em 1970, que a teoria marxiana da revolução como autoemancipação dos explorados continua a ser uma bússola preciosa para o pensamento e a ação. Não só ela não se tornou obsoleta pelo desmoronamento do infame muro berlinense, mas, ao contrário, é a chave decisiva para compreendermos por que a tentativa de "construir o socialismo" sem o povo (ou contra ele), "emancipar" o trabalho de cima para baixo, impor uma nova sociedade pelos decretos de um poder burocrático e autoritário estava inevitavelmente destinada ao fracasso. Para Marx, a democracia revolucionária – equivalente político da autoemancipação – não era uma dimensão opcional, mas um aspecto intrínseco do processo de transição para o comunismo, isto é, para uma sociedade em que os indivíduos livremente associados tomam em suas mãos a produção de sua vida. A experiência trágica da URSS stalinista e pós-stalinista (assim como a dos outros países de regime análogo), longe de "falsificar" a teoria marxiana da revolução, é sua espantosa confirmação.

Dito isso, esse "retorno a Marx" somente será útil se nos livrarmos da ilusão de encontrar nele a resposta para todos os nossos problemas – ou, pior ainda, a crença de que não há nada para questionar ou criticar no *corpus* complexo e, por vezes, contraditório de seus escritos. Muitas questões decisivas, como a destruição do meio ambiente pelo "crescimento das forças produtivas", as formas de opressão não classistas (por exemplo, de gênero ou étnicas), a importância de regras éticas universais e dos direitos humanos pela ação política, a luta das nações e das culturas não europeias contra a dominação ocidental, estão ausentes ou são tratadas de modo inadequado em seus escritos.

Eis por que a herança marxiana deve ser completada pelas contribuições dos marxistas do século XX, de Rosa Luxemburgo e Trotski a Walter Benjamin e Herbert Marcuse, de Lenin e Gramsci a José Carlos Mariátegui e Ernst Bloch (e poderíamos prolongar a lista).

Gramsci insistia na ideia de que "a filosofia da práxis concebe a si mesma historicamente, como uma fase transitória do pensamento filosófico", destinada a ser substituída numa sociedade nova, fundada não mais na contradição das classes e na necessidade, mas na liberdade[1]. No entanto, enquanto vivermos em sociedades capitalistas divididas em classes sociais antagônicas, será inútil querer substituir a filosofia da práxis por outro paradigma emancipador. Desse ponto de vista, acredito que Jean-Paul Sartre não estava errado em ver no marxismo "o horizonte intelectual de nossa época": as tentativas de superá-lo conduzem apenas à regressão a níveis inferiores do pensamento, não além, mas *aquém* de Marx. Os novos paradigmas propostos atualmente – seja a ecologia "pura", seja a racionali-

---

[1] A. Gramsci, *Il materialismo storico* (Torino, Editori Riuniti, 1979), p. 115-6.

dade discursiva, tão cara a Jürgen Habermas, para não falar da pós-modernidade, do desconstrucionismo ou do "individualismo metodológico" – trazem muitas vezes percepções interessantes, mas não são de modo algum alternativas superiores ao marxismo em termos de compreensão da realidade, de universalidade crítica e de radicalidade emancipadora.

Então como corrigir as numerosas lacunas, limitações e insuficiências de Marx e da tradição marxista? Por um *procedimento aberto*, uma disposição para aprender e se enriquecer com as críticas e as contribuições vindas de outras partes – e, acima de tudo, dos *movimentos sociais* "clássicos", como os movimentos operários e camponeses, ou dos novos, como a ecologia, o feminismo, os movimentos em defesa dos direitos humanos ou pela libertação dos povos oprimidos, o apoio aos índios da América Latina, a Teologia da Libertação.

Mas também é preciso que os marxistas aprendam a "revisitar" as outras correntes socialistas e emancipadoras – inclusive as que Marx e Engels já "refutaram" –, cujas intuições, ausentes ou pouco desenvolvidas no "socialismo científico", revelaram-se muitas vezes fecundas: os socialismos e os feminismos "utópicos" do século XIX (owenistas, saint-simonianos ou fourieristas), os socialismos libertários (anarquistas ou anarcossindicalistas) e, em particular, o que chamarei de *socialistas românticos*, os mais críticos para com as ilusões do progresso: William Morris, Charles Péguy, Georges Sorel, Bernard Lazare e Gustav Landauer.

Se minha leitura do jovem Marx mudou no decurso dos mais de quarenta anos que me separam da primeira edição deste livro, é antes de tudo pela descoberta, na qualidade de sociólogo da cultura, da importância da *crítica romântica da civilização burguesa*, a um só tempo como dimensão – frequentemente negligenciada – do pensamento do próprio Marx e como poderosa fonte de renovação da *imaginação socialista*.

Por *romantismo* não entendo simplesmente uma corrente literária do século XIX, mas um vasto movimento cultural de protesto contra a sociedade industrial/capitalista moderna, em nome de valores pré-capitalistas. Trata-se de um movimento que começa em meados do século XVIII – Jean-Jacques Rousseau é uma das figuras emblemáticas dessa origem – e continua ativo até hoje, em revolta contra o desencanto do mundo, a quantificação de todos os valores, a mecanização da vida e a destruição da comunidade[2].

---

[2] Tentei dar conta desse movimento com meu amigo Robert Sayre no livro *Révolte et mélancolie: le romantisme à contre-courant de la modernité* (Paris, Payot, 1994) [ed. bras.: *Revolta e melancolia: o romantismo na construção da modernidade*, Petrópolis, Vozes, 1995].

Esse aspecto romântico não está ausente da teoria da revolução e, em geral, do pensamento do jovem Marx. Mas isso seria tema para outro livro...

Enfim, a renovação crítica do marxismo também exige seu enriquecimento pelas formas mais avançadas e mais produtivas do pensamento não marxista, de Max Weber a Karl Mannheim, de Georg Simmel a Marcel Mauss, de Sigmund Freud a Jean Piaget, de Hannah Arendt a Jürgen Habermas (para citar apenas alguns exemplos), assim como a consideração de resultados limitados, mas muitas vezes úteis a diversos ramos da ciência social universitária. É preciso inspirar-se aqui no exemplo do próprio Marx, que soube utilizar amplamente os trabalhos da filosofia e da ciência da época – não somente Friedrich Hegel e Ludwig Feuerbach, David Ricardo e Saint-Simon, mas também economistas heterodoxos como François Quesnay, Adam Ferguson, Jean Sismondi, John Stuart, Thomas Hodgskin, antropólogos fascinados pelo passado comunitário como Georg Maurer e Lewis Morgan, críticos românticos do capitalismo como Thomas Carlyle e William Cobbett e socialistas heréticos como Flora Tristan ou Pierre Leroux –, sem que isso diminua em nada a unidade e a coerência teórica de sua obra.

A pretensão de reservar ao marxismo o monopólio da ciência, relegando as outras correntes de pensamento ao purgatório da pura ideologia, nada tem a ver com a concepção que tinha Marx da articulação conflituosa de sua teoria com a produção científica contemporânea.

Muitos livros sobre o jovem Marx, ou sobre o conjunto de sua obra, foram publicados na França no último quarto do século XX. Evidentemente, não se trata de passar em revista aqui essa vasta literatura. Gostaria apenas de chamar a atenção para três contribuições "iconoclastas", que me parecem especialmente interessantes do ponto de vista da problemática que tentei desenvolver neste livro: a filosofia da práxis e sua relação com a teoria da revolução.

Em seu pequeno volume *La philosophie de Marx* [A filosofia de Marx], Étienne Balibar mostra de modo convincente que o novo materialismo, introduzido pelas Teses sobre Feuerbach, não tem muito a ver com a "matéria", mas antes com a necessidade de mudar o mundo: pelo conceito de prática revolucionária, Marx transferiu a categoria do sujeito do idealismo para o materialismo. É partindo desse "materialismo prático" que ele propõe, na célebre tese 6, que "a essência humana" seja definida como "o conjunto das relações sociais"*. Recusando as armadilhas do

---

* K. Marx, "Ad Feurbach (1845)", em K. Marx e F. Engels, *A ideologia alemã* (São Paulo, Boitempo, 2007), p. 534. (N. E.)

individualismo e do holismo, do "realismo" (no sentido escolástico do termo) e do nominalismo, ele traz para o centro de sua reflexão as múltiplas relações entre os indivíduos (trabalho, linguagem, amor), a *realidade transindividual* da humanidade. Numa passagem luminosa, Balibar mostra a reciprocidade dialética entre essa ontologia transindividual e o conceito de prática revolucionária: "Ousemos dizer: as relações sociais aqui designadas nada mais são do que uma incessante transformação, uma 'revolução permanente'..."[3].

Depois da ontologia da práxis, Marx formula, em *A ideologia alemã* (1846)*, a ontologia da produção. Mas essas duas ontologias não são opostas: a unidade da prática as une. Marx rompeu aqui, como sublinha Balibar, com um dos mais antigos tabus da filosofia desde a Antiguidade grega: a distinção radical entre a *práxis*, a ação livre da autotransformação humana, e a *poiésis*, a fabricação das coisas no confronto com a natureza.

A concepção da sociedade e da história como práxis não é contraditória com a ideia de um progresso inevitável, de um socialismo como resultado necessário das contradições capitalistas? O desafio da obra de Henri Maler *Convoiter l'impossible* [Cobiçar o impossível] é extirpar do horizonte utópico da emancipação, que está no centro da filosofia política de Marx, a tentação de se apresentar como uma previsão científica do futuro. Em outros termos, pela inauguração de uma dialética utópica, presente como esboço em Marx, podemos descobrir por baixo do tempo das necessidades lineares o tempo das *virtualidades disruptivas*. A utopia estratégica é uma utopia disruptiva: depende da ação que se apodera da eventualidade de uma brecha e das virtualidades de um combate.

Livre das prescrições doutrinais, a utopia marxiana seria, segundo Maler, a grande arte dos atalhos (o que chamamos de "alternativa"), que põe o desejo do impossível a serviço dos movimentos de emancipação. O futuro de nossa ambição não é o futuro traçado ou prometido das utopias tutelares, mas o futuro inventado para romper o eterno retorno da barbárie.

Essa problemática está também no centro do notável trabalho de Daniel Bensaïd, *Marx, o intempestivo***, cuja iniciativa se inspira numa atitude resolutamente *heterodoxa e crítica* com o próprio Marx.

---

[3] E. Balibar, *La philosophie de Marx* (Paris, La Decouverte, 1993), p. 33.
* São Paulo, Boitempo, 2007. (N. E.)
** Rio de Janeiro, Civilização Brasileira, 1999. (N. E.)

Segundo Bensaïd, a concepção de história em Marx contém uma contradição não resolvida entre o modelo científico naturalista – que prediz o fim do capitalismo "com a inelutabilidade de um processo natural" – e a lógica dialética aberta (a "ciência alemã"). Enquanto certos textos de Marx – sobre a missão civilizadora do capitalismo ou o colonialismo inglês na Índia – não estão longe de cair nas armadilhas da ideologia "progressista", outros (como a introdução dos *Grundrisse**) esboçam uma profunda ruptura com a visão linear e homogênea da história e com a noção de progresso "em sua forma abstrata habitual". Graças a noções como a de contratempo (*Zeitwidrig*) e discordância dos tempos, Marx inaugurou uma representação não linear do desenvolvimento histórico.

Enquanto os epígonos – desde os "ortodoxos" da II Internacional até os "marxistas analíticos" como Jon Elster ou John Roemer – apenas "desmontam e remontam tristemente o cansativo Mecânico das forças e das relações, das infraestruturas e das superestruturas", a visão marxiana de uma história aberta inspirou Trotski na teoria do desenvolvimento desigual e combinado (e na estratégia da revolução permanente) e Ernst Bloch em sua análise da não contemporaneidade das classes e das culturas na Alemanha de Weimar.

O que as leituras positivistas de Marx não compreendem é que a antecipação histórica, ao contrário da predição física, exprime-se num projeto estratégico. Para um pensamento estratégico, a revolução é por essência intempestiva e "prematura". Marx não julga as revoltas dos oprimidos em termos de "correspondência" entre forças e relações de produção: ele está, "sem hesitação nem reserva, do lado dos pobres na guerra dos camponeses, dos niveladores na revolução inglesa, dos iguais na Revolução Francesa, dos *communards* dedicados a esmagar Versalhes".

Daniel Bensaïd avança aqui em uma de suas mais belas *iluminações profanas*: a distinção entre o oráculo e o profeta. O marxismo não é a predição oracular de um destino implacável, mas uma *profecia condicional*, um "messianismo ativo" que trabalha as dores do presente. A profecia não é espera resignada, mas denúncia do que adviria de ruim *se*, como em *A catástrofe iminente e os meios de a conjurar*, de Lenin. Entendida nesses termos, "a profecia é a figura emblemática de todo discurso político e estratégico".

---

* São Paulo, Boitempo, 2011. (N. E.)

Esta reedição surge no momento em que nos aproximamos do aniversário de 165 anos da publicação do *Manifesto Comunista* e da revolução de 1848 na França, na Alemanha e na Europa – revolução em que Marx e Engels participaram ativamente por meio de seu jornal, a *Nova Gazeta Renana*, e mais tarde, já exilados em Londres, pelas circulares da Liga dos Comunistas.

Podemos considerar o *Manifesto do Partido Comunista* de 1848 o resultado, a concretização, a conclusão prática/estratégica da reflexão filosófica e política do jovem Marx sobre as condições da possibilidade da revolução como autoemancipação proletária.

Há chances de que o debate em torno de Marx e do *Manifesto* não seja somente um assunto de especialistas, "marxólogos" ou historiadores das ideias. Certos temas centrais desse documento fundador do socialismo moderno, durante muito tempo ausentes do vocabulário corrente, decretados "arcaicos" – como a luta de classes, a busca de uma alternativa radical ao capitalismo, a convergência entre intelectuais críticos e trabalhadores organizados, a unidade e a coordenação entre as lutas na Europa e no planeta para enfrentar a mundialização da economia –, começam pouco a pouco a retomar seu lugar no discurso social e político.

Isso resulta de uma mudança na atmosfera cultural, que não está desvinculada da emergência na Europa e um pouco em todo o mundo de lutas e mobilizações sociais, revoltas camponesas e populares, greves e manifestações operárias, cuja expressão mais espetacular foram as greves francesas de novembro e dezembro de 1995. Sem otimismo excessivo, temos a impressão de que se inicia uma reviravolta, da qual assistimos aos primeiros movimentos, por enquanto sobretudo negativos – a recusa do neoliberalismo e da globalização capitalista –, mas que contêm no fundo a imagem, a esperança, a utopia de um futuro diferente.

O fato de que um grande número de intelectuais franceses tenha sustentado e mesmo participado ativamente do movimento de dezembro de 1995 é um sinal animador, que sugere que a dialética entre teoria crítica, reflexão política e ação social – uma relação de aprendizado mútuo que lembra a dos anos de 1840-1848 – foi restabelecida.

Para os espíritos críticos que querem, no primeiro terço do século XXI, não apenas interpretar o mundo, mas contribuir para mudá-lo, o desafio é aprender, como o jovem Marx, com as mais avançadas experiências de luta, as mais importantes tentativas de auto-organização dos explorados e dos oprimidos. O teórico crítico não pode substituir os trabalhadores e as trabalhadoras, mas pode ajudar, como em 1848, 1871, 1917, 1936 e 1968, a formar o que Marx designava no *Manifesto* como "o movimento autônomo da imensa maioria em proveito da imensa maioria"*.

É somente graças a esse movimento que o comunismo com que sonhava Marx em 1848 deixará de ser "o passado de uma ilusão" para tornar-se o futuro de uma esperança.

---

* K. Marx e F. Engels, *Manifesto Comunista* (ed. rev., São Paulo, Boitempo, 2010), p. 50. (N. E.)

INTRODUÇÃO

Observações metodológicas

As observações a seguir não visam fornecer uma resposta aos problemas da epistemologia marxista ou do materialismo histórico em geral, mas simplesmente explicitar algumas pressuposições metodológicas de nosso trabalho.

Premissa de um estudo marxista do marxismo

A orientação geral deste trabalho é a de um estudo materialista histórico da obra do jovem Marx. Dito de outro modo, ele se pretende uma contribuição – evidentemente muito parcial e muito limitada – para uma análise marxista da gênese do próprio marxismo.

Quais são as implicações metodológicas de tal programa? Esse procedimento não é contraditório em si mesmo? Em outros termos, a aplicação do marxismo a si mesmo não leva necessariamente à sua superação?

Essa, ao menos, parece ser a posição de Karl Mannheim, que em seu *Ideologia e utopia** critica o pensamento socialista por nunca ter aplicado a si mesmo os procedimentos de "desvelamento ideológico" empregados contra seus adversários e por nunca ter levantado o problema da determinação social de sua própria posição. Mannheim sugere que esse "autodesvelamento" mostraria que o marxismo constitui, enquanto ideologia do proletariado, um ponto de vista tão parcial

---

*   4. ed., Rio de Janeiro, Guanabara, 1986. (N. E.)

e fragmentário quanto o dos ideólogos das outras classes – por conseguinte, conduziria à sua superação[1].

Ora, a verdade é que não "acertamos as contas" com o marxismo ao demonstrar seu caráter socialmente condicionado. Pelo contrário, é também em seu caráter de teoria do proletariado que o marxismo estabelece sua validade. De fato, Marx não somente reconheceu, mas até insistiu abertamente nos elos entre sua doutrina política e os interesses históricos de uma classe social; se, apesar dessa "determinação situacional" (para empregar a terminologia de Mannheim), o marxismo almeja uma validade universal, é porque o proletariado é a única classe cujos interesses históricos exigem o desvelamento da estrutura essencial da sociedade. No que diz respeito à burguesia, esse desvelamento, que expõe as molas da exploração capitalista e põe mais uma vez em questão o caráter "natural" da ordem estabelecida, contraria diretamente seus interesses de classe dominante. No que concerne às outras camadas sociais, como a pequena burguesia ou o pequeno campesinato, uma plena consciência do processo histórico mostraria a ausência de perspectivas das suas tentativas particulares[2].

As considerações anteriores não visam de modo algum "provar" a validade do marxismo ou seu caráter insuperável, mas somente mostrar que não basta "desvelar" o caráter de classe do marxismo, seus fundamentos sociais e históricos para superá-los automaticamente (como Mannheim parece acreditar) ou cair na noite do relativismo, na qual todos os gatos são pardos.

---

[1] K. Mannheim, *Idéologie et utopie* (Paris, Marcel Rivière, 1956, p. 213). Para Mannheim, a superação do marxismo seria realizada por uma "síntese dinâmica" dos pontos de vista opostos, pela "*intelligentsia* sem amarras" (*freischwebende intelligenz*); contudo, os intelectuais que se acreditam "sem amarras" não são precisamente os que estão ligados à pequena burguesia? E será que sua "síntese" pode ser outra coisa além de um meio-termo eclético entre as grandes concepções do mundo em conflito, um meio-termo estruturalmente idêntico à posição "intermediária" de seu grupo social? Essas questões não encontram resposta em Mannheim, e seus críticos marxistas dirigem contra ele as críticas que ele faz ao socialismo. Ver G. Lukács, *La destruction de la raison* (Paris, L'Arche, 1959), p. 212; ver também L. Goldmann, *Sciences humaines et philosophie* (Paris, PUF, 1952), p. 38-9 [ed. bras.: *Ciências humanas e filosofia*, 12. ed., Rio de Janeiro, Bertrand Brasil, 1993].

[2] G. Lukács, *Histoire et conscience de classe* (Paris, Minuit, 1960), p. 85 e 95 [ed. bras.: *História e consciência de classe*, São Paulo, Martins Fontes, 2003]. Contudo, ainda que afirme o caráter "insuperável" do marxismo em nossa época, Lukács coloca o problema de sua superação futura numa sociedade sem classes (ver *Histoire et conscience de classe*, cit., p. 263). Esse tema também é encontrado em Gramsci, para quem o marxismo, sendo a tomada de consciência das contradições do "reino da necessidade", somente poderá ser superado no "reino da liberdade". Ver *Il materialismo storico e la filosofia de Benedetto Croce* (Turim, Einaudi, 1948), p. 94.

Parece-nos que o estudo marxista da evolução político-filosófica do jovem Marx implica duas medidas essenciais:

- Inserir essa evolução na totalidade histórico-social da qual ela faz parte, nos quadros sociais que a condicionam: a sociedade capitalista do século XIX, o movimento operário anterior a 1848, a *intelligentsia* neo-hegeliana etc. Isso não significa que a evolução do pensamento do jovem Marx é um simples "reflexo" dessas condições econômicas, sociais, políticas, mas ela não pode ser "explicada" em sua gênese e "compreendida" em seu conteúdo sem essa análise sócio-histórica[3].

- Não separar de maneira artificial, na análise do conteúdo da obra, os "juízos de fato" dos "juízos de valor", a "ciência" da "ética"; a categoria marxista da práxis é precisamente a superação dialética dessas contradições. Da mesma maneira, não separar a obra teórica de Marx de sua atividade prática, "o homem de ciência" do "homem político": a ciência, para ele, deveria ser revolucionária e a revolução, "científica"...

Os quadros sociais do marxismo: o proletariado

O estudo dos quadros sócio-históricos de uma obra é indispensável não somente para a explicação dessa obra, mas também para sua compreensão — esses dois procedimentos são apenas dois momentos inseparáveis de toda ciência humana. Em outros termos, a pesquisa dos fundamentos econômicos, sociais etc. não é uma espécie de complemento, alheio ao trabalho do historiador das ideias, mas uma condição indispensável para compreender o próprio *conteúdo*, a estrutura interna, o significado preciso da obra estudada[4]. No decorrer deste trabalho, verificamos que o conhecimento dos quadros sociais e históricos, ao menos em suas linhas gerais, era absolutamente indispensável para:

- Compreender a evolução do pensamento de Marx, suas transformações, suas crises, seus saltos qualitativos, seus "cortes", suas "conversões políticas", suas reorientações[5] etc.

---

[3] Isso também não quer dizer que o pensamento de Marx "pertence ao século XIX". Marx descobriu através da realidade social do século XIX as características essenciais do capitalismo, do proletariado, da revolução socialista, *enquanto tais*.
[4] L. Goldmann, *Recherches dialectiques* (3. ed., Paris, Gallimard, 1959), p. 42.
[5] A passagem para o comunismo em 1843-1844, a nova teoria da revolução em 1845-1846 etc.

- Separar o essencial do secundário ou acidental e descobrir elementos importantes que, de outro modo, poderiam passar despercebidos.

- Desvendar o significado real – concreto e histórico – das categorias vagas, dos termos ambíguos, das fórmulas "enigmáticas"[6] etc.

- Situar cada elemento no todo e estabelecer as conexões internas do conjunto.

Aplicar esse método à história das ideias marxistas não significa, é claro, querer apreender *toda* a realidade (o que manifestamente é impossível), mas apreender essa realidade mediante a *categoria metodológica* da totalidade, para a qual infraestrutura e superestrutura, pensamento e quadros sociais, teoria e prática, "consciência" e "ser" não estão separados em compartimentos estanques, presos em oposições abstratas, mas (ao mesmo tempo que reconhecem sua autonomia relativa) estão dialeticamente ligados uns aos outros e integrados no processo histórico.

Quais são então os quadros específicos da teoria marxista da revolução – que não são necessariamente os mesmos (sobretudo no nível das superestruturas) para outros conjuntos teóricos na obra de Marx? Em nosso entender, é preciso utilizar o conceito de "quadros" em sua maior extensão, o que implica:

- A estrutura econômica e social: o nível das forças de produção, a situação geral das classes sociais, a situação de algumas categorias profissionais (artesãos etc.), de certos grupos sociais (intelectuais etc.).

- A superestrutura política: situação do movimento operário, das organizações, dos grupos, dos partidos, dos jornais democráticos, liberais e socialistas.

- As superestruturas ideológicas: atitudes e valores coletivos, concepções de mundo, doutrinas econômicas, sociais, filosóficas, teorias políticas conservadoras, liberais, socialistas, comunistas.

- A "conjuntura" histórica precisa: acontecimentos econômicos, sociais, políticos, militares (crises, revoluções, guerras etc.)[7]. No entanto, é preciso ob-

---

[6] Por exemplo, o conceito de "partido" em 1846-1848 (ver capítulo 3).

[7] A estrutura social condiciona a estrutura significativa da obra, mas para captar a evolução da obra, seu nascimento, seu desenvolvimento, suas mudanças e suas reorientações, é necessário considerar os *acontecimentos* históricos da sociedade global, do grupo a que o pensador pertence ou da classe com que ele se identifica. A conjuntura histórico-social, e não somente a estrutura abstrata, é o quadro do pensamento: para compreender a trajetória política de Marx, não basta relacioná-la com "o proletariado", enquanto posição no

servar que infraestrutura e superestrutura, "conjuntura" e "estrutura" não devem se transformar em categorias reificadas: concretamente, as ideias podem se tornar forças materiais, e a estrutura pode se reduzir a uma sucessão de conjunturas. Procedendo de outro modo, corremos o risco de cair no universo das oposições metafísicas entre "matéria" e "espírito", "estática" e "dinâmica" etc.

Em nosso entender, as relações entre os quadros assim definidos e as ideias somente são apreensíveis mediante o conceito de *condicionamento*, utilizado não como uma fórmula vaga, mas em seu sentido estrito e rigoroso: os quadros constituem as *condições*, às vezes necessárias, porém nunca suficientes (se tomadas isoladamente) para o surgimento de uma doutrina. Cada quadro circunscreve uma esfera ideológica, estabelece certos limites para o desenvolvimento das ideias, cria ou elimina algumas possibilidades; e, é claro, os limites mais gerais são aqueles traçados pelo quadro fundamental: a infraestrutura econômico-social. A doutrina de Marx não poderia nascer durante as guerras camponesas do século XVI nem a de Münzer poderia se desenvolver após a revolução de 1848... Dito isso, o quadro social constituído pelo "proletariado europeu do século XIX" oferece muitas "possibilidades" fora do marxismo: Weitling, Blanqui, o socialismo utópico etc. Para explicar como a possibilidade "Marx" se fez ato, é preciso levar em consideração um bom número de outras variáveis (situação da *intelligentsia* neo-hegeliana, evolução da economia política inglesa, nível político das organizações de artesãos alemães emigrados etc.). É essa acumulação de condições, estruturada como um conjunto de círculos concêntricos ("sobredeterminação"), que permite a uma possibilidade tornar-se necessidade. Em última análise, podemos afirmar que um quadro fundamental, o proletariado, exige necessariamente a constituição do socialismo científico; mas, para explicar por que essa doutrina surgiu *hic et nunc*, é preciso fazer intervir as outras condições históricas.

Entretanto, a análise em termos de condicionamento será demasiado esquemática se não introduzirmos outro elemento: a *autonomia parcial* da esfera das ideias[8]; pois se é verdade que as categorias fundamentais de uma obra podem ser socialmente condicionadas, não podemos deixar de observar que o desenvolvimento do pensamento obedece a um conjunto de exigências internas de sistematização, coerência, racionalidade etc. Com muita frequência, é absoluta-

---

processo de produção, mas é preciso também aproximá-la do desenvolvimento concreto do movimento operário – greves, sublevações, evolução dos sindicatos, dos partidos etc.

[8] L. Goldmann, *Sciences humaines et philosophie*, cit., p. 93.

mente inútil procurar as "bases econômicas" de todo o conteúdo de uma obra; a origem desse conteúdo deve ser procurada também nas regras específicas de continuidade e desenvolvimento da história das ideias, nas exigências de lógica interna da obra ou mesmo nos traços específicos do pensador como indivíduo. Esse conceito de autonomia parcial nos permite superar a eterna polêmica entre a história idealista do pensamento, em que os sistemas de ideias são completamente separados das "contingências" históricas e flutuam livres no céu puro do absoluto, e o "economicismo" mecânico, que reduz todo o universo do pensamento a um reflexo imediato da base econômico-social[9].

Esse conceito de autonomia parcial também nos permite aprofundar a análise do caráter *dialético* da relação entre quadros e ideias. Tal relação é dialética porque as ideologias reagem sobre as condições sociais, estabelecendo uma relação de reciprocidade em que, como observava Engels, as noções de "causa" e "efeito" não têm mais nenhum significado. (Por exemplo, a relação entre a teoria de Marx e a Liga dos Comunistas durante os anos 1846 e 1847). Mas ela ainda aparece como dialética porque, de certa maneira, o sistema doutrinário "seleciona" e interpreta os quadros, os acontecimentos e as ideias que condicionarão seu desenvolvimento: a importância de um acontecimento para a evolução de uma teoria depende não só de sua importância objetiva, mas também de seu significado *em relação* à teoria (em relação aos seus temas, à sua estrutura significativa). Por exemplo, a revolta dos tecelões silesianos em 1844 foi completamente ignorada pela maioria dos neo-hegelianos alemães ou foi levada em consideração por diversas doutrinas sem que isso provocasse nenhuma mudança em suas posições (A. Ruge, Weitling etc.). Em compensação, influenciou de modo decisivo as concepções revolucionárias de Marx. Assim, vê-se que muito frequentemente não é um acontecimento histórico ou uma teoria filosófica, política etc. "em si" que influencia o desenvolvimento de uma doutrina, mas o acontecimento e a teoria tais como são apreendidos e interpretados por essa doutrina.

O papel da base econômica (que é *decisivo*) exerce-se em geral por um grande número de mediações: classes sociais, organizações, partidos e movimentos, concepções de mundo, doutrinas econômicas, filosóficas, jurídicas etc. É a base econômica que decide, *em última instância*, qual é a mediação, qual é o nível

---

[9] É claro que o grau dessa autonomia é variável: vai desde a independência total (ou quase) das ciências naturais até a dependência mais estreita das doutrinas políticas.

que representa o papel principal em um dado momento[10]. Nas diferentes etapas do desenvolvimento intelectual de Marx, o papel dominante pode ser desempenhado por fatores que se situam no nível do político, do ideológico etc. – papel dominante que lhe é atribuído, em última instância, pela infraestrutura. Assim, o subdesenvolvimento econômico da Alemanha, por exemplo, condiciona seu "sobredesenvolvimento" filosófico e explica o papel crucial do neo-hegelianismo na evolução política de Marx de 1841 a 1844, a relativa ausência de considerações econômicas em seus escritos antes de chegar à França etc.

Sugerimos diversas vezes que o proletariado era (a partir de 1844) o principal quadro social do pensamento político de Marx; ora, é evidente que o próprio Marx não era operário (aliás, nem Lenin, Rosa Luxemburgo, Gramsci, Lukács etc.), o que nos leva ao problema geral da *imputação*: sobre qual critério fundamentar a atribuição de uma constelação de ideias a uma classe ou a um grupo social?

A teoria "vulgar" da imputação define a questão em termos muito claros: a doutrina é a do grupo a que pertence um autor. Mesmo reconhecendo que muitas vezes o pertencimento de classe do pensador condiciona total ou parcialmente suas ideias, somos obrigados a recusar esse tipo de explicação, já que está em nítida contradição com os dados mais elementares da história das ideias: concretamente, vemos aparecer constantemente ideólogos da burguesia que não são burgueses e teóricos do proletariado que não são proletários. A verdade é que a maioria dos teóricos de todas as classes da sociedade industrial é recrutada num grupo específico, o dos intelectuais pequeno-burgueses. E há uma razão muito simples para isso: no contexto da divisão do trabalho capitalista, a atividade profissional reservada a esse grupo social é a "produção espiritual". Isso não significa que os intelectuais estejam "sem amarras", como sugere Mannheim; pelo contrário, estão ligados às classes sociais em conflito. Os que acreditam pairar "acima" das lutas de classes se tornaram precisamente os ideólogos da classe mais próxima a sua condição social: a pequena burguesia. Os outros, influenciados pela grande importância econômica, social e política das duas principais classes da sociedade, confrontados com a ausência de perspectiva histórica de sua própria camada social, tornam-se os teóricos da burguesia ou do proletariado.

Para concluir, sem negligenciar a origem social do pensador, é preciso se perguntar, em primeiro lugar, não a que classe *pertence* (qual é sua condição social

---

[10] Ver L. Althusser, *Lire Le capital* (Paris, Maspero, 1965), v. 1, t. 2, e *Pour Marx* (Paris, Maspero, 1965) [ed. bras.: *Ler O capital*, Rio de Janeiro, Zahar, 1979; e *A favor de Marx*, 2. ed., Rio de Janeiro, Zahar, 1979].

pessoal), mas que classe ele *representa* por suas ideias. Aliás, é o que Marx sugere em *O 18 de brumário*:

> Tampouco se deve imaginar que os representantes democratas eram todos *shopkeepers* [lojistas] ou os seus defensores entusiásticos. Por sua formação e situação individual, mundos podem estar separando os dois. O que os transforma em representantes do pequeno-burguês é o fato de não conseguirem transpor em suas cabeças os limites que este não consegue ultrapassar na vida real e, em consequência, serem impelidos teoricamente para as mesmas tarefas e soluções para as quais ele é impelido na prática pelo interesse material e pela condição social. Essa é, em termos gerais, a relação entre os *representantes políticos* e *literários* de uma classe e a classe que representam.[11]

Em certa medida, essas considerações também são aplicáveis ao marxismo (o próprio Marx parece sugerir isso em sua última frase) e, em última análise, levam ao problema da consciência adjudicada.

O conceito de "representação" implica duas questões essenciais, que examinaremos sucessivamente:

1) Como um pensador que pertence a uma classe torna-se o representante político e teórico de outra?

2) Como identificar, por seu conteúdo, a classe que um pensamento representa?

1) As mais diversas razões, objetivas e subjetivas, que devem ser estudadas concretamente em cada caso específico podem levar um intelectual a romper com sua classe ou com a primeira classe com que se identificou. Essa ruptura produz um estado de "disponibilidade intelectual" que, em certas circunstâncias, pode conduzir à "adesão intelectual" a outra classe. Por essa "adesão" estabelece-se uma relação *ativa* entre o pensador e a classe: o intelectual identifica-se com os interesses, os objetivos, as aspirações dessa classe, participa interiormente de seus problemas, encara a sociedade e a história de seu ponto de vista. Se ele for um "filósofo democrático" (ver Gramsci), isto é, se quiser mudar o ambiente cultural da classe, atraí-la para suas ideias, deve levar em consideração as opiniões e as atitudes de seu "público", submeter seu trabalho a uma contínua autocrítica, orientá-lo em função das respostas da "audiência"[12]. É por essa relação ativa,

---

[11] K. Marx, *O 18 de brumário de Luís Bonaparte* (São Paulo, Boitempo, 2011), p. 63-4.

[12] Ver A. Gramsci, *Il materialismo storico*, cit., p. 24-7; A. Child, "The Problem of Imputation Resolved", *Ethics*, v. 54, 1944, p. 107; C. W. Mills, "Language, Logic and Culture", *American Sociological Review*, v. 4, n. 5, 1939, p. 675.

recíproca, dialética, que a classe se torna progressivamente um quadro para a obra do intelectual, e este se torna seu *representante teórico*. Tal esquema nos parece válido não somente para apreender as relações entre os pensadores marxistas e o proletariado, mas também para compreender, em certos casos, as ligações existentes entre ideólogos originários da nobreza e a classe burguesa (Saint-Simon) ou vice-versa (Burke).

A estruturação desse processo dialético tem duas consequências decisivas: de um lado, o intelectual constrói sua teoria utilizando os "fragmentos ideológicos" espontaneamente produzidos pela classe social; esta, por sua vez, apesar de todas as diferenças de nível cultural e extensão dos conhecimentos, aceita essa doutrina, em suas linhas gerais, como sua. No entanto, devemos frisar que o intelectual introduz em sua teoria política elementos inteiramente estranhos às preocupações habituais da classe e que a absorção da doutrina por esta não é nem imediata, nem unânime, nem completa.

2) A relação social entre intelectual e classe torna-se, quanto ao conteúdo, a relação entre consciência adjudicada e consciência psicológica. Lukács define a consciência "possível" ou adjudicada (*Zugerechnetes Bewusstsein*) como:

> os pensamentos e os sentimentos que os homens *teriam tido*, numa situação vital determinada, *se tivessem sido capazes de apreender perfeitamente* essa situação e os interesses que dela decorriam, tanto com relação à ação imediata quanto em relação à estrutura, conforme seus interesses, de toda a sociedade; descobrem-se, portanto, os pensamentos etc. que estão em conformidade com sua situação objetiva.[13]

Ou, em outros termos, "a reação adequada que deve [...] ser *adjudicada* numa situação típica determinada no processo de produção"[14]. Em nosso entender, essa categoria de Lukács – que se inspira ao mesmo tempo em certas observações de *A sagrada família*, em procedimentos da economia marxista e, em parte, na "tipologia ideal" de Max Weber – não deve ser considerada um conceito puramente operatório (como o tipo ideal weberiano), tampouco uma *possibilidade objetiva* que, em certos momentos históricos, torna-se real na forma de uma teoria ou de um movimento teórico-prático organizado, muito próximo, em relação aos outros, da racionalidade e da adequação completa. É nesse sentido, e somente nesse sentido, que podemos considerar a obra de Marx

---

[13] G. Lukács, *Histoire et conscience de classe*, cit., p. 73.
[14] Idem.

a *zugerechnetes Bewusstsein* do proletariado; e a teoria marxista da revolução, um dos traços constitutivos dessa consciência adjudicada. Assim definida, a "consciência do proletariado" é um conjunto coerente, em que constatações de fatos e juízos de valor, análises históricas e projetos de transformação são *rigorosamente inseparáveis*.

É evidente que essa "consciência de classe possível" não pode ser confundida com a *consciência psicológica* da classe, ou seja, os "pensamentos empíricos efetivos", "os pensamentos psicologicamente descritíveis e explicáveis que os homens fazem de sua situação vital"[15], conjunto heteróclito de concepções mais ou menos confusas (com frequência misturadas com elementos ideológicos de outras classes), aspirações e desejos vagos, projetos de transformação social. Todavia, mais uma vez, é preciso evitar separar abstratamente esses dois polos de uma relação dialética: a "consciência psicológica" pode se aproximar consideravelmente (sobretudo em períodos de crise) do *Zugerechnetes Bewusstsein*; mas este também se constitui *a partir* daquela.

À luz dessas categorias, a origem histórica da consciência adjudicada do proletariado apresenta, de maneira esquemática, três momentos:

- Emergência da consciência psicológica como uma comunidade de sentimentos, pensamentos e ações (empiricamente constatável) que caracteriza o proletariado em formação e o opõe às outras classes.
- Um intelectual, oriundo das camadas médias, elabora, a partir dessas aspirações e desses projetos mais ou menos informes *e a partir de um estudo científico da estrutura socioeconômica e dos processos históricos em curso*, uma *Weltanschauung* rigorosa, coerente, que desemboca numa práxis revolucionária.
- A consciência adjudicada assim criada exerce uma enorme influência sobre a consciência psicológica do proletariado, que se aproxima ou se distancia desse modelo, por meio de uma evolução histórica contraditória e acidentada.

A partir dessas considerações, podemos estabelecer simultaneamente *a coerência* e o *descompasso entre os níveis* "adjudicado" e "psicológico" da consciência: uma coerência sem a qual não podemos apreender nem o nascimento do marxismo nem sua difusão dentro do proletariado; um descompasso inevitável na elaboração da expressão teórica da "consciência possível", a partir de uma análise

---

[15] Idem.

científica da realidade histórica e social, utilizando todo o material histórico existente, inclusive o que as outras classes criaram (um descompasso que decorre, em última análise, da especificidade do nível teórico, de sua lógica interna, das regras de seu desenvolvimento imanente).

Um estudo concreto da origem histórica do marxismo mostra a existência de toda uma série de mediações entre os dois níveis extremos.

1. A massa: "consciência psicológica", constituída de um conjunto de aspirações e desejos, um estado generalizado de revolta e insatisfação que se manifesta numa forma conceitual rudimentar (canções, poemas, panfletos populares) ou por explosões revolucionárias episódicas.

2. Os intelectuais "orgânicos", originários da massa e que elaboram uma primeira sistematização, ainda confusa e limitada, dessas aspirações populares (Weitling).

3. Os dirigentes e ideólogos das seitas conspiradoras ou utópicas, limitadas por sua situação marginal em relação ao movimento operário de massas (Cabet, Dézamy etc.).

4. Os intelectuais "tradicionais", originários das camadas médias e cuja ideologia "socialista" é limitada por suas origens de classe (Moses Hess, os "socialistas verdadeiros" alemães etc.).

5. O intelectual "tradicional", que supera essas limitações e consegue lançar os fundamentos de uma nova concepção do mundo, rigorosa, coerente e racionalmente adequada à situação social do proletariado (Marx).

A última etapa é a síntese dialética, a *Aufhebung* dos momentos parciais, o desfecho de um processo de totalização, negação e superação das limitações, incoerências e "inadequações" dos níveis anteriores.

A ciência revolucionária do jovem Marx

Ao retomar um tema caro ao austro-marxismo, alguns sociólogos (ou "marxólogos") modernos se propõem estabelecer uma distinção metodológica na obra de Marx entre sua "sociologia objetiva" e seus "postulados éticos", sua "ciência positiva" e sua "escatologia comunista". Mas, a cada passo desse procedimento altamente problemático, esses autores encontram dificuldades insolúveis quando tentam introduzir um elo entre o socialismo e a ciência na obra de Marx. Esse embaraço transparece em sua terminologia: Georges Gurvitch fala de "distinção insuficiente", "ambiguidade", "mistura patente" ou mesmo de "luta engajada em seu pensamento"[16]; já Maximilien Rubel oscila entre "complementaridade", "confusão implícita", "confusão voluntária" e "mistura harmoniosa"[17] entre esses dois elementos.

Em nosso entender, não se trata de uma "distinção insuficiente", mas precisamente da pedra de toque da dialética marxista: a categoria da práxis como esforço de superação da oposição abstrata entre fatos e valores, pensamento e ação, teoria e prática. A obra de Marx não está fundada sobre uma "dualidade" que o autor, por falta de rigor ou confusão inconsciente, não teria percebido; pelo contrário, ela tende para um monismo rigoroso, em que fatos e valores não estão "misturados", mas organicamente ligados no interior de um único movimento do pensamento, de uma "ciência crítica", em que a explicação e a crítica do real estão dialeticamente integradas[18]. É evidente que a teoria política e, em particular, a teoria da revolução que estudamos aqui constituem uma esfera privilegiada para a apreensão dessa coerência interna; acreditamos, porém, que se trata de uma dimensão essencial do marxismo, presente de modo implícito mesmo quando as aparências parecem contradizê-la, mesmo quando o pensamento trabalha com um rigor comparável ao das ciências naturais.

Mas como passar da interpretação do real para sua crítica e transformação? Poincaré sublinhou com razão que, de premissas no indicativo, não se pode tirar nenhuma conclusão no imperativo: não pode haver nenhum vínculo *lógico* necessário entre "fatos" e "valores".

---

[16] G. Gurvitch, *La sociologie de Karl Marx* (Paris, CDU, 1960), p. 39, 56 e 28 [ed. bras.: *A sociologia de Karl Marx*, São Paulo, Anhambi, 1960].

[17] M. Rubel, *Karl Marx: essai de biographie intellectuelle* (Paris, Marcel Rivière, 1957), p. 216, 218 e 220.

[18] "Ele [Marx] não 'mistura' um juízo de valor com uma análise objetiva, mas faz, como em toda a sua obra, uma análise dialética em que compreensão, explicação e valorização são rigorosamente inseparáveis" (L. Goldmann, *Recherches dialectiques*, cit., p. 300). "Sua ciência [a de Marx] não é somente uma ciência da realidade social: ao tomar consciência dela, contribui para criar essa mesma realidade ou, pelo menos, para mudá-la profundamente [...]. Vê-se que qualquer interpretação puramente *objetivista* do marxismo deve ser afastada. Sem dúvida, a realidade lança as bases da classe social emancipadora, mas é preciso que ela tome consciência de si mesma e de seu papel universal no próprio curso de sua luta. Sem essa tomada de consciência *criadora*, a libertação histórica do homem seria impossível" (J. Hyppolite, *Études sur Marx et Hegel*, Paris, Marcel Rivière, 1955, p. 154). "Que a realidade seja práxis significa, nesse nível, que o presente é apreendido como aquilo que adveio pela ação dos homens e reclama uma tarefa; que o conhecimento de nosso mundo não pode ser separado do projeto de transformá-lo" (C. Lefort, "Réflexions sociologiques sur Machiavel et Marx: la politique et le réel", *Cahiers Internationaux de Sociologie*, v. 28, 1960, p. 123).

Com efeito, o vínculo entre os juízos de "fato" e as opções de valores nas ciências humanas não é uma relação lógica formal; é um vínculo *social* que decorre do caráter necessariamente "engajado" dessas ciências, apesar da "boa vontade" e do desejo de objetividade dos pensadores[19]. Ele decorre também de sua inevitável inserção numa perspectiva de conjunto, de sua ligação, consciente ou não, direta ou indireta, total ou parcial, com as "visões de mundo" das diversas classes ou camadas sociais em conflito.

É no interior dessa "perspectiva de classe" que se estabelece a conexão entre os juízos de "fato" e os juízos de "valor", entre o indicativo e o imperativo. Assim, em Marx, a continuidade entre a "descrição" do capitalismo e sua "condenação", a coerência entre a análise do real e sua crítica são perceptíveis apenas quando nos situamos do *ponto de vista do proletariado*. De um ponto de vista abstrato, formal, mesmo que eu prove que o proletariado é explorado e oprimido no regime capitalista, nada me permite dizer que esse regime é "bom" ou "mau" ou que deve ser conservado ou derrubado. No entanto, socialmente e na prática, quando os proletários chegam à conclusão de que o capitalismo os explora e oprime, a maioria deles (ou dos que se situam nesse ponto de vista) é levada a condená-lo e agir contra ele. Em suma, a ciência de Marx é crítica e revolucionária porque se situa na perspectiva de classe do proletariado, porque é a forma coerente da consciência revolucionária da classe proletária.

Depois de ter tentado desvincular "ciência" e "ética" na obra de Marx, esses mesmos "marxólogos" separam o "sociólogo" do "homem político", ou seja, a obra de Marx de sua atividade, sua teoria de sua prática. Rubel deixa de lado a carreira "propriamente política" de Marx em sua "biografia intelectual", depois de ter "separado de *parti pris* tudo que não interessava imediatamente ao assunto considerado"[20]; já Gurvitch insiste na diferença e mesmo na contradição entre o Marx "homem de ação" e o Marx "homem de ciência"[21].

Em primeiro lugar, a atividade militante de Marx não é uma passagem biográfica, mas o complemento necessário da obra, já que tanto uma quanto a outra têm a mesma finalidade: não somente interpretar o mundo, mas *transformá-lo* e interpretá-lo *para* transformá-lo.

---

[19] Ver a análise do "objetivismo" de Durkheim por L. Goldmann em *Sciences Humaines et Philosophie*, cit., p. 19-25.
[20] M. Rubel, *Karl Marx*, cit., p. 14.
[21] G. Gurvitch, *La sociologie de Karl Marx*, cit., p. 1, 50 e 56.

Por outro lado, a separação entre a "teoria" e a "prática" de Marx é arbitrária, porque:

- *toda* a sua obra teórica – e não apenas sua doutrina política – contém implicações práticas: como explicação do real, ela estabelece as condições de possibilidade de mudança deste e torna-se assim instrumento indispensável da ação revolucionária;
- sua atividade política prática, expressa por suas cartas, suas circulares, seus discursos e, sobretudo, suas *decisões* políticas, está carregada de significado teórico.

A teoria da revolução comunista é evidentemente o momento em que o caráter crítico-prático da obra de Marx aparece com mais nitidez. No interior dessa estrutura particular, todo elemento teórico pode ter, ao mesmo tempo, uma dimensão prática, cada parágrafo pode se tornar um instrumento de tomada de consciência e organização da ação revolucionária. Por outro lado, a ação prescrita por essa teoria – e praticada por Marx enquanto dirigente comunista – não é voluntarista como a dos socialistas utópicos ou dos blanquistas; ela é uma política *realista* no sentido lato do termo, ou seja, fundada sobre a estrutura, as contradições e o movimento do próprio real; e por que é realista, supõe uma *ciência* rigorosa, uma ciência que estabelece, em cada momento histórico, as condições da ação revolucionária. A síntese entre o pensamento e a "práxis subversiva", que existe como tendência em toda a obra de Marx, atinge sua figura concreta na teoria e na prática do "comunismo de massas": a revolução torna-se "científica" e a ciência, "revolucionária"[22].

A revolução comunista e a autoemancipação do proletariado

O mito do salvador supremo

"Mito, narrativa fabulosa [...] em que os agentes impessoais, na maioria das vezes as forças da natureza, são representados na forma de seres personificados cujas ações e aventuras têm um sentido simbólico". Essa definição bastante ampla

---

[22] Nossa obra foi composta a partir de uma tese de doutorado que apresentamos na Sorbonne em 1964, isto é, antes do surgimento dos principais escritos de Althusser, com exceção de seu excelente artigo sobre o jovem Marx, de 1960, com que compartilhamos a concepção geral das obras de juventude de Marx como uma "longa marcha" teórica. Também compartilhamos com Althusser a hipótese de um "corte epistemológico" (e também, em nosso entender, *político*) que se situaria à altura das Teses sobre Feuerbach e de *A ideologia alemã*. Dito isso, é evidente que nossa leitura de Marx não é de modo nenhum a dos autores de *Lire Le capital*.

do *Vocabulário técnico e crítico de filosofia*[23], completada pela constatação de que o mito social burguês transforma a história em natureza[24], permite apreendermos claramente o caráter mitológico da ideia de salvador supremo em sua forma burguesa. Nessa concepção, as leis "naturais" da sociedade (isto é, eternas, imutáveis, independentes da vontade e da ação humanas), o movimento da história (também concebida em termos "naturalistas") são representados na forma de um personagem simbólico "transcendental": o universo sócio-histórico torna-se natureza e as "forças da natureza" encarnam-se num herói.

Esse mito tem uma longa história e remonta a épocas muito anteriores à aparição da burguesia moderna. Mas, do mesmo modo que o "retorno" da cultura greco-romana no Renascimento deve ser explicado pelas condições dos séculos XIV, XV e XVI, e o "ressurgimento" do corporativismo medieval na ideologia fascista deve ser explicado pela situação do século XX, o desenvolvimento da obsessão pelo Libertador transcendental na teoria política da burguesia revolucionária deve ser estudada em relação com a estrutura do mundo burguês. No fundo, sob a aparência de "ressurreição" de um antigo tema, há uma forma nova, com traços específicos, porque estão ligados a uma nova totalidade histórica.

O fundamento social do mito burguês do salvador supremo encontra-se nos elementos constitutivos da "sociedade civil": a propriedade privada e a livre concorrência, que transformam essa sociedade num conjunto de "átomos egoístas" em luta uns contra os outros, numa verdadeira *bella omnia contra omnes*, em que o "social", o "interesse geral", o "coletivo" devem necessariamente ser projetados, hipostasiados, *alienados* em um ser ou em uma instituição "fora" e "acima" da sociedade civil[25]. Por outro lado, a alienação econômica, a separação

---

[23] A. Lalande, *Vocabulaire technique et critique de la philosophie* (Paris, PUF, 1951), p. 647 [ed. bras.: *Vocabulário técnico e crítico de filosofia*, 3. ed., São Paulo, Martins Fontes, 1999].

[24] Ver R. Barthes, *Mythologies* (Paris, Seuil, 1957), p. 250 [ed. bras.: *Mitologias*, Rio de Janeiro, Difel, 2007].

[25] "Assim, a burguesia encontra normalmente a imagem de sua própria unidade, situada fora dela; assim, ela somente se coloca como sujeito histórico pela mediação de um poder que transcende a ordem das atividades na qual ela se constitui como uma classe econômica" (C. Lefort, "Réflexions sociologiques sur Machiavel et Marx", cit., p. 133). "Onde o Estado político atingiu a sua verdadeira forma definitiva, o homem leva uma vida dupla não só mentalmente, na consciência, mas também na realidade, na vida concreta; ele leva uma vida celestial e uma vida terrena, a vida na comunidade política, na qual ele se considera um ente comunitário, e a vida na sociedade burguesa, na qual ele atua como pessoa particular, encara as demais pessoas como meios, degrada a si próprio à condição de meio e se torna

entre o produtor e o conjunto do processo de produção, que aparece para o indivíduo isolado como um conjunto de leis econômicas "naturais", estranhas à sua vontade, conduzem o pensamento burguês ao materialismo mecanicista. Chega-se assim à teoria do "homem, produto das circunstâncias e da educação", teoria que, como Marx observou na terceira tese sobre Feuerbach, "tem, por isso, de dividir a sociedade em duas partes – a primeira das quais está colocada acima da sociedade"[26]. Com efeito, encerrada no círculo vicioso "homem-circunstâncias", a ideologia da burguesia revolucionária não pode escapar do determinismo mecanicista senão apelando para um ser "superior", capaz de quebrar, de fora, a engrenagem social irresistível.

Sobre a infraestrutura da propriedade privada e das leis do mercado capitalista constrói-se o mito do salvador supremo, encarnação da virtude pública diante da corrupção, do particularismo dos indivíduos, demiurgo da história que rompe a cadeia do fatalismo; herói sobre-humano que liberta os homens e "constitui" o novo Estado. Implícita ou explicitamente, esse mito aparece na maior parte das doutrinas políticas da burguesia em desenvolvimento: para Maquiavel, ele é o "Príncipe"; para Hobbes, o "Soberano Absoluto"; para Voltaire, o déspota "esclarecido"; para Rousseau, o "Legislador"; para Carlyle, o "Herói". Os puritanos ingleses do século XVIII acreditavam tê-lo encontrado no "Lord Protector" (Cromwell), os jacobinos viam-no no "Incorruptível" e os bonapartistas, no Imperador. "A alma do mundo sobre um cavalo", escreveu Hegel acerca de Napoleão, resumindo numa frase genial toda a estrutura da mitologia burguesa do "Salvador": o verbo se fez carne, as forças imensas e incontroláveis da história encarnam-se em um ser superior personificado.

Sendo a libertação levada a cabo no modo alienado, o novo Estado estabelecido pelo "Libertador" não pode ser senão alienado. Constituído da separação entre "privado" e "público", "homem" e "cidadão", "sociedade civil" e "Estado político", ele herda do Salvador o papel de guardião do "social" contra o particularismo dos indivíduos. Enquanto no regime feudal a *bürgerliche Gesellschaft* possuía diretamente um caráter político (os estamentos, as corporações etc. eram elementos da vida do Estado), a emancipação política burguesa projeta a vida política numa

---

um joguete na mão de poderes estranhos a ele. A relação entre o Estado político e a sociedade burguesa é tão espiritualista quanto a relação entre o céu e a terra" (K. Marx, *Sobre a questão judaica*, São Paulo, Boitempo, 2010, p. 40).

[26] K. Marx, "Ad Feuerbach (1845)", em K. Marx e F. Engels, *A ideologia alemã*, cit., p. 533 (tese 3).

esfera acima e fora da sociedade[27]. Em suma, à alienação econômica do mercado capitalista corresponde uma alienação política que se manifesta no mito do salvador supremo na constituição do Estado liberal. Podemos encontrar traços dele nas ideologias políticas da burguesia em desenvolvimento do século XVI ao XIX.

A autoemancipação operária

Na história do movimento operário e do socialismo moderno, o período de 1789 a 1830 é uma fase de transição entre o "messianismo burguês" e a ideia da autoemancipação operária, transição que se manifesta de duas formas características: o socialismo utópico e as sociedades secretas (sem falar, é claro, da adesão de camadas de trabalhadores ao jacobinismo e ao bonapartismo, prolongamento mais ou menos direto do mito burguês na classe operária). Os fundamentos históricos dessas formas devem ser procurados no estado ainda embrionário do movimento operário e do proletariado, no sentido moderno do termo. Analisando as condições dessa época, Engels observou:

> o proletariado, que mal começava a se desvincular dessas massas não possuidoras como origem de uma nova classe, ainda inteiramente incapaz de uma ação independente, apresentava-se como uma ordem oprimida, sofredora, que, em sua incapacidade de ajudar a si mesma, podia no máximo receber uma ajuda de fora, do alto.[28]

É precisamente essa ajuda "do alto" que querem trazer os socialistas utópicos, que se apresentam como portadores da verdade, messias libertadores da humanidade (Fourier), "novos Cristos" (S. Simon), ou que apelam aos príncipes para que outorguem a emancipação dos povos. S. Simon escreveu ao tsar Alexandre I, a Luís XVIII e à Santa Aliança; Fourier se dirigiu a Napoleão, Luís XVIII e Luís Felipe; Owen publicou um manifesto para o congresso da Santa Aliança em Aix-la-Chapelle. Essa estrutura ideológica se distingue do messianismo burguês apenas pelo conteúdo do programa emancipador; e é justamente a inadequação do conteúdo comunista e da forma burguesa que dá um aspecto utópico e ingênuo a essas tentativas. Com toda a razão, a burguesia podia confiar a um Napoleão a defesa de seus interesses; em compensação, parece estranho esperar que a li-

---

[27] K. Marx, *Sobre a questão judaica*, cit.
[28] F. Engels, *Anti-Dühring* (Paris, Éd. Sociales, 1950), p. 296 [ed. bras.: *Anti-Dühring*, 3. ed., São Paulo, Paz e Terra, 1990].

bertação do proletariado venha do tsar Alexandre I. O mito burguês é "realista", o dos primeiros socialistas é "utópico".

É também uma solução pelo "alto" que propõem os grupos de conjurados neobabouvistas, cujo programa de ação substitui o herói individual por uma sociedade secreta de iniciados e a ditadura do homem providencial pela do "diretório revolucionário", nascido da conspiração. Essa concepção do processo emancipador, cujo fundamento político imediato era a confusão entre comunistas, jacobinos e republicanos durante a Restauração, constitui um passo a frente em relação ao messianismo da burguesia e dos utopistas. Ela tem um caráter revolucionário relativamente "desmistificado"; entretanto, a transformação radical é encarada como obra de uma minoria "esclarecida", e a grande massa não tem outro papel além de "força complementar". Examinaremos mais adiante as origens e a evolução dessa forma intermediária entre a ação do "salvador supremo" e "a obra dos próprios trabalhadores" de Marx.

O socialismo utópico, assim como as sociedades secretas, encontra sua razão de ser na fraqueza do movimento operário autônomo, que, até 1830, reduzia-se à herança dos oficiais* e a alguns movimentos de resistência e coalizão[29]. Essa fraqueza permitia aos utópicos ignorar na prática o movimento operário, e aos conspiradores considerar as massas "muito pouco maduras" para realizar uma revolução por si mesmas; uns e outros procuravam para a sociedade "socialista", "igualitária", "industrial", "comunitária" etc. um caminho que não passasse nem pelas massas, nem por sua tomada de consciência, nem por sua ação revolucionária consciente: o mundo novo seria estabelecido pela intervenção milagrosa de um "novo Cristo", se não de um rei, ou pela mão de um punhado de conjurados.

As condições para a emergência da ideia de autoemancipação podem ser de ordem conjuntural – uma situação revolucionária – ou estrutural – a condição proletária. É a coincidência histórica das duas ordens que a transforma em ideia-força das grandes massas populares.

A atitude dos trabalhadores durante as conjunturas revolucionárias traduz o caráter eminentemente prático da tomada de consciência: a experiência da

---

* No original, "l'héritage compagnonnique". Referência às organizações operárias de ajuda mútua e formação profissional. (N. T.)

[29] Ver E. Labrousse, *Le mouvement ouvrier et les théories socialistes en France de 1815 à 1848* (Paris, Centre de Documentation Universitaire, 1960), p. 70-89.

ação popular armada, a exacerbação dos conflitos sociais, a desmistificação dos "grandes homens" das camadas dominantes, numa palavra, a *práxis revolucionária* traduz-se no nível da consciência da vanguarda e das massas pela radicalização das aspirações igualitárias e pela eclosão do projeto de autolibertação.

Assim, vemos aparecer as primeiras manifestações modernas do comunismo, os primeiros esboços da ideia de libertação dos trabalhadores por suas próprias forças durante os grandes abalos revolucionários burgueses, antes mesmo do surgimento do proletariado moderno. Engels destaca esses "levantes coletivos revolucionários", esses "movimentos independentes da classe que era predecessora mais ou menos desenvolvida do proletariado moderno" no interior da Reforma e das grandes revoluções inglesa e francesa (Münzer, os "niveladores", Babeuf[30]).

O movimento de Thomas Münzer era milenarista, mas não messiânico; os bandos de camponeses e plebeus armados que ele dirigia ou inspirava esperavam a salvação não de um enviado dos céus, mas da própria ação revolucionária, destinada a estabelecer o reino de Deus sobre a Terra. Enquanto Lutero se ligava aos príncipes (o eleitor de Saxe etc.) e os incitava a massacrar os insurrectos, Münzer escrevia que "o povo se libertará e, nesse momento, o doutor Lutero será como uma raposa pega na armadilha"[31].

A luta dos plebeus de Münzer contra o "burguês" Lutero tornou-se, durante a grande Revolução Inglesa, a luta entre os "niveladores" (*levellers*) e Cromwell. O programa político dos "niveladores" era o "self-government" da grande massa, que eles opunham à ditadura militar de Cromwell. Num tratado redigido em março de 1649 (*The Hunting of the Foxes*), o líder dos "niveladores", Richard Overton, escreveu: "Fomos dominados pelo rei, pelos lordes, pelas comunas; agora, por um general, uma corte marcial, uma Câmara dos Comuns. Onde está a diferença, eu vos pergunto?". Ao contrário de Cromwell, que se considerava um enviado da Providência para impor sua concepção da vontade divina a uma humanidade corrompida, os chefes dos "niveladores" (Lilburne, Overton etc.) exprimiam as paixões inarticuladas, os lamentos, os sofrimentos e a revolta das grandes massas, das quais buscavam a adesão voluntária e consciente[32].

---

[30] F. Engels, *Anti-Dühring*, cit., p. 50.

[31] F. Engels, "La guerre des paysans", em K. Marx e F. Engels, *La révolution démocratique et bourgeoise en Allemagne* (Paris, Éd. Sociales, 1951), p. 46-53.

[32] Ver T. C. Pease, *The Leveller Movement* (Chicago, The University of Chicago, 1916), p. 360; D. M. Wolfe, *Leveller Manifestoes of the Puritan Revolution* (Nova York, T. Nelson and Sons, 1944), p. 98; V. Gabrieli, *Puritanesimo e libertà* (Turim, Einaudi, 1956), p. L, LI.

Finalmente, durante as lutas revolucionárias dos anos II e III na França, o mesmo gênero de conflito se estabeleceu entre os representantes mais combativos dos *sans-culottes* e a ditadura jacobina; criticando o próprio "Incorruptível", os "enfurecidos" (J. Roux, Leclerc, Varlet etc.), cujo *leitmotiv* era: "Povo, salva-te a ti mesmo", incitavam as massas a esperar a salvação não das "autoridades constituídas", mas de um "abalo revolucionário" de um "movimento espontâneo"[33].

É evidente que encontramos nesses três movimentos apenas um igualitarismo grosseiro e um esboço muito vago da ideia de autolibertação. Entre eles e o *Manifesto Comunista*, há toda a diferença entre a plebe urbana dos séculos XVI, XVII e XVIII – categoria heterogênea e imprecisa em que se misturam artesãos pobres, oficiais, diaristas, baixo clero, desempregados, vagabundos etc. – e o proletariado moderno que começa a se constituir no século XIX. É somente com o aparecimento dessa classe, depois da Revolução Industrial, que surge a base estrutural para uma concepção coerente e rigorosa tanto do comunismo quanto da autoemancipação. Entretanto, o papel da conjuntura continua a ser determinante: via de regra, é só no desenrolar das grandes crises revolucionárias que as grandes massas do proletariado identificam-se com as linhas gerais dessa concepção.

A própria natureza do proletariado e da revolução proletária constitui o fundamento estrutural da teoria da autolibertação dos trabalhadores. Acima de tudo, a ligação comum, a união, a comunidade não aparecem aos olhos dos trabalhadores como algo externo, transcendental (como para os burgueses em concorrência), mas como um atributo da massa ou fruto da ação comum – a "solidariedade" é a relação psicossocial imediata dos trabalhadores entre si, na fábrica, na profissão e na classe. O ideólogo burguês Hobbes considerava a vida social uma "guerra de todos contra todos"; os artesãos ingênuos da Liga dos Comunistas de Londres tinham como lema: "Todos os homens são irmãos". Para o proletariado, que não tem propriedade privada (de meios de produção etc.), o "social", o "público" não precisa ser encarnado por um Ser superior diante do particularismo dos indivíduos; ele se torna imanente ao "povo", apresenta-se como uma qualidade intrínseca ao conjunto dos trabalhadores. Na medida em que não é proprietário e não é conduzido pela "livre concorrência", o proletariado pode escapar da alienação política burguesa e de seus mitos. Por outro lado, o significado histórico da revolução proletária é essencialmente diferente da "tomada

---

[33] D. Guérin, *La lutte de classes sous la Première République: bourgeois et "bras nus" (1793-1797)* (Paris, Gallimard, 1946), p. 84.

do poder" burguesa: ou será uma autolibertação ou não será. A burguesia pode tornar-se "classe dominante" mesmo sem uma ação histórica consciente, porque a revolução burguesa pertence ao reino da necessidade: mesmo que essa ação seja alienada, orientada por objetivos ilusórios, inspirada por mitos, a "astúcia da razão" da evolução econômica e social lhe dará a vitória. A revolução burguesa é a realização imediata do ser social da burguesia; as barreiras a essa realização são puramente exteriores; ela não supõe nenhuma "autotransformação" da classe: esse processo "automático", alienado, necessário, pode facilmente tomar a forma mitológica de um Libertador pessoal exterior. A revolução proletária, ao contrário, deve ser a primeira transformação *consciente* da sociedade, o primeiro passo no "reino da liberdade", o instante histórico em que os indivíduos, até então objetos e produtos da história, colocam-se como sujeitos e produtores: ela não realiza o estado imediato do proletariado; ao contrário, implica para ele uma "superação de si" pela tomada de consciência e pela ação revolucionária[34]. Como escreveu Engels em seu "testamento político" (na introdução de 1895 de *As lutas de classes na França de 1848 a 1850*):

> Foi-se o tempo dos ataques de surpresa, das revoluções realizadas por pequenas minorias conscientes à testa de massas sem consciência. Quando se trata de uma remodelagem total da organização social, as próprias massas precisam estar presentes, precisam já ter compreendido o que está em jogo, pelo que devem empenhar o corpo e a vida.[35]

Contudo, devemos notar que, em certos períodos, por uma série de razões que é preciso estudar concretamente caso a caso, certos dirigentes, a vanguarda ou mesmo uma grande parte da massa retomam por conta própria a mitologia burguesa ou recuperam as formas de organização e de ação passadas (utopismo, conjuração etc.). Por exemplo, no século XIX, vemos ressurgir em certos setores da classe operária o mito do homem providencial: é o "flerte" de Proudhon, Weitling e certos grupos operários com Napoleão III, de Lassalle com Bismarck etc. Por outro lado, a utopia e a sociedade secreta reaparecem depois de 1848 e persistem sob diversas formas (proudhonismo, blanquismo) até a Comuna de

---

[34] Ver G. Lukács, *Histoire et conscience de classe*, cit., p. 96-7; A. Gorz, *La morale de l'histoire* (Paris, Seuil, 1959), p. 175; R. Luxemburgo, "Masses et chefs", em *Marxisme contre dictature* (Paris, Spartacus, 1946), p. 37.

[35] F. Engels, "Prefácio", *As lutas de classes na França de 1848 a 1850* (São Paulo, Boitempo, 2012), p. 26.

1871. Do mesmo modo, não deveríamos interpretar no mesmo sentido o que se convencionou chamar de "culto da personalidade" no movimento operário do século XX?

As condições mais favoráveis ao surgimento desses fenômenos de "regressão ideológica" são:

- A fraqueza, a imaturidade, o baixo nível de consciência do movimento operário.
- As derrotas do proletariado, os recuos da revolução, as decepções e o desalento das massas.
- O isolamento da vanguarda, a burocratização, o descompasso entre os dirigentes e a massa. À conjuntura revolucionária corresponde a tendência à autoemancipação, à vitória da contrarrevolução, ao retorno dos mitos messiânicos, à utopia e ao jacobino-maquiavelismo.

O "comunismo de massas" de Marx

As consequências econômico-sociais da Revolução Industrial tornam-se cada vez mais patentes na Europa durante o período entre 1830 e 1848: crescimento das cidades, desenvolvimento da indústria e do comércio, concentração e aumento numérico do proletariado, pauperização e proletarização do artesanato etc. Essas transformações determinam, mediata ou imediatamente, um grande reforço e uma reorientação do movimento operário. Assim, na França, vemos a constituição de correntes e grupos operários autônomos, separados do republicanismo ou do jacobinismo puramente burguês: é o rápido desenvolvimento das "uniões operárias", das sociedades de resistência, das sociedades secretas de composição e ideologia operária, do comunismo neobabouvista, é a onda de coalizões, greves, tumultos e insurreições populares. Na Inglaterra, os *trade-unions* se desenvolvem, as massas operárias se organizam politicamente (cartismo), as greves e as sublevações se sucedem. Na Alemanha, as primeiras associações operárias aparecem, assim como as primeiras revoltas dos trabalhadores. No exílio, os artesãos alemães constituem sociedades secretas babouvistas. Em suma, a classe operária europeia aparece no palco da História: começa a agir por organizações próprias e a esboçar seu próprio programa.

Marx conseguiu apreender o traço comum dessas experiências e desenvolver numa teoria coerente a tendência mais ou menos vaga e fragmentária em direção ao comunismo e à autoemancipação – ele foi capaz de apreender e exprimir o movimento real do proletariado, porque desde 1843 queria "deixar o mundo interiorizar sua consciência [...] *explicando-lhe* suas próprias ações"[36], e não inventar e impor um novo sistema dogmático já pronto.

A ideia central do "comunismo de massas" de Marx é a autolibertação das massas em direção à revolução comunista. Essa ideia, ou antes, essa constelação significativa de ideias, comporta três momentos dialeticamente ligados, três perspectivas que se implicam mutuamente:

- A constatação da natureza potencialmente revolucionária do proletariado.
- A tendência do proletariado à consciência comunista no curso de sua práxis revolucionária.
- O papel dos comunistas para desenvolver essa tendência em direção à coerência total. Nesse triplo procedimento, a estrutura crítico-prática do pensamento de Marx aparece de maneira muito clara: com base na reflexão crítica sobre o real, é extraída uma possibilidade – e sobre essa possibilidade ele funda um projeto de ação transformadora.

A doutrina da revolução comunista de massas de Marx é uma teoria política *realista* porque repousa sobre uma análise "crítico-científica" da sociedade capitalista: a possibilidade de transformação da realidade social está inscrita no próprio real[37]. A hipótese do caráter potencialmente revolucionário e comunista do proletariado é o traço de união, o liame orgânico entre a teoria política de Marx e sua sociologia, economia, filosofia da história etc. – o "comunismo de massas" supõe toda a *Weltanschauung* de Marx, é uma totalidade parcial, articulada no interior dessa totalidade mais vasta.

Nessa concepção, o papel dos *comunistas* (termo amplo que, para Marx, engloba os ideólogos, os dirigentes políticos e a vanguarda do proletariado) é qualitativamente diferente do papel dos heróis jacobinos ou dos conjurados revolucionários: são os "catalisadores" da totalidade dentro do movimento operário; sua função é ligar cada reivindicação limitada, cada luta nacional, cada momento parcial, ao movimento total (o objetivo final, a luta internacional etc.)[38]; ao contrário

---

[36] K. Marx, "Cartas dos Anais Franco-Alemães (de Marx a Ruge) – setembro de 1843", em *Sobre a questão judaica*, cit., p. 72.

[37] Ver C. Lefort, "Réflexions sociologiques sur Machiavel et Marx", cit., p. 117.

[38] "[...] o social-democrata não deve ter por ideal o secretário do sindicato, mas *o tribuno popular*, que sabe reagir contra toda manifestação de arbitrariedade e de opressão, onde quer

dos ideólogos do "Salvador" ou dos partidários da sociedade conspiradora, para os quais a separação entre "o interesse geral" e a massa é institucionalizado porque os homens são necessariamente particularistas, corrompidos ou ignorantes, Marx nega-se a cavar um fosso entre os comunistas e o proletariado, porque sua separação é provisória, porque o proletariado tende para a totalidade, para o comunismo, para a revolução. O doutrinário burguês aliena a "totalidade" em um indivíduo ou em uma instituição, porque considera a sociedade civil essencialmente particularista; o conjurado vê em sua seita secreta o único portador da "totalidade", porque a massa operária lhe parece condenada ao obscurantismo enquanto subsistir o regime capitalista; Marx considera seu papel e o dos comunistas um instrumento da autolibertação das massas, porque ele assiste ao nascimento de um movimento operário autônomo e acredita que ele é capaz de ascender à consciência de sua tarefa histórica.

---

que se produza, qualquer que seja a classe ou camada social atingida, que sabe generalizar todos os fatos para compor um quadro completo da violência policial e da exploração capitalista, que sabe aproveitar a menor ocasião para expor *diante* de todos suas convicções socialistas e suas reivindicações democratas, para explicar a todos e a cada um o alcance histórico da luta emancipadora do proletariado." (V. I. Lenin, *Que fazer?*, São Paulo, Hucitec, 1979, apud Ivana Jinkings e Emir Sader (orgs.), *As armas da crítica*, São Paulo, Boitempo, 2012).

1. A PASSAGEM PARA O COMUNISMO (1842-1844)

A Gazeta Renana

A Gazeta Renana foi fruto de um casamento de curta duração entre o hegelianismo de esquerda e a burguesia liberal. Se a esquerda hegeliana tivesse nascido no interior da burguesia renana, sua associação num órgão comum não necessitaria de explicação suplementar. Ora, sabemos que a *intelligentsia* jovem-hegeliana era recrutada sobretudo nas camadas médias – com algumas exceções, das quais a mais notável foi a do industrial Mevissen, que, aliás, sempre se manteve um pouco à margem do movimento –, suas especulações filosóficas e teológicas eram muito distantes das preocupações concretas e materiais dos industriais e comerciantes renanos e, enfim, sua concepção hegeliana do Estado estava nos antípodas do liberalismo livre-cambista de um Camphausen.

Todavia, apesar dessas divergências – que provocarão sérios atritos no interior da *Gazeta Renana* e, depois de 1843, levarão ao rompimento total –, os dois grupos conseguiram encontrar um terreno comum na oposição ao Estado prussiano burocrático-feudal (oposição "crítica" para uns, moderada e "construtiva" para outros) e na defesa das liberdades ameaçadas pelo absolutismo monárquico (liberdade de imprensa para os hegelianos e da indústria para os burgueses). Assim, de certo modo, a evolução do Estado prussiano e a ruína das esperanças depositadas no "liberalismo" do rei Frederico Guilherme IV provocaram uma evolução que levou as duas partes a se unir na *Gazeta Renana*.

Entre 1838 e 1840, a maioria dos jovens hegelianos agitava-se no céu da crítica teológica; o grupo mais "politizado", representado por Ruge e pelos *Anais de Halle*, colocava-se sob o signo da união entre a filosofia e o protestantismo e pretendia-se o ideólogo do Estado prussiano racional em luta contra o catolicismo ultramontano. Em 1840, a ascensão ao trono de Frederico Guilherme IV foi acolhida, pelos neo-hegelianos, como o primeiro passo para a transformação da Prússia em Estado racional: "A primavera reverdece todos os corações", "uma aurora de esperança reflete-se em todos os rostos", escreveu Bruno Bauer sobre esse acontecimento[1]. O novo rei, no entanto, logo mostrou sua verdadeira face, pietista, romântica e reacionária; seu ódio pelo hegelianismo manifestou-se pela interdição das revistas dessa tendência – supressão dos *Anais de Halle* em junho de 1841, do *Athenäum* em dezembro – e pela expulsão dos professores hegelianos das universidades; o ponto culminante foi a exoneração de Bauer em março de 1842. O movimento jovem-hegeliano foi assim brutalmente "trazido à terra" e viu a supressão, pelo Estado, de seus meios de expressão tradicionais (revistas filosóficas, cátedras universitárias), que também eram, ao menos para alguns, um meio de subsistência. Restavam-lhes apenas três possibilidades:

- Capitular, abandonar a luta política, juntar-se ao governo, desaparecer.
- Emigrar para a França ou para a Suíça e continuar o combate do exterior, como Heine e Börne fizeram depois de 1830 (e como eles próprios, em grande parte, farão em 1843).
- Aliar-se a uma classe social potente por meio de um movimento político concreto, capaz de resistir ao absolutismo prussiano e abrir caminhos para a expressão. Esse movimento foi o liberalismo burguês renano.

Assim, a intervenção reacionária do Estado prussiano desalojou os hegelianos de esquerda da crítica literária, teológica e filosófica, na qual se aquartelaram até 1840, e jogou-os na oposição política, nos braços da burguesia renana.

Por sua vez, os liberais renanos, cujas esperanças constitucionais e ilusões sobre o liberalismo do novo rei foram amargamente frustradas em 1840[2], sentiam a necessidade de instrumentos ideológicos (jurídicos, econômicos, filosóficos) na oposição "construtiva" que pretendiam fazer ao Estado prussiano.

A evolução de Marx insere-se nesse quadro geral: membro do "Clube dos Doutores" de Berlim, amigo de Bruno Bauer, autor de uma brilhante tese de doutorado, ele foi irresistivelmente conduzido à carreira universitária. E se é verdade que em setembro de 1841 participou das discussões preliminares para a fundação da

---

[1] B. Bauer, *Der Aufstand und Fall des deutschen Radikalismus von Jahre 1842* (2. ed., Berlim, s. ed., 1850), p. 5; ver A. Cornu, *Karl Marx et Friedrich Engels* (Paris, PUF, 1958), t. 1, p. 165.

[2] J. Droz, *Le libéralisme rhénan, 1815-1848* (Paris, Sorlot, 1940), p. 223-5.

Rheinische Zeitung [*Gazeta Renana*][3] e em fevereiro de 1842 escreveu um artigo político-filosófico sobre a censura[4] (publicado em 1843 nas *Anekdota*), Marx só se lançou no jornalismo e na vida política depois da exoneração de Bauer. É difícil imaginar o que teria acontecido se o governo prussiano não tivesse exonerado Bauer e se o hegelianismo de esquerda tivesse sido canalizado, "sublimado" e neutralizado pela vida universitária. Uma única coisa é certa, porém: essa exoneração brutal, à qual os jovens hegelianos deram a importância de um acontecimento histórico e de um símbolo da política reacionária do Estado prussiano[5], foi decisiva para a "politização" radical do hegelianismo de esquerda em geral e de Marx em particular[6]. Ao consumar a ruptura entre o neo-hegelianismo e o governo, e ao fechar as portas da universidade para eles, essa mesma medida forçou a filosofia a "instalar-se nos jornais", a "tornar-se profana"[7] e a ocupar-se de problemas políticos e sociais concretos.

O período da *Gazeta Renana* foi decisivo para a evolução do jovem Marx: marcou sua entrada na vida política e ao mesmo tempo seu primeiro confronto com as "questões materiais". Num célebre comentário sobre essa época, escrito em 1859, Marx disse:

> Minha área de estudos era a jurisprudência, à qual, todavia, eu não me dediquei senão de um modo acessório, como uma disciplina subordinada relativamente à Filosofia e à História. Em 1842-1843, na qualidade de redator da *Rheinische Zeitung* [*Gazeta Renana*], encontrei-me, pela primeira vez, na embaraçosa obrigação de opinar sobre os chamados interesses materiais. Os debates do *Landtag* [Parlamento regional] renano sobre os delitos florestais e o parcelamento da propriedade fundiária, a polêmica oficial que o sr. Von Schaper, então governador da província renana, travou com a *Gazeta Renana* sobre as condições de existência dos camponeses do Mosela, as discussões, por último, sobre o livre-câmbio e o protecionismo proporcionaram-me os primeiros motivos para que eu começasse a me ocupar das questões econômicas.[8]

---

[3] A. Cornu, *Karl Marx et Friedrich Engels*, cit., t. 2, p. 8-9.
[4] K. Marx, *Chronik seines Lebens in Einzeldaten* (Moscou, Marx Engels Verlag, 1934), p. 10.
[5] A. Cornu, *Karl Marx et Friedrich Engels*, cit., v. 2, p. 34.
[6] Marx estava diretamente ligado à Universidade de Bonn, pela qual preparava, em janeiro de 1842, uma edição ampliada de sua tese para se qualificar para o ensino superior. Ver K. Marx, *Chronik*, cit., p. 10.
[7] Expressões utilizadas por Marx em seu artigo contra *A Gazeta de Colônia* de 14 de julho de 1842, em *Oeuvres philosophiques* (Paris, Costes, 1947), v. 5, p. 98.
[8] K. Marx, "Prefácio", *Contribuição à crítica da economia política* (2. ed., São Paulo, Expressão Popular, 2008, apud Ivana Jinkings e Emirs Sader (orgs.), *As armas da crítica*, cit.), p. 105.

Engels vai mais longe e, numa carta a R. Fischer, de 3 de abril de 1893, afirma: "Sempre ouvi Marx dizer que foi pelo estudo da lei sobre o roubo das madeiras e da situação dos camponeses da Mosela que ele foi levado a passar da política pura para o estudo das questões econômicas e, por isso mesmo, para o socialismo"[9]. Enfim, resumindo o significado desse período, Lenin escreve que "aqui se vê Marx passar do idealismo para o materialismo e do democratismo revolucionário para o comunismo"[10].

Embora corretas em sua generalidade, essas observações inspiraram certo número de trabalhos deformadores, que procuravam um conteúdo *já* comunista ou *já* materialista em frases desvinculadas do conjunto. Ora, se é verdade que se podem encontrar nos artigos de Marx na *Rheinische* indícios que abrem caminho para a compreensão de sua evolução posterior – e a comparação com as obras "maduras" é um instrumento válido nessa busca –, não é menos importante desvendar nesses textos tudo que *ainda* é neo-hegelianismo, que *ainda* é "ideologia alemã". Sobretudo, convém considerar esses escritos como estruturas relativamente coerentes, conjuntos que se devem considerar como tais e dos quais não se podem isolar certos elementos sem lhes tirar todo o significado.

Nossa tarefa será apreender nesses artigos a posição de Marx perante certos problemas, como o interesse privado, a miséria, o comunismo, as relações entre a filosofia e o mundo. Essa posição nos permite compreender não somente a futura adesão de Marx ao comunismo, mas também a *forma particular* de que seu comunismo se revestiu no início de 1844.

O Estado e o interesse privado

Toda a distância que separa Marx do liberalismo burguês renano aparece claramente desde seu primeiro artigo na *Gazeta Renana*, a propósito dos debates sobre a liberdade de imprensa na Dieta renana: sua crítica se dirige não só contra os deputados burgueses do "estado das cidades" (*Stand der Städte*), que se opõem à liberdade de imprensa – ele os considera *burgueses* e não *cidadãos*, e qualifica-os de "reacionários das cidades" (*städtischen Reaktion*)[11]. Além disso,

---

[9] Em A. Cornu, *Karl Marx et Friedrich Engels*, cit., v. 2, p. 95.
[10] V. Lenin, "Karl Marx", em *Oeuvres philosophiques* (Moscou, Progrès, 1977), v. 21, p. 75.
[11] K. Marx, *Oeuvres philosophiques*, cit., v. 5, p. 71 e 73; K. Marx e F. Engels, *Werke* (Berlim, Dietz, 1961), Band 1, p. 65 e 67. *Nota bene*: usaremos a tradução de Molitor dos escritos de Marx, introduzindo as (numerosas) correções necessárias; cada vez que um erro for cor-

observa que a indecisão e a "meia-medida" (*Halbheit*) caracterizam todo esse estado[12], visto que os pseudodefensores burgueses da liberdade de imprensa não diferem, pelo conteúdo fundamental de seus discursos, de seus inimigos; querem apenas três oitavos de liberdade, são um exemplo da "impotência natural de um semiliberalismo"[13].

Essa indecisão e essa impotência não são por acaso. Em seu artigo sobre os roubos de madeira, Marx escreveu que o interesse privado – cuja alma é "mesquinha, estúpida [*geistlos*: literalmente, "sem espírito"] e egoísta"[14] – é "sempre covarde, pois seu coração, sua alma é um objeto exterior, que sempre pode ser arrancado e seduzido"[15]. Essa afirmação é essencial para compreender a evolução de Marx, porque traz em germe um corolário que será explicitado na "Crítica da filosofia do direito de Hegel – Introdução": o proprietário privado é sempre covarde e egoísta; somente os que são privados de tudo e "nada têm a perder" são capazes de coragem, energia revolucionária e identificação com o interesse geral.

A maior crítica de Marx ao interesse privado, representado nesse artigo pelos proprietários de floresta, cuja "alma miserável nunca foi aclarada nem atravessada por um pensamento de Estado"[16], é a pretensão de transformar o Estado em instrumento para seu uso, as autoridades do Estado em criados a seu serviço, os órgãos do Estado em "orelhas, olhos, braços e pernas com os quais o interesse do proprietário de florestas escuta, espiona, avalia, protege, toma e corre"[17]. Se no artigo sobre a liberdade de imprensa ainda podíamos acreditar que Marx opunha um "verdadeiro liberalismo" ao "semiliberalismo" dos representantes burgueses na Dieta renana, vemos agora que a concepção de Estado de Marx inspira-se em Hegel e é inteiramente contrária à ideia do Estado "polícia", própria do liberalismo clássico. Essa concepção é desenvolvida com nitidez no artigo sobre a represen-

---

rigido, acrescentaremos nas notas a referência do texto original, na edição *Werke* (Dietz) e, se necessário, os próprios termos alemães.

[12] K. Marx, *Oeuvres philosophiques*, cit., v. 5, p. 73; K. Marx e F. Engels, *Werke*, cit., Band 1, p. 67.

[13] K. Marx, *Oeuvres philosophiques*, cit., v. 5, p. 88 e 90; K. Marx e F. Engels, *Werke*, cit., Band 1, p. 75 e 76.

[14] K. Marx, *Oeuvres philosophiques*, cit., v. 5, p. 137; Marx e F. Engels, *Werke*, cit., Band 1, p. 120.

[15] K. Marx, *Oeuvres philosophiques*, cit., v. 5, p. 139.

[16] K. Marx, *Oeuvres philosophiques*, cit., v. 5, p. 147.

[17] Ibidem, p. 155.

tação por estamentos (*Ständische Ausschüsse*), no qual Marx opõe a "vida orgânica do Estado" às "esferas da vida não estatal", a "razão de Estado" às "necessidades dos interesses privados", a "inteligência política" aos "interesses particulares", os "elementos do Estado" às "coisas passivas, materiais, sem espírito e sem autonomia". E termina afirmando:

> Num verdadeiro Estado não existe propriedade fundiária, nem indústria, nem substância material que possa, enquanto elemento bruto, entrar em acordo com o Estado. Existem somente forças espirituais e é somente em sua reconstrução estatal, em seu renascimento político, que as forças naturais são admitidas no Estado.[18]

Maximilien Rubel – que tenta (em vão) provar que Marx já era "quase inteiramente livre" da concepção hegeliana de Estado nessa época[19] – vê nessas últimas linhas um "verdadeiro passe de mágica", pelo qual Marx "nega o Estado sublimando-o" e "concede à representação política apenas o atributo de uma função espiritual", dialética perante a qual "a censura deveria encontrar-se desarmada"[20].

Ora, a verdade é inteiramente outra: insistir no caráter espiritual do Estado, para Marx, não é "um passe de mágica", tampouco um ardil para enganar a censura e menos ainda uma "negação" dissimulada do Estado, mas, ao contrário, a afirmação da superioridade do "espírito estatal" sobre os "interesses materiais", egoístas e, de modo geral, até do "espírito" sobre a "matéria". Vemos assim, na maioria de seus artigos para a *Gazeta Renana*, fórmulas que opõem as "lutas espirituais" às "lutas materiais", "grosseiras e concretas"[21]; a mais típica é aquela em que ele critica o "materialismo depravado", que peca contra "o espírito dos povos e da humanidade", porque se recusa a "dar para cada questão material uma solução política, ou seja, uma solução conforme à razão e à moralidade do Estado"[22].

Assim, vemos desenhar-se um esquema político-filosófico que supõe duas esferas fundamentais (e, é claro, a segunda é a "verdade" da primeira): de um lado, matéria, passividade, sociedade civil, interesse privado, burguês; de outro,

---

[18] *Marx-Engels-Gesamtausgabe* (MEGA) (Frankfurt, Marx-Engels Archiv/ Erster Halbband, 1927), Band 1, p. 326, 332, 334 e 335.

[19] M. Rubel, *Karl Marx: essai de biographie intellectuelle* (Paris, Marcel Rivière, 1957), p. 42-3.

[20] Ibidem, p. 49.

[21] K. Marx, "Débats sur la liberté de la presse et publications des dicussions de la Diète", em *Oeuvres philosophiques,* cit., v. 5, p. 61.

[22] K. Marx, "La loi sur les vols de bois", em *Oeuvres philosophiques*, cit., v. 5, p. 185; K. Marx e F. Engels, *Werke*, cit., Band 1, p. 147.

espírito, atividade, Estado, interesse geral, cidadãos. A inspiração desse esquema é *essencialmente hegeliana*[23] (e, sem essa constatação fundamental, estamos condenados a ver apenas truques de mágica). Todavia, sobre certos problemas específicos, Marx já se separa de Hegel. Em primeiro lugar, é claro, ele rejeita, como a maioria dos hegelianos de esquerda, a identificação do Estado prussiano existente com o Estado racional acabado e tende para uma posição resolutamente democrática. Mas também, e isso nos parece muito importante, encontramos nesses artigos uma crítica virulenta e radical que procuraríamos em vão em Hegel: denúncia dos interesses particulares e dos proprietários privados (egoístas, covardes, estúpidos etc.), pessimismo quanto à possibilidade de pô-los de acordo com o interesse geral do Estado. Essa diferença pode ser facilmente explicada:

- pelo considerável desenvolvimento dos "interesses privados" burgueses na Alemanha desde a época em que Hegel escreveu os *Princípios da filosofia do direito* (1820);
- pela rejeição por Marx das soluções hegelianas para o conflito entre Estado e sociedade civil (corporações, burocracia etc.);
- pela influência do socialismo francês e de Moses Hess (crítico da propriedade, do egoísmo etc.).

Em suma, mesmo permanecendo ligado à concepção hegeliana do Estado racional, Marx já envereda, por meio da crítica ao Estado prussiano burocrático e feudal, para o caminho que o levará à ruptura total com Hegel em 1843 e, pela crítica ao "egoísmo privado", para o caminho que o conduzirá ao comunismo.

---

[23] Ver G. W. F. Hegel, *Grundlinien der Philosophie des Rechts* (Berlim, Nicolaische Buchhandlung, 1821) [ed. bras.: *Princípios da filosofia do direito*, 2. ed., São Paulo, Martins, 2003]. Parágrafo 288: A propriedade e o interesse privado das esferas particulares "devem ser subordinados ao interesse superior do Estado" (p. 226); parágrafo 289: "A manutenção do interesse geral do Estado e da legalidade entre os direitos particulares, a redução destes àqueles exigem uma vigilância por parte de representantes do poder governamental" (p. 226); parágrafo 258: "Não se deve confundir o Estado com a sociedade civil, nem destiná-lo à segurança e à proteção da propriedade e da segurança pessoais" (p. 190). Esse esquema é adotado também por Ruge, Feuerbach etc. É com base nele que Ruge criticará os artesãos comunistas de Paris em 1844 e a revolução dos tecelões na Silésia: o sofrimento dos artesãos é um mal privado, uma "ferida parcial", e falta ao movimento dos tecelões "espírito político" (ver carta a Fleischer, de 9 julho de 1844, em A. Ruge, *Briefwechsel und Tagebuchblätter aus den Jahre 1825-1880*, Berlim, Weidmannsche Buchhandlung, 1886, v. 1, p. 359). De certo modo, a ruptura de Marx com Ruge em 1844 é também sua ruptura final com a *filosofia do Estado* de Hegel.

Entretanto, neste trabalho, o que nos interessa não é a concepção marxiana do Estado como tal, mas a relação entre essa concepção e a atitude de Marx para com o proletariado (ou antes, para com os "pobres", já que o proletariado propriamente dito está ausente dos artigos estudados). Essa atitude não pode ser apreendida senão à luz da contradição entre Estado e sociedade civil, tal como Marx a concebeu.

O sofrimento dos pobres

Hegel via na existência de dois polos da sociedade civil, luxo e miséria, uma consequência do desenvolvimento do "sistema das carências", ou seja, da própria *bürgerliche Gesellschaft*[24]. Depois de ter criticado o egoísmo dos proprietários ricos, Marx se debruça sobre o problema da miséria na Alemanha, mas, ao contrário de Hegel[25], faz uma defesa ardorosa dos pobres e de seus direitos ameaçados. Contudo, apesar de toda a sua simpatia pela penúria dos "ladrões de madeira" e dos vinhateiros da Mosela, Marx considera sua situação segundo as mesmas categorias neo-hegelianas que emprega para criticar os interesses privados dos proprietários: essa penúria (*Not*: miséria, carência) pertence ao sistema das carências, à sociedade civil, à esfera privada; são "interesses privados sofredores" e apenas graças à ação generalizadora da imprensa livre é que esse "sofrimento privado" (*Privatleiden*) se tornará "sofrimento de Estado" (*Staatsleiden*) e esse interesse particular se transformará num interesse geral[26]. Aliás, já em seu primeiro artigo (sobre a liberdade de imprensa), Marx observa que a ausência de uma imprensa verdadeiramente livre exerce uma ação desmoralizadora, que desvia o povo da vida política e o transforma num "populacho privado" (*Privatpöbel*)[27].

"Sofrimento privado", "interesse particular", "populacho privado" são expressões que nos mostram quanto Marx estava do lado dos pobres (todo o seu

---

[24] G. W. F. Hegel. *Grundlinien der Philosophie des Rechts*, cit., § 185, 195, 243 e 245, p. 154, 160, 183 e 184.

[25] "O meio mais direto que se revelou contra a pobreza, assim como contra o desaparecimento da honra e do pudor, bases subjetivas da sociedade, e contra a preguiça e o desperdício que engendram a plebe, foi, sobretudo na Escócia, deixar os pobres entregues a seu próprio destino e fazê-los depender da mendicidade pública" (ibidem, § 245, p. 184).

[26] K. Marx, "Rechtfertigung des Korrespondenten von der Mosel", em K. Marx e F. Engels, *Werke*, cit., Band 1, p. 189-90.

[27] K. Marx, *Oeuvres philosophiques*, cit., v. 5, p. 67; K. Marx e F. Engels, *Werke*, cit., Band 1, p. 64.

artigo sobre os roubos de madeira é uma defesa corajosa, inflamada e indignada dos miseráveis perseguidos e explorados pelos proprietários das florestas), mas também quanto ainda era prisioneiro do esquema hegeliano da superioridade dos assuntos espirituais e gerais do Estado sobre os assuntos materiais e particulares da esfera privada.

Além do mais, Marx vê na miséria dos camponeses apenas seu aspecto passivo: a penúria, as carências, o sofrimento. Aliás, a própria palavra alemã (*Leiden*) que ele emprega constantemente a propósito dos pobres significa ao mesmo tempo "sofrimento" e "passividade" e é utilizada para designar todas as formas passivas de sofrimento ("aguentar, tolerar, suportar" etc.). Podemos explicar essa atitude pela origem neo-hegeliana de Marx ("espírito ativo" contra "matéria passiva"), mas devemos ressaltar que o objeto de sua atenção nesses artigos era a miséria *camponesa*, que era e permaneceu essencialmente passiva no século XIX, e não a miséria *operária*, cujo *lado ativo* já era bastante visível, ao menos na França e na Inglaterra. É importante notar que a palavra "proletariado" não aparece em nenhum dos artigos de Marx na *Gazeta Renana*.

Admitido isso, devemos assinalar ainda assim que Marx já observa nesses "pobres" certas características essenciais, que também pertencem ao proletariado: são uma "raça" que "tem como toda propriedade apenas os braços inumeráveis, que lhe servem para colher os frutos da terra para as raças superiores"[28], que "ainda não encontrou na organização consciente do Estado o lugar que lhe cabe"[29], que é "política e socialmente espoliada" e "nada possui"[30] e, finalmente, que, por intermédio de seus representantes na Dieta renana, mostrou-se a única a defender seriamente a liberdade[31].

Vemos assim como pôde surgir uma ideia que será fundamental na passagem de Marx para o comunismo: o egoísmo dos *proprietários* afunda-os no pântano do "semiliberalismo impotente"; somente os "despossuídos" (*Besitzlose*) são radicalmente libertários. Mas é provável que em 1842 Marx não tivesse ainda desenvolvido todas as implicações de suas constatações a respeito dos debates da Dieta

---

[28] Artigo sobre os roubos de madeira, em K. Marx, *Oeuvres philosophiques*, cit., v. 5, p. 128. Evidentemente, Marx refere-se aos servos da gleba e não ao proletariado industrial.
[29] Ibidem, p. 135.
[30] Ibidem, p. 126; K. Marx e F. Engels, *Werke*, cit., Band 1, p. 115.
[31] Com exceção do relator, Marx cita como verdadeiros defensores da liberdade de imprensa nos debates da Dieta apenas alguns deputados camponeses ou do "quarto estado". Ver K. Marx, *Oeuvres philosophiques*, cit., v. 5, p. 84 e 88.

e visse a miséria não como um fermento de revolta emancipadora, mas como um "objeto" (*Gegenstand*), uma "situação" (*Zustand*), que tinha de ser reconhecida e à qual o Estado deveria oferecer auxílio[32].

O comunismo

O primeiro dado que devemos considerar no estudo da atitude de Marx perante o comunismo, em 1842, é sua relativa ignorância do assunto, como ele confessa no próprio artigo da *Rheinische Zeitung* e confirma em sua curta "autobiografia intelectual" de 1859:

> nessa época, em que o afã de "avançar" sobrepujava amiúde a verdadeira sabedoria, faz-se ouvir na *Gazeta Renana* um eco entibiado, por assim dizer filosófico, do socialismo e do comunismo francês. Pronunciei-me contra essa mixórdia, mas, ao mesmo tempo, confessei, claramente, em uma controvérsia com o *Augsburger Allgemeine Zeitung* [*Jornal Geral de Augsburgo*], que os estudos que eu havia feito até então não me permitiam arriscar um juízo a respeito da natureza das tendências francesas.[33]

Quais poderiam ser os conhecimentos de Marx nessa época sobre as teorias socialistas e comunistas? Devemos mencionar em primeiro lugar, é claro, o "fraco eco" alemão na *Rheinische*, sobretudo por Moses Hess, cuja influência sobre Marx não deve de modo algum ser subestimada. Entre os autores franceses contemporâneos, o único mencionado várias vezes, e com aprovação, é Proudhon, apontado como "o mais penetrante" e "o mais consequente" dos escritores socialistas[34]. Marx reproduz com muito gosto suas fórmulas mais originais, por exemplo, perguntando-se no artigo sobre o roubo de madeira se toda propriedade privada não poderia ser considerada um roubo[35]. Quanto aos outros dois autores citados no artigo sobre o comunismo, Leroux e

---

[32] K. Marx, "Rechtfertigung des Korrespondenten von der Mosel", cit., p. 188, 190 e 183.

[33] K. Marx, *Contribuição à crítica da economia política*, cit., apud Ivana Jinkings e Emir Sader, *As armas da crítica*, cit., p. 105.

[34] Ver K. Marx, "À propos du communisme", em *Oeuvres philosophiques*, cit., v. 5, p. 115; K. Marx e F. Engels, *Werke*, cit., Band 1, p. 108; nota da redação, *Rheinische Zeitung*, 7 nov. 1843, em MEGA, cit., Band 1, 1/2, p. 141-2.

[35] K. Marx, *Oeuvres philosophiques*, cit., v. 5, p. 123: "Se toda violação da propriedade, sem distinção nem determinação mais precisa, chama-se roubo, não seria toda propriedade um roubo? Por minha propriedade privada não excluo todo terceiro dessa propriedade? Não leso assim seu direito de propriedade?".

Considérant, a menção a eles pode ser explicada pelo fato de estarem presentes no Congresso dos Doutores de Estrasburgo, cujo resumo na *Rheinische Zeitung* provocou polêmica com o *Augsburger Allgemeine Zeitung*[36]. Aliás, esses escritores eram citados e discutidos em abundância por Proudhon em *O que é a propriedade?**: a simples menção do nome deles não basta para provar um contato direto de Marx com seus trabalhos. Finalmente, em janeiro de 1843, surgem as primeiras referências a teóricos propriamente comunistas. Num artigo de 12 de janeiro, Marx cita textualmente uma frase de Dézamy (o que supõe a leitura de sua obra)[37] e, numa nota da redação de 7 de janeiro, trata do jornal *La Fraternité*, que era órgão de uma tendência comunista babouvista (Lahautière e Choron)[38].

Segundo esses indícios, Proudhon e Dézamy parecem ser os únicos socialistas franceses dos quais podemos afirmar, com certa dose de acerto, que foram lidos por Marx enquanto estava à frente da *Gazeta Renana*. Essa escolha é bastante significativa, visto tratar-se de pensadores à margem das seitas utópicas e dogmáticas (saint-simonistas, fourieristas, cabetistas etc.) e, o que os separava nitidamente da maioria dos socialistas franceses, *materialistas* e antirreligiosos. Ora, se consideramos que o utopismo e o "neocristianismo" místico eram o aspecto da teoria francesa mais criticado pelos jovens hegelianos ateus em geral e por Marx em particular e, de 1842 a 1845, esses dois autores eram, na opinião de Marx, os mais dignos de interesse e os mais próximos de um "socialismo científico" na França, podemos formular a hipótese de que, já na época da *Gazeta Renana*, Marx não era de todo hostil ao comunismo e acompanhava com interesse o trabalho dos socialistas franceses menos dogmáticos.

De fato, o artigo sobre o comunismo traduz uma profunda *ambivalência* de Marx diante das teorias socialistas. À primeira vista, parece rejeitá-las completamente: "A *Rheinische Zeitung*, que nem mesmo pode conceder às ideias comunistas uma realidade teórica sob sua forma atual e, por conseguinte, ainda

---

[36] F. Mehring, *Geschichte der Deutschen Sozial-demokratie* (Berlim, Dietz, 1960), v. 1, p. 140.

* São Paulo, Martins Fontes, 1988. (N. E.)

[37] K. Marx, "Nachwort zu einer Korrespondenz aus München", em MEGA, cit., Band 1, 1/1, p. 314. A frase de Dézamy: "Que o senhor Cabet tenha boa sorte: com tantos títulos, ele não pode deixar de ter em breve seus inválidos", foi extraída do livro *Calomnies et politique de M. Cabet* (Paris, Prévost, 1842), p. 7.

[38] MEGA, cit., Band 1, 1/2 p. 141-2. Sobre La Fraternité, ver Volguine, "Idées socialistes et communistes dans les sociétés secrètes, 1835-1840", *Questions d'Histoire*, t. 2, 1954, p. 27-8.

menos desejar ou simplesmente acreditar na possibilidade da realização prática, submeterá essas ideias a uma crítica aprofundada"[39]. No entanto, se analisarmos o artigo mais de perto, uma primeira distinção se estabelece entre as manifestações alemãs do comunismo – demagogia de certos setores reacionários ou fraseologia vazia de literatos[40] – e as teorias francesas de Leroux, Considérant e, sobretudo, Proudhon. Esses trabalhos teóricos devem ser levados a sério; para criticá-los, "não bastam algumas ideias superficiais e passageiras, mas [...] estudos prolongados e aprofundados"; eles tratam de "um problema que dá muito o que fazer aos dois povos" e que não se pode "resolver numa única frase"[41]. Essa diferenciação também aparece numa carta de Marx a Ruge, escrita na época (um mês depois do artigo), na qual ele critica com severidade o "comunismo" literário do grupo dos "Livres" de Berlim e exige que se discuta "a fundo" a concepção socialista do mundo[42]. Mas o último parágrafo do artigo é o mais notável desse ponto de vista: parece sugerir um verdadeiro *conflito de consciência* em Marx entre uma tendência "subjetiva" ao comunismo e a rejeição ditada pela razão. O texto fala literalmente de "inquietação da consciência [*Gewissensangst*]", criada por uma "rebelião dos desejos subjetivos dos homens contra os juízos objetivos de sua própria razão [*Verstand*]", e da potência das ideias comunistas, "demônios" que, apesar de vencidos pela inteligência, acorrentam nosso coração e os quais "o homem pode vencer apenas submetendo-se a eles"[43]. É verdade que Marx fala dos "homens" em geral e não

---

[39] K. Marx, *Oeuvres philosophiques*, cit., v. 5, p. 115.

[40] "Sem isso, vocês terão deixado passar despercebido o fato surpreendente de que os princípios comunistas são propagados na Alemanha não pelos liberais, mas por seus amigos *reacionários*?" "Quem fala de *corporações operárias*? Os reacionários [...]. Quem polemiza contra o *desmembramento da propriedade fundiária*? Os reacionários. Num escrito feudalista recentemente publicado (Kosegarten, o desmembramento), chegam a dizer que a *propriedade privada* é um *privilégio*. É o princípio de Fourier. Desde que estejamos de acordo acerca dos princípios, não podemos discutir as consequências e as aplicações?" (ibidem, p. 114).

[41] Ibidem, v. 5, p. 112 e 115.

[42] "Eu explicava que considero a introdução contrabandeada de dogmas socialistas e comunistas, isto é, uma nova concepção do mundo, em críticas de teatro acessórias etc., como inadequada e mesmo imoral, e peço que haja uma discussão mais profunda do comunismo, se é que deve ser discutido" (carta de Marx a Ruge, 30 de novembro de 1842, em MEGA, cit., Band 1, 1/2, p. 287).

[43] "Temos a firme convicção de que aquilo que constitui o verdadeiro *perigo* não é a *tentativa prática*, mas o *desenvolvimento teórico* das ideias comunistas. Às tentativas práticas, ainda que feitas *em massa*, pode-se responder com tiros de canhão, desde que se tornem perigosas;

de si mesmo, mas o desprezo que mostra por aqueles que, como a *Gazeta de Augsburg*, jamais sentiram tais "perturbações" tende a designá-lo como um desses "homens" às voltas com os "demônios" comunistas. Apesar disso, não queremos provar por essas hipóteses que em 1842 Marx já era comunista ou "quase"; queremos apenas mostrar que sua passagem para o comunismo, em 1844, foi um "salto qualitativo", preparado por certa evolução anterior.

No último parágrafo da *Rheinische* aparece claramente um traço fundamental da concepção que Marx tinha do comunismo nessa época. Isso nos interessa em particular, porque esse traço ainda se encontra em parte nos textos do início de 1844 e condiciona o modo pelo qual Marx considera o papel do proletariado na "Crítica da filosofia do direito de Hegel – Introdução". Em 1842, ele vê o comunismo sobretudo como um sistema de dogmas, uma constelação de ideias, uma *Weltanschauung*[44], que é importante, sério, penetrante etc. enquanto *trabalho teórico*, digno de "estudos prolongados e aprofundados". É claro que Marx não ignora que as reivindicações do "estamento que nada possui" é um fato "que está pelas ruas em Manchester, Paris e Lyon", que esse problema "dá muito o que fazer aos dois povos" e, enfim, que o comunismo pode provocar perigosas "tentativas práticas de massa", que somente tiros de canhão podem conter[45]. Mas, para ele, o "verdadeiro perigo", isto é, a verdadeira importância, não está nas "tentativas práticas", mas no desenvolvimento *teórico* do comunismo, nas *ideias* comunistas, esses demônios invencíveis etc. É mais uma vez a tese jovem-hegeliana da hegemonia da "atividade do espírito" sobre a "prática material grosseira" que encontramos em Bruno Bauer, para quem a teoria constituía "a mais forte atividade prática"[46], mas também em Ruge, que

---

mas as *ideias* que nossa inteligência venceu, que nossa opinião conquistou, em face das quais nossa razão forjou nossa consciência, são correntes que não se podem arrancar sem dilacerar o coração, são demônios que o homem pode dominar apenas ao se submeter a sua influência. Mas o *Augsburger Zeitung* provavelmente nunca conheceu as perturbações de consciência que provocam no homem a rebelião de suas aspirações subjetivas contra os juízos objetivos de sua própria razão, porque ela não tem nem razão própria, nem juízos próprios, nem mesmo consciência própria" (K. Marx, *Oeuvres philosophiques*, cit., v. 5, p. 115-6; K. Marx e F. Engels, *Werke*, cit. Band 1, p. 108).

[44] Carta a Ruge, 30 de novembro de 1842, em MEGA, cit. Band 1, 1/2, p. 287.

[45] K. Marx, *Oeuvres philosophiques*, cit., v. 5, p. 111, 112 e 115. A referência aos tiros de canhão mostra que se trata de revoluções e não de tentativas pacíficas de prática do comunismo (colônias etc.).

[46] "Seria absurdo de sua parte querer abraçar uma carreira prática. É a teoria que constitui agora a mais forte atividade prática, e ainda não podemos prever em que grau ela assumirá

acredita que os pensamentos são "as armas mais seguras para vencer as baterias inexpugnáveis" e determinam a ação e a história[47], e sobretudo no "comunismo filosófico" de Hess, para quem o "grande erro" de L. von Stein foi considerar o comunismo uma aspiração material do proletariado e não uma luta entre o "princípio do comunismo" e o "princípio da propriedade privada"[48].

Marx só se livrará definitivamente do neo-hegelianismo, do "comunismo filosófico" e da estrutura das relações entre pensamento e proletariado daí decorrentes no período que começa com o artigo contra Ruge no *Vorwärts*, em 1844. Retornaremos mais adiante a esse problema.

A filosofia e o mundo

Esse "idealismo" hegeliano de esquerda manifesta-se também na teoria das relações entre a filosofia e o mundo, que se tornará em 1844 a teoria das relações entre filosofia e proletariado e é esboçada no artigo contra *A Gazeta de Colônia*. Para apreender os traços essenciais dessa teoria, devemos voltar a um momento anterior, aos trabalhos preparatórios para a tese de doutorado, redigidos no início de 1841. Aí encontramos formulações que possuem uma semelhança espantosa com a tese 11 sobre Feuerbach: "Também há momentos em que a filosofia, opondo-se ao mundo, esforça-se não mais para compreender, mas para agir na prática

---

esse caráter" (carta de Bauer a Marx, de 31 de março de 1841, em MEGA, cit., Band 1, 1/2, p. 25).

[47] "Os pensamentos são livres e a ação é, no fim das contas, determinada pelo pensamento. Isso implica que é preciso refletir, por sua própria vontade, sobre as grandes questões políticas e teológicas para não ser ultrapassado e submerso pelos pensamentos do mundo presente e do que virá. Os pensamentos são as armas mais seguras para vencer as baterias inexpugnáveis. A única coisa que permanece é a verdade que reforma a si mesma e se desenvolve. Não há outra história senão a do movimento que vai em direção ao futuro e determina o espírito pensante". Comparar a imagem das ideias como "baterias inexpugnáveis" com a de Marx, que afirma a superioridade das ideias sobre as tentativas práticas, que podem ser "vencidas pelo canhão" (A. Ruge, "La philosophie hégélienne et la philosophie de la *Gazette générale d'Augsburg*", *Annales allemandes*, 12 ago. 1841, em A. Cornu, *Karl Marx et F. Engels*, cit. t. 1, p. 234).

[48] Ver Moses Hess, "Sozialismus und Kommunismus", em *Sozialistische Aufsätze 1841-1847* (Berlim, Welt, 1921). Essa também será a posição dos "socialistas verdadeiros", que Marx criticará em *A ideologia alemã*, porque "não veem a literatura comunista do exterior como expressão e produto de um movimento real, mas como escritos puramente teóricos que se originaram inteiramente dos 'pensamentos puros'" (ver K. Marx e F. Engels, *A ideologia alemã*, cit., p. 437).

sobre ele"⁴⁹. Contudo, logo percebemos que ainda estamos longe da teoria da práxis, já que "essa atividade prática da filosofia tem ela própria uma característica teórica. É constituída da crítica que mede toda existência individual por sua essência, toda realidade particular pela Ideia"⁵⁰. Mas o mais importante é o resultado dessa "luta", que leva ao "vir a ser mundo" da filosofia e ao "vir a ser filosofia" do mundo. "Daí resulta que, na medida em que o mundo se torna filosófico, a filosofia torna-se 'do mundo' (*Weltlich-Werden*) e sua realização constitui ao mesmo tempo sua abolição"⁵¹, fórmula que, mais uma vez, nos faz pensar imediatamente nos *Anais Franco-Alemães*, em que se fala da abolição e da realização da filosofia pela abolição do proletariado.

Esses temas são retomados por Marx em seu ataque na *Gazeta Renana* ao artigo de fundo da *Kölnische Zeitung*. Ele faz, em primeiro lugar, esta afirmação que à primeira vista parece bastante "materialista": "Os filósofos não brotam da terra como cogumelos; são fruto de seu tempo, de seu povo, cujas essências mais sutis, preciosas e invisíveis correm nas ideias filosóficas. [...] toda filosofia é a quintessência espiritual de seu tempo"⁵². No entanto, essa é uma ideia cara a Hegel, que já escrevia na *Filosofia do direito*: "No que diz respeito ao indivíduo, todos são filhos de seu tempo; do mesmo modo, a filosofia resume seu tempo no pensamento"⁵³. Enfim, a propósito da "instalação da filosofia nos jornais", Marx fala de "reciprocidade de ação" entre a filosofia e o mundo e, mais uma vez, de "vir a ser mundo da filosofia e vir a ser filosofia do mundo"⁵⁴.

O que nos interessa nesses textos não é, abstratamente, seu grau de "materialismo" ou "idealismo". Preferimos extrair deles uma ideia-chave: a ação "teórico-prática" da filosofia e seu "vir a ser mundo", ideia que nos permite compreender por que, no início de 1844, Marx via no proletariado apenas a "base passiva" ou o "instrumento material" da filosofia.

---

[49] MEGA, cit., Band 1, 1/1, p. 131.
[50] Ibidem, p. 64.
[51] Ibidem, p. 65.
[52] K. Marx, *Oeuvres philosophiques*, cit., v. 5, p. 95; K. Marx e F. Engels, *Werke*, cit., Band 1, p. 97.
[53] G. W. F. Hegel, *Principes de la philosophie du droit* (Paris, Gallimard, 1940), p. 31 [ed. bras.: *Princípios da filosofia do direito*, cit.].
[54] K. Marx, *Oeuvres philosophiques*, cit., v. 5, p. 95-6; K. Marx e F. Engels, *Werke*, cit., Band 1, p. 97-8.

Ruptura e transição: 1843

O ano 1843 foi o da ruptura definitiva dos jovens hegelianos com o Estado prussiano e o liberalismo burguês. Essa ruptura constitui o ponto de partida comum das evoluções divergentes das diversas tendências do grupo. Aliás, os próprios termos em que era concebida já orientavam os desenvolvimentos posteriores.

A posição da esquerda hegeliana perante o Estado prussiano passou por flutuações diversas: "suporte crítico" até 1840 (Ruge), entusiasmo ilusório no momento da ascensão ao trono de Frederico Guilherme IV, "oposição crítica", cada vez mais acentuada, de 1841 até a emigração em 1843.

Quanto a Marx, ele se opôs ao Estado existente desde o começo de sua vida política. Devemos ver em suas profissões de fé "legalistas" na *Rheinische Zeitung* se não uma concessão à censura, ao menos uma aparência formal, destinada a encobrir um conteúdo radicalmente crítico. Contudo, o próprio fato de Marx aceitar fazer essa concessão mostra que ele ainda não havia atingido o ponto de ruptura completa. A experiência da luta contra a censura, no decorrer de 1842, quando o caráter reacionário e "irracional" do Estado prussiano e o espírito mesquinho e limitado da burocracia revelaram-se de modo particularmente brutal, é que o conduziu a essa ruptura radical, manifestada em janeiro de 1843 numa carta a Ruge, em que ele critica todas as concessões feitas pela *Rheinische* no passado e recusa-se a fazer o mesmo no futuro.

A experiência concreta da verdadeira natureza do Estado e, do outro lado, a experiência da força dos interesses privados e da dificuldade em conciliá-los com o interesse geral são provavelmente os elementos que tornaram Marx sensível à necessidade de aplicar os princípios sugeridos por Feuerbach nas *Teses provisórias* à crítica da filosofia do Estado de Hegel. Não é mais somente a identificação hegeliana entre o Estado racional e o Estado prussiano que será questionada (como em 1842), mas toda a teoria das relações entre Estado e sociedade civil etc.

Quanto à ruptura dos hegelianos de esquerda com o liberalismo, uma observação de Marx nos *Anais Franco-Alemães* nos permite apreender a razão essencial do conflito: "Somos contemporâneos *filosóficos* do presente, sem sermos seus contemporâneos *históricos*"[55]. De fato, havia uma verdadeira *defasagem ideológica* entre os filósofos, que se situavam no nível do pensamento francês mais moderno, e da burguesia alemã, em atraso histórico e político, uma de-

---

[55] K. Marx, "Crítica da filosofia do direito de Hegel – Introdução", em *Crítica da filosofia do direito de Hegel* (2. ed. rev., São Paulo, Boitempo, 2010), p. 150.

fasagem entre o "sobredesenvolvimento" ideológico e o "subdesenvolvimento" econômico e social da Alemanha. Não há dúvida de que essa ausência de base social profunda e essa aparência "avançada" da ideologia alemã contribuíram para lhe dar seu caráter abstrato e especulativo, mantendo nos pensadores a ilusão de que a ideia era o motor da história. A defasagem era parcialmente atenuada na Renânia por causa do relativo desenvolvimento da província e das tradições francesas da burguesia; isso permitiu um acordo temporário no interior da *Gazeta Renana*, mas ainda persistia certo desentendimento, sobretudo com os setores mais "filosóficos" (o grupo de Berlim), e os conflitos no jornal eram constantes. Desde o início, houve uma briga pela indicação do redator-chefe, uma briga reveladora das tendências dos dois grupos: de um lado, Moses Hess, candidato dos hegelianos, representante do radicalismo filosófico; do outro, Hoffken, discípulo do economista F. List, candidato vitorioso dos acionistas burgueses (Oppenheim, Schramm etc.) da *Rheinische*. Dito de outro modo, a crítica teórica contra a defesa concreta dos interesses econômicos da burguesia. É verdade que o triunfo de Hoffken durou pouco; mas é provável que sua exoneração não tenha sido apenas consequência de sua recusa a aceitar a colaboração dos hegelianos de esquerda – o que contrariou os ricos simpatizantes dessa tendência em Colônia (Jung). Também devemos levar em conta a oposição de um setor considerável da burguesia renana – representado na *Gazeta* por L. Camphausen – no sistema protecionista de List. A ascensão de Rutenberg ao posto de redator-chefe foi a revanche dos filósofos, mas alguns meses depois a predominância da fraseologia abstrata dos "Livres" de Berlim tornou-se inaceitável para os jovens hegelianos mais lúcidos. Numa conversa com Hess, Mevissen deplorou "a tendência negativa" do jornal e seu gosto pela especulação filosófica[56]. Numa carta a Oppenheim, Marx manifestava--se contra as "afirmações teóricas gerais" e mostrava que "a verdadeira teoria deve ser elucidada e desenvolvida por meio de situações concretas"[57]. Todavia, apesar da tendência mais realista introduzida por Marx desde outubro, a orientação do jornal não agradava aos burgueses renanos, que o acusavam de ter "violado a lei, caluniado e ridicularizado nossas instituições e tentado dirigir o povo contra o governo", substituindo o "espírito de verdade pelo espírito de violência"[58].

---

[56] J. Droz, *Le libéralisme rhénan*, cit., p. 259 e 260.
[57] Carta a Oppenheim, 25 agosto de 1842, em MEGA, cit., Band 1, 1/2, p. 280.
[58] Carta do comerciante de Colônia R. Peill a Mevissen, de janeiro de 1843, em J. Droz, *Le libéralisme rhénan*, cit., p. 263.

Tudo isso nos permite compreender, a um só tempo, a reação morna dos meios liberais em face da interdição da *Rheinische Zeitung* (limitaram-se a enviar algumas petições platônicas ao governo) e a indignação dos jovens hegelianos, que se consideravam traídos pelos "frouxos liberais". Se lembrarmos que as Ordenações sobre a Imprensa tiveram um papel decisivo no desencadeamento da revolução de 1830 na França, podemos avaliar a decepção dos hegelianos de esquerda, que constatavam definitivamente que a burguesia alemã não era a classe revolucionária capaz de libertar a Alemanha. Ruge exprime de modo admirável esse sentimento em sua carta de março de 1843 a Marx (publicada nos *Deutsch-Französische Jahrbücher*): "Quem diria que essa recaída ultrajante da palavra no silêncio, da esperança na desesperança, de um estado de homem livre no estado de escravo absoluto, excitaria todos os espíritos vitais, faria afluir o sangue no coração de cada um e provocaria um grito geral de indignação!"[59]. Do mesmo modo, o editor Froebel, numa carta a Wigand, datada de agosto de 1843, escreveu que "os indivíduos mais lamentáveis e mais repugnantes são os pretensos liberais. Aquele que aprendeu a conhecer a fundo esses poltrões deve ter a alma bem aguerrida para continuar a lutar contra essa laia"[60].

Depois de ter tentado sucessivamente e em vão desempenhar o papel de ideólogo do Estado "protestante" e da burguesia liberal, o grupo de jovens hegelianos encontrava-se em 1843 numa situação de "disponibilidade ideológica". Por isso, a partir do denominador comum que era a negação tanto do Estado prussiano quanto do liberalismo burguês, ele estourou em diversas tendências, que se cristalizaram em cada uma das divergências esboçadas em 1842. Essas tendências eram:

• O grupo dos "Livres", dos quais alguns se reuniram para formar, depois de dezembro de 1843, a *Gazeta Literária* (os irmãos Bauer etc.); interpretando o fracasso liberal como um "recuo das massas", essa tendência se afasta cada vez mais da luta política concreta para se refugiar na "atividade" puramente teórica do "espírito crítico".

• A que poderíamos denominar "democrático-humanista" (Ruge, Feuerbach, Froebel, Wigand, Herwegh) e que confunde sem muito custo comunismo e humanismo. Feuerbach, por exemplo, afirmou a propósito de Herwegh: "[É] comunista como eu, no fundo, não na forma", tomando o cuidado de explicar

---

[59] K. Marx, *Oeuvres philosophiques*, cit., v. 5, p. 192.
[60] A. Cornu, *Karl Marx et F. Engels*, cit., v. 2, p. 115.

que seu comunismo era "nobre" e não "vulgar"[61]. E Froebel, numa carta de 5 de março de 1843 ao comunista Becker, escreve que está "de coração com o comunismo" e "distingue os homens como egoístas e comunistas". Enfim, o próprio Ruge, numa carta a Cabet, declara que "em princípio estamos de acordo com o senhor, declaramos, como o senhor, que o homem real constitui o fundamento e a meta da sociedade"[62].

• A "comunista filosófica" (Hess, Bakunin, Engels), cujo comunismo aparecia como uma categoria oposta ao egoísmo, o que permitia certa confusão com os "humanistas" antiliberais e, portanto, um trabalho comum dentro dos *Anais Franco-Alemães*. A evolução de Marx, durante esse período, é análoga à do grupo democrático. Como a maioria dos membros dessa tendência, rompe abertamente com os liberais por causa da atitude deles no "caso da imprensa". Desde o início de sua atividade à frente da redação da *Gazeta Renana*, ele entrou em conflito não só com o verbalismo "radical" dos "Livres", mas também com a "moderação" medrosa dos acionistas burgueses. Numa carta a Ruge em 30 de novembro de 1842, na qual anuncia sua ruptura com o grupo de Berlim, Marx lamenta igualmente por ter de suportar "noite e dia" as "gritarias dos acionistas"[63]. Enfim, numa reunião do conselho administrativo no começo de janeiro, a direção do jornal decide evitar qualquer conflito com o governo[64], decisão com a qual, muito provavelmente, Marx não concordou. De fato, em 25 de janeiro de 1843, em outra carta a Ruge, ele escreve: "Aliás, a atmosfera aqui se tornou sufocante para mim. Mesmo a serviço da liberdade, é duro cumprir uma tarefa servil e esgrimir alfinetes, em vez de coronhas. Ele estava cansado da hipocrisia, da tolice, da autoridade brutal e de nossa flexibilidade, de nossas reverenciazinhas, de nossa chicana [...] Não posso realizar mais nada na Alemanha, nela você corrompe a si mesmo".[65] Marx faz aqui não só uma crítica das tendências moderadoras do jornal, mas quase uma "autocrítica" de sua tática na redação, e anuncia sua recusa a manter no futuro uma política

---

[61] Carta de Feuerbach a Kriege sobre Herwegh, em A. Cornu, *Karl Marx et F. Engels*, cit., v. 2, p. 233.

[62] Em A. Cornu, *Karl Marx et F. Engels*, cit., v. 2, p. 116 e 234.

[63] MEGA, cit., Band 1, 1/2, p. 287.

[64] J. Hansen, *Rheinische Briefe und Akten zur Geschichte der politischen Bewegung 1830-1850*.(Essen, P. Hanstein, 1919), v. 1, p. 401.

[65] MEGA, cit., Band 1, 1/2, p. 294.

de "flexibilidade" em relação ao Estado prussiano, política que, de concessão em concessão, levaria à autocorrupção. Assim, podemos facilmente compreender que na assembleia geral dos acionistas da *Rheinische Zeitung*, em 12 de fevereiro de 1843, Marx tenha se oposto à tendência majoritária (Oppenheim etc.), que mais uma vez queria livrar o jornal da interdição governamental (em 24 de janeiro) moderando o conteúdo[66]. É significativo que esses conflitos tenham levado Marx a abandonar a redação antes da data em que, segundo o decreto governamental, a *Gazeta* deveria parar de circular (1º de abril de 1843). Em 13 de março, ele escreveu a Ruge que não permaneceria por nada no mundo na *Rheinische*[67], isto é, mesmo que os acionistas obtivessem, por novas concessões, a revogação da interdição. Em 18 de março, anunciava publicamente sua decisão de abandonar a redação do jornal.

Marx, que já criticara o "semiliberalismo" e a indecisão dos deputados burgueses na Dieta renana durante os debates sobre a liberdade de imprensa, assistia agora à capitulação dos acionistas burgueses da *Gazeta Renana*, em seu esforço de conciliação com o Estado prussiano, e à indiferença da burguesia renana perante a interdição da imprensa liberal. A experiência lhe mostrava que a atitude da burguesia na Alemanha não era a de "cidadãos revolucionários", mas de "proprietários covardes" e, por consequência, não se podia atribuir a ela o papel que a burguesia francesa tivera em 1789. Contudo, excluída a burguesia, surgia a questão: *quem* poderia emancipar a Alemanha? Para Bauer, "o espírito crítico". Para Ruge, ninguém: a Alemanha estava condenada à servidão – "nosso povo não tem futuro", escreveu a Marx em março de 1843[68]. O esforço para encontrar uma resposta concreta a essa questão central e essencial faz Marx voltar sua atenção, já em 1843, para "a humanidade sofredora". Mas é a chegada a Paris que lhe fornece uma resposta clara e coerente, que se impõe como uma evidência fulgurante e irrefutável: o proletariado desempenhará esse papel revolucionário.

Entre sua ruptura com a burguesia liberal no início de 1843 e essa "descoberta" do proletariado no início de 1844, Marx passou por um período de transição, "democrático-humanista", fase de desorientação ideológica e tateamento que levará ao comunismo.

---

[66] K. Marx, *Chronik*, cit., p. 16.
[67] MEGA, cit., Band 1, 1/2, p. 308.
[68] K. Marx, *Oeuvres philosophiques*, cit., v. 5, p. 194.

Crítica da filosofia do Estado de Hegel

Na crítica de Marx aos parágrafos 261-313 dos *Princípios da filosofia do direito*, de Hegel (elaborada com toda probabilidade em 1843[69]), o ponto de partida é "antropológico" (Feuerbach), mas o ponto de chegada é político e próximo de Moses Hess. Essa crítica representa uma etapa decisiva da passagem de Marx para o comunismo "filosófico", passagem concluída no artigo sobre a questão judaica, em que ele retoma e desenvolve os temas do manuscrito de 1843.

Por que e em que medida a ruptura com Hegel teve um papel na adesão de Marx ao comunismo?

A grande crítica que os jovens hegelianos "democráticos" em geral e Ruge em particular faziam ao comunismo era contra seu caráter "apolítico", puramente social. Numa carta de 8 de julho de 1844, Ruge escreve que o comunismo dos artesãos alemães é "uma triste atividade sem interesse político" e esse "comunismo apolítico" é um "produto natimorto"[70], tese que se origina rigorosamente da concepção hegeliana do Estado como representante do interesse geral, perante o qual todo movimento que permanece na sociedade civil pode ser apenas privado, parcial, secundário e inferior.

Ora, Marx rompe precisamente com esse esquema hegeliano, mostrando que a universalidade do Estado é abstrata e alienada, que ele constitui a "*religião* da vida popular, o céu de sua universalidade perante a *existência terrena* de sua realidade" e "só o povo é o concreto"[71]. Por essa desmistificação da esfera política, ele já supera Ruge em 1843 e volta-se não mais para o Estado como "verdade" dos problemas sociais (miséria etc.) – posição que ainda mantinha nos artigos da *Gazeta Renana* –, mas para o povo real, para a vida social. Assim, situa-se muito perto de comunistas como Hess, cujo *leitmotiv* era precisamente a primazia do "social" sobre o "político", tese que Marx defenderá nos *Anais Franco-Alemães*.

Em 1842, o grande problema político para Marx era: como garantir a universalidade do Estado contra o assalto dos interesses privados que querem subjugá-lo? Tendo abandonado a filosofia hegeliana do Estado, a *questão* que se coloca em 1843 é outra: por que a universalidade é alienada no Estado abstrato e como

---

[69] K. Marx, *Chronik*, cit., p. 18.

[70] Carta de Ruge a Fleischer, de 9 de julho de 1844, em A. Ruge, *Briefwechsel und Tagebuchblätter*, cit., p. 359.

[71] K. Marx, "Critique de la philosophie de l'État de Hegel", em *Oeuvres philosophiques*, cit., v. 4, p. 70-1 e 64.

"superar e suprimir" essa alienação? A resposta que ele esboça conduz mais uma vez ao comunismo: é a *essência privada* da sociedade civil, isto é, seu individualismo atomístico, centrado na propriedade privada, que funda a "exteriorização" do universal num "céu político"[72]; por essa razão, a existência da constituição política é historicamente ligada à liberdade do comércio e da propriedade, à independência das esferas privadas; a Idade Média não conheceu o Estado político abstrato[73].

À luz dessas considerações, é preciso encarar o significado da solução proposta por Marx: a "verdadeira democracia". Aqui, não se trata de maneira alguma da democracia republicana burguesa, mas de uma transformação radical, que implica a supressão do Estado político alienado e da sociedade civil "privatizada". Para ele, a palavra *democracia* tem um sentido específico: abolição da separação entre o social e o político, o universal e o particular. É nesse sentido que ele fala da Idade Média como "*democracia da não liberdade*"[74]. Sua posição perante a república burguesa é clara, a república norte-americana e a monarquia prussiana são simples formas políticas que recobrem o mesmo conteúdo – a propriedade privada. No Estado instaurado pela Revolução Francesa, os membros do povo "são *iguais* no céu de seu mundo político e desiguais na existência terrena da *sociedade*"[75]. Conclusão implícita: o que deve mudar não é a *forma* política (república ou monarquia), mas o *conteúdo* social (a propriedade privada, a desigualdade etc.). Essa também é a conclusão dos comunistas franceses, e Marx tem consciência desse acordo: ele mostra sua aprovação das teorias políticas dos "franceses modernos", para os quais "na verdadeira democracia o *Estado político desaparece*"[76].

Quanto ao proletariado, não se trata dele nos manuscritos de 1843, com exceção de uma única frase, que é, contudo, *muito significativa*: "Característico é somente que a privação de posses e o estamento do trabalho imediato, do trabalho concreto, constituam menos um estamento da sociedade civil do que o terreno sobre o qual repousam e se movem os seus círculos"[77]. Essa afirmação comporta

---

[72] Ibidem, v. 4, p. 71. "A essência privada [das esferas particulares] é suprimida com a supressão da essência supraterrena [*jenseitig*: 'o além'] da constituição do Estado político; essa existência supraterrena não é outra coisa além da afirmação de sua própria alienação" (K. Marx e F. Engels, *Werke*, cit., Band I, p. 233).

[73] K. Marx, "Critique de la philosophie de l'État de Hegel", cit., p. 71.

[74] Idem.

[75] Ibidem, p. 70 e 166.

[76] Ibidem, p. 69.

[77] Ibidem, p. 167-8; K. Marx e F. Engels, *Werke*, cit., Band 1, p. 284.

duas implicações que serão desenvolvidas na "Crítica da filosofia do direito de Hegel – Introdução" como características da condição proletária e fundamento de seu papel emancipador:

- os trabalhadores são despossuídos, a ausência de propriedade é o traço essencial de seu estado (além do caráter concreto de seu trabalho); ora, como a propriedade privada é o grande obstáculo que impede a identificação do particular com o universal, basta levar o raciocínio ao extremo para que o proletariado se torne o portador dos interesses universais da sociedade (na "Crítica da filosofia do direito de Hegel – Introdução");
- os trabalhadores despossuídos constituem um estado que não é um estado da sociedade civil, mas algo abaixo dessa sociedade ("terreno em que repousam" etc.), uma base sobre a qual se estabelece a atividade de suas esferas superiores; mais uma vez, isso nos leva diretamente à "Crítica da filosofia do direito de Hegel – Introdução", na qual se fala do proletariado como "uma classe da sociedade burguesa, que não é uma classe da sociedade burguesa". O que isso significa? Pura e simplesmente que Marx dissocia os trabalhadores despossuídos da sociedade civil burguesa, egoísta, particularista etc. Dito de outro modo, ele abandona sua posição de 1842, pela qual a miséria pertencia ao sistema de carências, à sociedade civil, à *esfera privada*. Agora ele vê na despossessão não mais um "caso particular", mas um "caso geral", que é a base da própria sociedade civil, ao mesmo tempo que se situa fora dela.

A correspondência com Ruge

A primeira coisa que chama a atenção do leitor na correspondência trocada entre Marx e Ruge em 1843 – tal como publicada nos *Anais Franco-Alemães* – é o contraste entre o profundo pessimismo de Ruge e o "otimismo revolucionário" de Marx. Essa diferença é devida somente ao "temperamento" dos correspondentes etc.? Ela não implica causas muito mais significativas, ou seja, divergências de perspectivas? Parece-nos que esse contraste pode ser explicado apenas com base na seguinte hipótese: em 1843, Marx e Ruge já se voltavam para *classes sociais diferentes*.

Em sua resposta à primeira carta de Marx, em março de 1843 (em que se trata, de modo inteiramente vago, da "revolução que temos em perspectiva"[78]), Ruge se

---

[78] K. Marx, *Oeuvres philosophiques*, cit., v. 5, p. 189.

pergunta: "Viveremos o bastante para ver uma revolução política? *Nós*, os contemporâneos desses alemães?"[79]. A palavra-chave dessa frase – que é o centro da diferença de ótica de 1843 e será o centro da ruptura de 1844 – é o qualificativo dado à revolução: "política". Com efeito, Ruge ainda pensa nos termos de uma revolução *política*, isto é, *democrático-burguesa*; e como constata "a imperecível paciência de carneiro" dos burgueses alemães, a passividade diante da "recaída ultrajante da palavra no silêncio" e, enfim, o "grau de insensibilidade e de decadência em que caímos", é perfeitamente lógico que ele não consiga ver nenhuma perspectiva revolucionária na Alemanha: "Oh! Esse futuro alemão? Onde a semente foi lançada?"[80].

Como Ruge, Marx não acredita numa revolução dirigida pela burguesia alemã. Em sua resposta a Ruge, em maio de 1843, escreve que os "burgueses filisteus" (*Spiessbürger*) não querem "ser homens livres, republicanos": como os animais, querem apenas "viver e se reproduzir"[81]. No entanto, ao contrário de Ruge, ele pensa que, diante do fracasso de sua aliança com a burguesia liberal, a filosofia pode e deve encontrar outros aliados; "a semente do futuro" é lançada não entre os "carneiros burgueses", mas na "humanidade sofredora". A revolução com que ele sonha não é mais puramente "política"; ela encontra seu fundamento na "ruptura no interior da sociedade atual", ruptura provocada pelo "sistema de indústria e comércio, de posse e exploração dos homens"[82] – uma fórmula ainda vaga, mas com a qual Marx se refere pela primeira vez à luta de classes moderna e a suas causas econômicas. Isso torna perfeitamente compreensível o "otimismo" dessa carta diante do "canto fúnebre" de Ruge[83]: decepcionado com os "covardes proprietários liberais", Marx dirige suas esperanças para o povo sofredor, despossuído e explorado. É verdade que aparentemente o objetivo dessa revolução "social" ainda permanece "político": a carta fala de "Estado democrático", "mundo humano da democracia" etc.[84]. Para compreender o verdadeiro sentido do termo "democracia", devemos nos reportar aos manuscritos de 1843 (*Crítica da filosofia*

---

[79] Idem.
[80] Carta de Ruge a Marx, de março de 1843, em *Oeuvres philosophiques*, cit., v. 5, p. 191, 192 e 194.
[81] K. Marx, "Cartas dos Anais Franco-Alemães (de Marx a Ruge) – maio de 1843", cit., p. 65.
[82] Ibidem, p. 69; *Werke*, 1, p. 343.
[83] "Vossa carta, meu caro amigo, é uma boa elegia, um canto fúnebre de tirar o fôlego" (K. Marx, "Cartas dos Anais Franco-Alemães (de Marx a Ruge) – maio de 1843", cit., p. 64).
[84] Ibidem, p. 65 e 68.

do Estado de Hegel), redigidos mais ou menos nessa época. Como já observamos antes, Marx entende por "democracia" não uma simples transformação da *forma política* (como seria a instauração de uma república burguesa), mas uma mudança dos próprios fundamentos da *sociedade civil* (propriedade privada etc.).

Em certa medida, um detalhe biográfico vem reforçar essa hipótese. Logo depois de se demitir da redação da *Gazeta Renana*, por volta do fim de 1843, Marx passou uma curta temporada na Holanda, onde, segundo a carta que enviou a Ruge, teve a ocasião de ler jornais franceses – pela primeira vez, ao que parece, pois ele se espanta com os julgamentos a respeito da Alemanha[85]. Ora, é possível, e mesmo muito provável, que ele tenha encontrado nesses jornais ecos do movimento operário francês, muito mais concretos que o "débil eco" da *Rheinische Zeitung*, por exemplo: notícias sobre as greves que ocorreram na França de janeiro a abril de 1843 (carpinteiros em Bourges, tecelões em Roubaix, telhadores em Rennes, estivadores em Paris etc.), greves que levaram a conflitos, prisões etc.[86]. É possível que ele tenha lido inclusive artigos sobre o desenvolvimento do comunismo operário, sociedades secretas etc. E devemos frisar que, nesse momento, Marx encontrava-se numa situação particularmente "receptiva"; a ruptura com a *Rheinische* deixou-o em disponibilidade não só profissional, mas também *ideológica*.

Resta medir, no entanto, a distância que separa essa ideia de um entendimento entre "os inimigos do filisteísmo, em suma, todos os homens que pensam e sofrem"[87] e os termos em que Marx colocará, por volta de 1846-1848, o problema das relações entre os intelectuais que rompem com a burguesia e o movimento operário. Em primeiro lugar, não se trata aqui de classes sociais claramente definidas, mas de duas categorias muito vagas, sem determinação objetiva: "os que pensam" e "os que sofrem". É graças apenas à frase que vem em seguida, em que se trata das rupturas provocadas pelo sistema do lucro e da exploração, que nos é permitido acreditar que o mencionado "sofrimento" seja de fato o do proletariado. Por outro lado, nenhuma hierarquia importante é estabelecida entre os dois grupos: não se trata de uma adesão de alguns "pensadores"

---

[85] "No momento, estou na Holanda em viagem. Pelo que posso inferir dos jornais daqui e dos jornais franceses, a Alemanha se atolou bem fundo no barro" (K. Marx, "Cartas dos Anais Franco-Alemães (de Marx a Ruge) – março de 1843", cit., p. 63.

[86] J.-P. Aguet, *Les grèves sous la Monarchie de Juillet, 1830-1847* (Genebra, E. Droz, 1954), p. 237-57.

[87] K. Marx, "Cartas dos Anais Franco-Alemães (de Marx a Ruge) – maio de 1843", cit., p. 69.

à luta da classe proletária – fórmula de Marx no *Manifesto Comunista* –, mas de um acordo, em pé de igualdade, entre todos aqueles que a própria existência opõe ao "mundo filisteu animal". Por fim, e isso é o mais importante, o fato de que o proletariado seja considerado somente enquanto "humanidade sofredora" faz com que ele apareça como o lado *passivo* do entendimento, e *ativo* seja o lado da "humanidade pensante". Mais uma vez, isso nos leva ao esquema jovem-hegeliano: atividade do espírito contra a passividade da matéria. Já enfatizamos o duplo sentido da palavra alemã *Leiden* (sofrimento e passividade); ora, parece que nesse texto a ambiguidade é tal que Molitor acreditou que poderia traduzir *leidenden Menschheit* ora por "humanidade passiva", ora por "humanidade sofredora". Mas há provas mais concludentes que a tradução de Molitor: o texto do próprio Marx sugere um fundo de "passividade" no sofrimento. "Entretanto, a existência da humanidade sofredora que pensa e da humanidade pensante que é oprimida necessariamente se tornará intragável e indigesta para o mundo animal do filisteísmo que apenas desfruta passiva e despreocupadamente"[88]. Conhecemos a preferência do jovem Marx pela forma da "inversão" ("lógica da coisa – coisa da lógica", "arma da crítica – crítica das armas" etc.) que ele empregava muitas vezes sem medo de tornar seu texto um tanto obscuro... Ora, no fragmento citado, a "inversão" está lá, mas *quebrada*: "humanidade *sofredora* que pensa – humanidade pensante que *é oprimida*". Por que razão Marx não coloca depois da "humanidade sofredora que pensa" uma "humanidade pensante que *sofre*"? A única razão possível é que, por seu caráter passivo, o sofrimento não pode ser associado ao pensamento, que é essencialmente atividade (atividade oprimida pelo mundo filisteu). É bastante evidente que essa concepção jovem-hegeliana é o contrário da situação real; concretamente, é a revolta ativa das massas operárias que é oprimida e reprimida pelo poder, ao passo que o "sofrimento moral" dos intelectuais descontentes permanece passivo... É na situação particular da Alemanha – confronto entre os hegelianos de esquerda e o Estado, ausência de movimento operário – que devemos buscar a origem social dessa ilusão e, na situação da França, o ponto de partida da evolução de Marx depois de 1844.

De todo modo, não devemos esquecer que, nessa carta, Marx atribui ainda assim um papel às massas "sofredoras" no advento do mundo novo e, por esse único fato, já se situa além de Ruge e da maior parte dos neo-hegelianos. "Quanto mais

---

[88] Idem.

os eventos derem tempo à humanidade pensante para se concentrar e à humanidade sofredora para juntar forças, tanto mais bem-formado chegará ao mundo o produto que o presente carrega no seu ventre"[89]. Seria muito interessante determinar o sentido preciso dessa "reunião", contudo somos obrigados a nos contentar com suposições. Trata-se, provavelmente, ou da concentração do proletariado pela indústria moderna – processo cujas consequências revolucionárias são descritas no *Manifesto* –, ou da união dos trabalhadores em coalizões, associações operárias etc.

O grande interesse da última carta de Marx, de setembro de 1843, reside nas precisões que traz acerca de sua posição em relação ao comunismo apenas alguns meses antes de sua adesão. Ela nos mostra um Marx ideologicamente desorientado, que, depois da ruptura com o Estado prussiano e com a burguesia liberal, ainda não "encontrou" o proletariado e o comunismo (senão na forma vaga e ambígua da "humanidade sofredora" e da "verdadeira democracia"). O ponto de partida é claro, o ponto de chegada é indeterminado! "Porque, ainda que não haja dúvidas quanto ao "de onde", tanto maior é a confusão que reina quanto ao "para onde". Não é só o fato de ter irrompido uma anarquia geral entre os reformadores; além disso, cada um precisa admitir para si mesmo que não possui uma visão exata do que deverá surgir."[90] É essa ausência de *a priori* doutrinário – e sobretudo de precisões utópicas sobre o futuro – que lhe permitiu escapar do dogmatismo das seitas socialistas. "Entretanto, a vantagem da nova tendência é justamente a de que não queremos antecipar dogmaticamente o mundo, mas encontrar o novo mundo a partir da crítica ao antigo."[91].

As críticas que Marx dirige ao comunismo nessa carta podem ser classificadas em duas rubricas: de um lado, reservas, que serão abandonadas durante a evolução dos anos 1844 e 1845; de outro, críticas ao socialismo utópico, que ainda continuarão um dos traços essenciais de sua obra política.

Na primeira categoria, encontramos as seguintes críticas:

• O socialismo é unilateral, considera a vida humana apenas pelo lado material e se esquece totalmente da atividade espiritual dos homens: "E o princípio socialista como um todo, por sua vez, é apenas um dos lados que diz respeito

---

[89] Ibidem, p. 69-70.
[90] K. Marx, "Cartas dos Anais Franco-Alemães (de Marx a Ruge) – setembro de 1843", cit., p. 70.
[91] Idem.

à *realidade* do ser humano verdadeiro. Nós devemos nos preocupar da mesma maneira com o outro lado, com a existência teórica do ser humano, ou seja, tornar a religião, a ciência etc. objetos da nossa crítica"[92]. Essa observação tem um nítido sabor "jovem-hegeliano", basta compará-la com a tese 4 sobre Feuerbach para medir a distância que separa março de 1843 de março de 1845. Feuerbach é acusado de se limitar a criticar a religião, a "sagrada família", esquecendo-se do principal, isto é, a *terrena família*, para a qual deve se dirigir a verdadeira crítica teórica e a revolução prática. É verdade que o programa intelectual de Marx será sempre a crítica simultânea das teorias e da realidade, mas seus maiores reproches, depois de 1845, são dirigidos aos que se limitam à "crítica crítica", puramente teórica, e não aos que se consagram à análise do próprio real.

• Para os socialistas "grosseiros", as questões políticas são desprovidas de interesse. A crítica pode e deve se ocupar dessas questões[93], porque, "justamente o *Estado político*, em todas as suas formas *modernas*, inclusive onde ele ainda não está imbuído conscientemente das exigências socialistas, implica as exigências da razão". Marx, todavia, constata que "Ele presume em toda parte que a razão é realidade. Mas igualmente em toda parte, ele incorre na contradição entre sua destinação ideal e seus pressupostos reais. Em vista disso, é possível desenvolver, em toda parte, a partir desse conflito do Estado político consigo mesmo, a verdade social"[94]. Esses fragmentos mostram que Marx está numa etapa de transição entre a crítica do Estado político, contida nos manuscritos de 1843, e a afirmação do primado do social dos *Anais Franco-Alemães*. Essa etapa será rapidamente ultrapassada, depois Marx não acusará mais os socialistas de "apolíticos".

• "Assim, sobretudo o *comunismo* é uma abstração dogmática, e não tenho em mente algum comunismo imaginário ou possível, mas o comunismo realmente existente, como ensinado por Cabet, Dézamy, Weitling etc. Esse comunismo é, ele próprio, apenas um fenômeno particular do princípio humanista, infectado [*Infiziert*] por seu oposto, o sistema privado. Por

---

[92] Ibidem, p. 71; K. Marx e F. Engels, *Werke*, cit., Band 1, p. 344. Aqui, "realidade" (*Realität*) tem o sentido de "ser material".

[93] K. Marx, "Cartas dos Anais Franco-Alemães (de Marx a Ruge) – setembro de 1843", cit., p. 71; K. Marx e F. Engels, *Werke*, cit., Band 1, p. 345.

[94] K. Marx, "Cartas dos Anais Franco-Alemães (de Marx a Ruge) – setembro de 1843", cit., p. 72.

essa razão, supressão da propriedade privada e comunismo não são de modo algum idênticos; não foi por acaso, mas por necessidade que o comunismo viu surgir, em contraposição a ele, outras doutrinas socialistas, como as de Fourier, Proudhon etc., já que ele é apenas uma concretização especial e unilateral do princípio socialista."[95]. Essa crítica será retomada mais uma vez por Marx nos Manuscritos econômico-filosóficos (manuscritos de 1844), nos quais opõe sua concepção do comunismo como "*apropriação* da essência humana pelo homem" ao "comunismo rude", caracterizado pela inveja contra os mais ricos, pelo nivelamento, pela negação da cultura etc. Esse comunismo está ainda "com a essência afetada ela propriedade privada"[96]. Mais adiante, quando analisarmos os Manuscritos, retornaremos ao significado dessas observações.

A segunda categoria de críticas é a que apresenta mais interesse, porque determinou toda a evolução política de Marx e foi um dos eixos centrais do socialismo marxista. Já em 1843, Marx se recusa a construir "um sistema pronto, como, por exemplo, o de *Voyage en Icarie* [Viagem a Icária]". Rejeita a atitude dos filósofos que "tinham a solução de todos os enigmas sobre seus púlpitos" e para os quais "só o que o estúpido mundo exotérico tinha de fazer era escancarar a boca para que os pombos assados da ciência absoluta voassem para dentro dela". Em suma, Marx se recusa a fincar "uma bandeira dogmática"[97]. Seu programa é outro e, como proposição para uma "plataforma ideológica" dos *Deutsch-Französische Jahrbücher*, é desenvolvido nos seguintes termos:

> Nesse caso, não vamos ao encontro do mundo de modo doutrinário com um novo princípio: "Aqui está a verdade, todos de joelhos!" Desenvolvemos novos princípios para o mundo a partir dos princípios do mundo. Não dizemos a ele: "Deixa de lado essas tuas batalhas, pois é tudo bobagem; nós é que proferiremos o verdadeiro mote para a luta". Nós apenas lhe mostramos o porquê de ele estar lutando, e a consciência é algo de que ele *terá de* apropriar-se, mesmo que não queira.

---

[95] Ibidem, p. 71; K. Marx e F. Engels, *Werke*, cit., Band 1, p. 344. Parece que, ainda nessa época, a principal fonte de informação de Marx sobre o socialismo francês era a obra de Proudhon. Numa carta a Feuerbach, de 20 outubro de 1843, Marx fala do "fraco eclético Cousin" e do "genial Leroux" (MEGA, cit., Band 1, 1/2, p. 316). Ora, Proudhon, em *O que é a propriedade?*, fala das "formas de ecletismo familiares ao sr. Cousin" (ver *Oeuvres complètes*, Paris, Marcel Rivière, 1926, v. 4, p. 175) e, na *Deuxième mémoire sur la propriété*, faz o mais vivo elogio a Leroux, "o antieclético, o apóstolo da igualdade" etc. (em *Oeuvres complètes*, Paris, A. Lacroix, 1873, p. 311).

[96] K. Marx, *Manuscritos econômico-filosóficos* (São Paulo, Boitempo, 2004), p. 105.

[97] K. Marx, *Sobre a questão judaica*, cit., p. 70-1.

A reforma da consciência consiste unicamente no fato de deixar o mundo interiorizar sua consciência, despertando-o do sonho sobre si mesmo, *explicando-lhe* suas próprias ações. [...]
Poderíamos, portanto, sintetizar *numa* palavra a tendência da nossa *Folha*: autoentendimento (filosofia crítica) da época sobre suas lutas e desejos. Trata-se de um trabalho pelo mundo e por nós. Só pode ser obra de forças unificadas.[98]

O tema, que aparece aqui pela primeira vez, retornará constantemente nos escritos de Marx até o *Manifesto Comunista*, que estabelecerá definitivamente a oposição entre "socialismo científico" e "socialismo utópico". Mas, acima de tudo, não devemos esquecer que essa carta foi escrita algumas semanas antes de Marx partir para Paris; ela nos permite compreender a atitude de Marx em relação ao movimento operário francês, ajuda-nos a explicar por que ele não aderiu a nenhuma das escolas utópicas e não fundou uma nova, porque não se tornou um doutrinário entre todos aqueles que formigavam em Paris, um novo criador de dogmas políticos e filosóficos.

Ao contrário dos socialistas utópicos ou "filosóficos", Marx recusa-se a opor um sistema acabado às lutas reais dos homens: seu ponto de partida são as ações e as aspirações concretas do "mundo", e considera seu papel – o papel do filósofo crítico – *a explicação aos homens do sentido de suas próprias lutas*, e não a invenção de novos "princípios".

Assim, em Paris, a partir das lutas operárias reais, das aspirações do proletariado e de sua vanguarda comunista – parcial e confusamente expressas pelos doutrinários mais avançados (Dézamy, Weitling, Flora Tristan) –, Marx conseguirá depreender o significado histórico desse esforço, a tendência essencial para a qual esse movimento nascente se orienta: a autolibertação pela revolução comunista.

Ao contrário dos utopistas, cujo ideal abstrato era arbitrariamente colocado perante o mundo real, Marx rejeita a separação moralizante entre o ser e o dever ser e procura a racionalidade do próprio real, o sentido imanente do movimento histórico. Nisto, Marx, discípulo do "realismo" de Hegel, distingue-se dos outros hegelianos de esquerda (sobretudo de Moses Hess e dos "socialistas verdadeiros"), cuja "má superação" de Hegel é no fundo apenas um retorno disfarçado ao moralismo de Fichte e Kant[99]. Essa talvez seja a razão por que foi precisamente Marx o

---

[98] Ibidem, p. 72-3.
[99] Ver G. Lukács, "Moses Hess und die Probleme der idealistischen Dialektik", em C. Grünberg (ed.), *Archiv für die Geschichte des Sozialismus und der Arbeiterbewegung* (Leipzig, C. L. Hirschfeld, 1926), Band 12, p. 109-20.

primeiro a compreender, desde 1844, o significado revolucionário das lutas e das aspirações proletárias...

Da mesma forma, ao contrário da maior parte dos hegelianos de esquerda, ele não acredita que essa tarefa de "tomada de consciência de nossa época" seja incumbência somente dos intelectuais: é "a obra das forças reunidas", escreve na carta de setembro de 1843. De um lado, essas forças somos "nós" (ou seja, os filósofos críticos); de outro, "o mundo", isto é, o povo que luta. Esse ainda é o tema da aliança entre a "humanidade pensante" e a "humanidade sofredora".

A adesão ao comunismo

As análises habituais da passagem de Marx para o comunismo nunca distinguem as *três* etapas do processo. E, sobretudo, nunca levam em conta o salto qualitativo realizado entre a segunda e a terceira etapa.

A primeira fase é a da adesão ao "comunismo filosófico", no estilo de Moses Hess. Essa adesão se concretiza no artigo sobre a questão judaica, editado nos *Anais Franco-Alemães*. Esse artigo constitui o desfecho da evolução ideológica de Marx durante 1843. A influência de Hess e de Feuerbach é muito nítida e a do movimento operário francês mal se nota.

A segunda fase, ao contrário, é a da "descoberta" do proletariado como classe emancipadora, como base real da revolução comunista. No entanto, devemos frisar que se trata de uma descoberta ainda filosófica. É claro que, desde sua chegada a Paris, Marx é "tomado" pelo movimento operário comunista, e o segundo artigo dos *Anais* ("Crítica da filosofia do direito de Hegel – Introdução") é a expressão do verdadeiro "choque ideológico" produzido por aquela primeira impressão. Mas nessa época a experiência que ele tinha do movimento era muito restrita: ele ainda não entrara em contato direto com as sociedades secretas – segundo os testemunhos, esses contatos começaram apenas depois da publicação dos *Anais*[100]. Seu conhecimento das lutas operárias na França permanece abstrato,

---

[100] No começo dessa pesquisa, nossa hipótese de trabalho era que o grande corte ideológico da evolução de Marx situava-se entre 1843 e os *Anais*; consequentemente, acreditamos que a influência decisiva do proletariado francês foi exercida sobre Marx durante os primeiros meses de sua estadia em Paris e procuramos durante muito tempo e sem sucesso sinal de contato entre ele e as sociedades secretas comunistas, de outubro de 1843 a fevereiro de 1844. Uma análise mais persistente dos textos mostrou, no entanto, uma relativa continuidade "filosófica" entre 1843 e os artigos dos *Anais* e um corte crucial entre esses artigos e os escritos posteriores até agosto de 1844. Por outro lado, a pesquisa histórica mostra que

consequentemente o proletariado aparece na "Crítica da filosofia do direito de Hegel – Introdução" quase como uma categoria filosófica feuerbachiana. Evidentemente, podemos formular a hipótese de que Marx pôde informar-se pela leitura das obras dos socialistas e dos comunistas franceses. Mas a única obra que ele seguramente leu nessa época é *Histoire de dix ans* [História de dez anos], de Louis Blanc[101]. Ora, não seria essa obra que poderia ajudá-lo a encontrar o sentido concreto do movimento operário, pois Louis Blanc, embora reconheça a importância fundamental da "questão social" e das lutas do proletariado, nem por isso deixa de ser um "idealista político". Por exemplo, a propósito da revolta dos operários das fábricas de seda em 1831, ele diz que, para derrubar o poder, "precisariam de ideias, máquinas de guerra mais formidáveis que os canhões" (frase que tem uma espantosa semelhança com a de Marx no artigo sobre o comunismo na *Gazeta Renana*) e, em Lyon, "o povo, para quem obedecer é a mais forte de todas as necessidades, foi atacado de estupor desde que se viu sem mestres"[102]. Mas – e isso é o mais importante – Louis Blanc considera que a solução dos problemas sociais, dos males provocados pela concorrência, não será o produto de uma revolução proletária emancipadora, mas de um "arrependimento" da burguesia, à qual ele dirige um apelo patético nas últimas páginas de sua obra:

> Como crer que a burguesia se obstinará em sua cegueira? Tutora natural do povo, é possível que persista em desconfiar dele como de um inimigo? [...] É preciso, então, que, em vez de se manter separada do povo, una-se a ele de maneira indissolúvel, tomando a iniciativa de um sistema que faria a indústria passar do regime da concorrência ao da associação.[103]

De modo nenhum queremos afirmar que essas ilusões eram compartilhadas por Marx, mas apenas sugerir que no início de 1844, por falta de ligações diretas ou de leituras "adequadas", ele não podia ter uma ideia concreta do movimento operário parisiense – daí o caráter "filosófico" de sua primeira descoberta do proletariado.

Por outro lado, essa "descoberta" não é uma ruptura, uma aparição súbita em relação à evolução anterior. No fundo, poderíamos dizer que Marx não podia

---

os contatos estreitos de Marx com os comunistas franceses e alemães começaram apenas em *abril de 1844*.

[101] K. Marx, *Chronik*, cit., p. 20.
[102] L. Blanc, *Histoire de dix ans 1830-1840* (6. ed., Paris, Pagnerre, 1846), t. 3, p. 71.
[103] Ibidem, t. 5, p. 473.

"descobrir" o proletariado e seu papel em Paris se já não o tivesse "encontrado", de certo modo, em 1843, na forma vaga de "humanidade sofredora", "estado despossuído" etc.

Em suma, a concepção do proletariado da "Crítica da filosofia do direito de Hegel – Introdução" é o ponto de partida de uma evolução político-ideológica intimamente ligada a uma reflexão sobre o movimento operário europeu e, ao mesmo tempo, o ponto de chegada de uma evolução filosófica de "busca do universal". Por conseguinte, ela tem um caráter de "ponte", o que de imediato explica sua *ambiguidade*: de um lado, revolucionária e concreta; de outro, hegeliana de esquerda e abstrata – aparentemente muito precisa em relação às noções vagas de 1843 ("sofrimento", "despossessão"), mas, na verdade, ainda inteiramente próxima delas.

A terceira fase, que começa com o artigo do *Vorwärts* contra Ruge, é a fase de uma nova descoberta, concreta dessa vez, do proletariado revolucionário. Trata-se de um momento decisivo na evolução do pensamento político marxiano, essa "segunda descoberta" conduz à etapa do *comunismo de massas*, que examinaremos mais adiante.

Sobre a questão judaica

Uma interpretação muito divulgada desse artigo de Marx, editado nos *Deutsch--Französische Jahrbücher*, faz dele um panfleto antijudaico para, em seguida, explicá-lo "psicologicamente" como um fenômeno de "autofobia judaica"[104] (?). Ora, se é verdade que nesse artigo Marx identifica o judaísmo com o comércio, o dinheiro, o egoísmo etc. – identificação que era feita por todos os jovens hegelianos, judeus (como Moses Hess) ou não –, basta ir além das aparências para se dar conta de que, no fundo, ele é uma defesa dos judeus, por duas razões muito simples e claras:

- Diante do antissemita Bauer, para o qual os judeus, ao contrário dos cristãos, são incapazes de se tornar livres, Marx afirma a igualdade dos dois grupos, do ponto de vista da emancipação humana.
- Marx mostra que o egoísmo e o dinheiro não são *erros específicos* do judaísmo, mas traços essenciais de *toda* a sociedade moderna e cristã (tema já esboçado em Feuerbach e em Hess).

---

[104] M. Rubel, *Karl Marx*, cit., p. 88.

Uma vez resolvido esse equívoco, o significado geral de *Sobre a questão judaica* torna-se acessível: esse artigo é o momento em que a evolução ideológica de Marx alcança o "comunismo filosófico" de Moses Hess. As notas críticas contidas em *A ideologia alemã* referiam-se tanto às teses de Moses Hess de 1842-1845 quanto ao escrito de Marx nos *Anais*:

> A relação que comprovamos no primeiro volume [...] entre o liberalismo alemão existente até agora e o movimento da burguesia francesa e inglesa é a mesma que ocorre entre o socialismo alemão e o movimento proletário da França e da Inglaterra [...]. Os sistemas, os críticos e os escritos polêmicos comunistas são abstraídos por eles do movimento real, do qual são pura expressão, e postos numa conexão arbitrária com a filosofia alemã.[105]

Com efeito, o "comunismo" de *Sobre a questão judaica*, como o de Hess, vê os problemas sociais através dos "óculos alemães", de um modo abstrato, porque "reinterpreta" o comunismo francês – reinterpretação condicionada pela situação alemã (ausência de movimento operário etc.). Marx começou a escrever o artigo durante sua estadia em Kreuznach e terminou-o em Paris. Por um lado, retoma e leva a termo as teses dos manuscritos de 1843 e, de outro, incorpora novos temas inspirados por Hess (que estava em Paris e colaborava nos *Anais*). Aliás, podemos distinguir muito facilmente no texto as partes redigidas em Kreuznach e em Paris: elas são separadas na tradução de Molitor por um intervalo de algumas linhas (*Oeuvres philosophiques*, Costes, v. 1, p. 189). Antes desse intervalo, a temática é a da *Crítica da filosofia do Estado de Hegel* – soberania imaginária do cidadão no Estado, alienação de tipo religioso da vida política, defesa da democracia etc. Em seguida, encontramos problemas inteiramente novos, cuja origem, sem dúvida alguma, remonta ao artigo sobre a essência do dinheiro, que Hess havia enviado à redação dos *Anais* (mas que será publicado somente em 1845 nos *Anais Renanos*) – crítica da alienação monetária, do "tráfico", do egoísmo dos direitos do homem etc.[106] *Sobre a questão judaica* é essencialmente – na forma de polêmica com Bruno Bauer – uma crítica radical da "sociedade civil moderna", a *sociedade burguesa* (no sentido atual da palavra) em seu conjunto, em todas as suas pressuposições filosóficas, estruturas políticas e fundamentos econômicos:

---

[105] K. Marx e F. Engels, *A ideologia alemã*, cit., p. 437-8.
[106] Ver a comparação muito precisa que Cornu faz entre o artigo de Hess e *Sobre a questão judaica*, em *Karl Marx et F. Engels*, cit., t. II, p. 323-8.

• Crítica da ideologia jurídico-filosófica do liberalismo burguês, isto é, os "direitos do homem" (propriedade etc.) separados dos direitos do cidadão; em outras palavras, os direitos do homem egoísta, considerado uma mônada isolada, voltada para si mesma, do homem como membro da sociedade civil-burguesa, na qual o único vínculo de unidade é o interesse privado, a conservação das propriedades e dos direitos "individuais" (egoístas)[107].

• Crítica da emancipação puramente política, isto é, a "revolução da sociedade burguesa", que transforma a vida política em um simples meio a serviço da vida civil-burguesa e o homem enquanto "cidadão" em servidor do homem enquanto "burguês" egoísta. Por conseguinte, essa emancipação não poderia ser confundida com a emancipação total, humana. Crítica também do produto dessa revolução: o Estado político, vida "celestial", imaginária, alienada, dos membros da sociedade civil-burguesa[108].

• Crítica da própria sociedade civil-burguesa enquanto esfera do egoísmo, da guerra de todos contra todos, que rompe todos os vínculos genéricos entre os homens e põe em seu lugar a necessidade egoísta, decompondo o mundo dos homens num mundo de indivíduos isolados[109].

• Crítica das bases econômicas da *bürgerliche Gesellschaft* e do Estado político: o dinheiro, que é a essência do homem separado do homem, a entidade estranha que domina o homem alienado e que ele adora, o "tráfico" (*Schacher*) e a propriedade privada[110].

A verdadeira emancipação universal, *a emancipação humana*, é a única capaz de superar as contradições da sociedade civil-burguesa, porque é a *Aufhebung* do conflito entre a existência individual sensível e a existência genérica dos homens. É realizada apenas "quando o homem reconheceu e organizou suas 'próprias forças' como forças *sociais* e, portanto, não separa mais dele a força social na forma da força *política*". Evidentemente, essa emancipação total exige a supressão dos fundamentos econômicos da sociedade civil e da alienação política: o dinheiro, o comércio, a propriedade privada[111].

---

[107] K. Marx, *Sobre a questão judaica*, cit., p. 48-9.
[108] Ibidem, p. 51 e 40.
[109] Ibidem, p. 48.
[110] Ibidem, p. 58; K. Marx e F. Engels, *Werke*, cit., Band 1, p. 376-7.
[111] K. Marx, *Sobre a questão judaica*, cit.

Em que sentido essas teses revelam o "comunismo filosófico"? Antes de mais nada, é claro que tanto a crítica da sociedade burguesa quanto as soluções consideradas são de caráter comunista, mesmo que a ênfase recai mais sobre a circulação (dinheiro, "negócio" etc.) do que sobre a produção – o que, aliás, é frequente nos próprios socialistas franceses. No entanto, por trás da aparência política e econômica, a crítica de Marx é essencialmente *filosófica*: o grande pecado dos direitos do homem, da emancipação política, da sociedade civil e do dinheiro é *o egoísmo*. É verdade que, nesse texto, a problemática do egoísmo não tem o caráter moralizante que Feuerbach e Hess lhe dão ("egoísmo" e "amor"). Aqui, o ponto de partida é o próprio Hegel, que, na *Filosofia do direito*, rejeita o ponto de vista liberal, para o qual "o interesse dos indivíduos como tais é o fim supremo em vista do qual eles estão reunidos" e sublinha que "a associação como tal é ela própria o verdadeiro conteúdo e o verdadeiro fim, e o destino dos indivíduos é levar uma vida coletiva"[112]. Essa premissa é retomada por Feuerbach e Hess, mas "misturada" com o tema neocristão do "amor", ao passo que Marx restitui seu sentido político-filosófico sem qualquer moralismo:

> vemos que a cidadania, a *comunidade política*, é rebaixada pelos emancipadores à condição de mero meio para a conservação desses assim chamados direitos humanos e que, portanto, o *citoyen* é declarado como serviçal do *homme* egoísta; quando vemos que a esfera em que o homem se comporta como ente comunitário é inferiorizada em relação àquela em que ele se comporta como ente parcial.[113]

A conclusão que se impõe, mas que pode parecer um tanto surpreendente, é que a crítica da sociedade burguesa por Marx e, consequentemente, seu comunismo têm origens diretamente hegelianas...

O caráter abstrato e "filosófico" de *Sobre a questão judaica* origina-se não somente do que está *no* texto, mas sobretudo do que *falta* ao texto: como Hess, Marx não destina a tarefa da emancipação humana a nenhuma classe social concreta; o proletariado está ausente, por toda a parte trata-se apenas do "homem", dos "homens". Nesse sentido, o segundo artigo dos *Anais*, a "Crítica da filosofia do direito de Hegel – Introdução", constituirá um importante passo à frente no caminho que leva Marx do humanismo feuerbachiano ao comunismo proletário revolucionário.

---

[112] G. W. F. Hegel, *Principes de la philosophie du droit*, cit., p. 190-1.

[113] K. Marx, *Sobre a questão judaica*, cit., p. 50; K. Marx e F. Engels, *Werke*, cit., Band. 1, p. 366.

Crítica da filosofia do direito de Hegel – Introdução

A estrutura desse artigo não é nada além de uma descrição rica em imagens da trajetória político-filosófica de Marx, ou seja, de um pensamento crítico em busca de uma base concreta, uma "cabeça" à procura de um "corpo". O ponto de partida é o momento em que a crítica "não se dá mais como um *fim em si* [*Selbstzweck*], mas unicamente como um *meio*" (ao contrário de Bauer), o momento em que ela se torna uma "crítica num *combate corpo a corpo*"[114]. Por consequência, ela se volta para o *prático*: a arma da crítica torna-se crítica das armas; e a teoria, força material. No entanto, para tornar-se essa força, a teoria crítica precisa de uma base material, de um "elemento passivo": ela deve penetrar as massas:

> A arma da crítica não pode, é claro, substituir a crítica da arma, o poder material tem de ser derrubado pelo poder material, mas a teoria também se torna força material quando se apodera das massas. [...] As revoluções precisam de um elemento *passivo*, de uma base material. A teoria só é efetivada num povo na medida em que é a efetivação de suas necessidades.[115]

Em outros termos: "Assim como outrora [na Reforma] a revolução começou no cérebro de um *monge*, agora ela começa no cérebro *do filósofo*". Entretanto, "corresponderá à monstruosa discrepância entre as exigências do pensamento alemão e as respostas da realidade alemã a mesma discrepância da sociedade civil com o Estado e da sociedade civil consigo mesma?"[116]. Toda a segunda parte do artigo tenta responder a essa questão e encontrar nas contradições da sociedade civil uma classe social que possa desempenhar o papel de base material do pensamento revolucionário. Na tradução de Molitor desse artigo, há uma separação de algumas linhas, semelhante à de *Sobre a questão judaica*, e com o mesmo sentido: a primeira parte parece ter sido escrita em Kreuznach e sua terminologia ainda é vaga ("massa", "povo"); a segunda parte já carrega a marca de Paris e a palavra proletariado aparece *pela primeira vez* na obra de Marx. Nessa segunda parte, ele prossegue sua trajetória: a filosofia revolucionária em busca de instrumentos materiais volta-se primeiro para a burguesia alemã, mas logo constata que nenhuma "classe particular" da Alemanha possui "a consequência, a penetração, a coragem sem deferências que poderiam

---

[114] K. Marx, "Crítica da filosofia do direito de Hegel – Introdução", cit., p. 148; K. Marx e F. Engels, *Werke*, cit., Band. 1, p. 380-1.

[115] K. Marx, "Crítica da filosofia do direito de Hegel – Introdução", cit., p. 151-2; K. Marx e F. Engels, *Werke*, cit., Band 1, p. 335 e 386.

[116] K. Marx, "Crítica da filosofia do direito de Hegel – Introdução", cit., p. 152.

constituí-la como representante negativo da sociedade". Falta-lhe sobretudo "aquela audácia revolucionária que lança ao adversário a frase desafiadora: *não sou nada e teria de ser tudo*"[117]. Marx prepara aqui o balanço de sua experiência em 1842 e compara a covardia dos burgueses alemães com a ousadia do terceiro estado francês – a frase citada ("não sou nada...") é evidentemente uma alusão ao começo de *O que é o terceiro estado?**, de Sieyès. Todavia, Marx não se limita a constatar: ele busca a explicação dessa defasagem entre a burguesia francesa de 1789 e a alemã de 1844. Essa explicação constitui um primeiro esboço da teoria da *revolução permanente*:

> cada esfera da sociedade civil [na Alemanha] sofre uma derrota antes de alcançar sua vitória, cria suas próprias barreiras antes de ter superado as barreiras que ante ela se erguem, manifesta sua essência mesquinha antes que sua essência generosa tenha conseguido se manifestar e, assim, a oportunidade de desempenhar um papel importante desaparece antes mesmo de ter existido, de modo que cada classe, tão logo inicia a luta contra a classe que lhe é superior, enreda-se numa luta contra a classe inferior. Por isso, o principado entra em luta contra a realeza, o burocrata contra o nobre, o burguês contra todos eles, enquanto o proletário já começa a entrar em luta contra os burgueses. A classe média dificilmente ousa conceber a ideia da emancipação a partir de seu próprio ponto de vista, e o desenvolvimento das condições sociais, assim como o progresso da teoria política, já declaram esse ponto de vista como antiquado ou, no mínimo, problemático.[118]

Marx demonstra assim a impossibilidade de uma revolução parcial "política": não se pode realizar uma revolução burguesa com uma burguesia que não é revolucionária; a burguesia alemã sofre de um atraso histórico. Ao contrário de sua congênere francesa em 1789, ela já é ameaçada pelo proletariado no momento em que começa seu combate contra o "antigo regime": torna-se conservadora e medrosa no instante mesmo em que deveria ser revolucionária e ousada; por consequência, "O sonho utópico da Alemanha não é a revolução *radical*, a emancipação *humana universal*, mas a revolução parcial, *meramente* política, a revolução que deixa de pé os pilares do edifício"; na Alemanha, "a emancipação universal é *conditio sine qua non* de toda emancipação parcial."[119].

---

[117] Ibidem, p. 155; K. Marx e F. Engels, *Werke*, cit., Band 1, p. 389.
* Porto, Círculo de Leitores, 2009. (N. E.)
[118] K. Marx, "Crítica da filosofia do direito de Hegel – Introdução", cit., p. 155.
[119] Ibidem, p. 154-5; ver também p. 157: "Na Alemanha, a emancipação da *Idade Média* só é possível se realizada simultaneamente com a emancipação das superações *parciais* da Idade Média. Na Alemanha, *nenhum* tipo de servidão é destruído sem que se destrua *todo* tipo de servidão. [...] A *emancipação do alemão* é a *emancipação do homem*".

Essas observações, fundamentadas na decepcionante experiência da aliança com a burguesia na *Gazeta Renana*, são quase proféticas em relação aos acontecimentos de 1848-1849. Marx repete a experiência de 1842 na *Nova Gazeta Renana*, mas o comportamento timorato, hesitante e conciliador da burguesia, que "trai" finalmente o movimento popular, força-o a retomar em 1850 as teses da revolução permanente de 1844. A evolução da *Rheinische Zeitung* até a "Crítica da filosofia do direito de Hegel – Introdução" se reproduz, de modo mais intenso e mais claro, na passagem dos temas "democráticos" da *Neue Rheinische Zeitung* para o apelo à revolução proletária da circular da Liga dos Comunistas de março de 1850.

Em suma, a revolução alemã será humana, universal – quer dizer, comunista, nós vimos o sentido da "emancipação humana" em *Sobre a questão judaica* – ou não será. Ora, uma tal revolução só pode ser realizada por uma classe que não seja uma "classe particular" da sociedade civil, mas uma classe *universal*, que não tenha nenhum privilégio para defender, que não tem nenhuma classe abaixo dela: o proletariado.

As características essenciais da condição proletária, as que fundam seu papel emancipador, são dadas como o oposto mesmo das características da burguesia:

- o proletariado é externo à sociedade burguesa, é "uma classe da sociedade civil que não é uma classe da sociedade civil";
- tem um caráter universal "mediante seus sofrimentos universais", porque "não reivindica nenhum *direito particular*" e não está em "oposição unilateral" com as consequências, mas em "oposição abrangente aos pressupostos" do Estado alemão;
- é uma classe com "*grilhões radicais*"; ora, "uma revolução radical só pode ser a revolução de necessidades reais"; o proletariado é, "numa palavra, a *perda total* da humanidade e que, portanto, só pode ganhar a si mesma por um *reganho total* do homem"[120].

A trajetória do jovem Marx atinge seu termo: a filosofia crítica, deixando de se considerar como um fim em si, volta-se para a prática. Ela busca uma base concreta, acredita encontrá-la na burguesia, mas logo se decepciona. Enfim descobre no proletariado a classe universal emancipadora e suas armas materiais.

O exemplo do proletariado francês é decisivo para essa última etapa: serve de modelo para Marx, que o "projeta" na realidade alemã e acredita que a revolução

---

[120] Ibidem, p. 153 e 156; K. Marx e F. Engels, *Werke*, cit., Band 1, p. 390.

operária na França dará o sinal para a sublevação do proletariado alemão: "o *dia da ressurreição alemã* será anunciado pelo *canto do galo gaulês*"[121].

A problemática das relações entre proletariado e filosofia na "Crítica da filosofia do direito de Hegel – Introdução" é a expressão dessa trajetória, isto é, da interpretação que um jovem hegeliano dá de seu caminho rumo ao comunismo e das relações gerais entre o pensamento revolucionário e as massas. Para Marx, a revolução nasce na cabeça do filósofo antes de "apoderar-se", numa segunda etapa, das massas operárias. Ele esquece que não poderia ter anunciado "o dia da ressurreição alemã" em termos comunistas, se já não tivesse escutado o "canto do galo gaulês", quer dizer, nem ele, nem Hess, nem Engels, nem Bakunin teriam se tornado o que eram em 1844, se o socialismo e o movimento operário francês não existissem. Aliás, é o que o próprio Marx escreve algum tempo depois em *A ideologia alemã*.

Perante esse pensamento filosófico *ativo*, que *se apodera* das massas e *cai* como um raio *sobre* o "ingênuo solo do povo"[122], o proletariado é considerado apenas por seus sofrimentos e carências, como uma "*base* material", como o "elemento *passivo*" da revolução, que serve de arma material à filosofia, *deixa-se* apoderar e "fulminar" pelo pensamento...

Essa perspectiva e essa terminologia mostram claramente em que medida esse artigo pertence ainda ao universo do hegelianismo de esquerda e do "comunismo filosófico". Trata-se de um escrito em que a influência feuerbachiana é muito patente – e devemos enfatizar isso para compreender todo o alcance político da ruptura com Feuerbach em 1845. Uma frase-chave do texto nos permite compreender o papel dessa influência na formulação do tema do "proletariado passivo": "A *cabeça* dessa emancipação [do homem] é a *filosofia*, o *proletariado é* seu *coração*"[123].

Com efeito, nas *Teses provisórias para a reforma da filosofia*, de Feuerbach (1842) – obra que foi saudada com entusiasmo pelos jovens hegelianos em geral e por Marx em particular –, encontramos toda uma teoria do contraste entre a *cabeça*, que é *ativa*, espiritual, idealista, política, livre, e o *coração*, que é *passivo*, sensível, materialista, social, sofredor e "necessitado" (submetido a carências). No nível filosófico, essa contradição se torna aquela entre a metafísica *alemã* e o ma-

---

[121] K. Marx, "Crítica da filosofia do direito de Hegel – Introdução", cit., p. 157.
[122] Ibidem, p. 156. "[...] e tão logo o relâmpago do pensamento tenha penetrado profundamente nesse ingênuo solo do povo, a emancipação dos *alemães* em *homens* se completará".
[123] Ibidem, p. 157.

terialismo *francês*; deve ser ultrapassada por uma síntese no interior da "filosofia nova" de "sangue galo-germânico"[124].

Por que o coração feuerbachiano é passivo? Essa questão nos permite compreender a passividade do proletariado, coração da revolução, em Marx. Segundo Feuerbach:

- O coração é vítima das *paixões* (*Leidenschaft*) e dos sofrimentos (*Leiden*), que ele sofre de modo *passivo* (*Leiden*) (já examinamos o duplo sentido dessa palavra).
- O coração tem *carências*, quer dizer, depende de um ser exterior a si mesmo. Seu objeto essencial, aquilo que o define, é o outro; o ser pensante, ao contrário, relaciona-se consigo mesmo, é seu próprio objeto, tem sua essência nele mesmo[125].
- O coração é *sensível*, isto é, receptivo, contemplativo. "Na contemplação, sou afetado, dominado pelos objetos, sou *não eu*; no pensamento, ao contrário, domino os objetos, sou um eu"; Feuerbach fala até mesmo do "princípio feminino da contemplação sensível" em contraste com o "princípio viril do pensamento"[126].
- O coração é *materialista*; ora, a determinação essencial da matéria, "que a distingue do entendimento e da atividade de pensamento", é sua "determinação de ser passivo"[127].

No começo de 1844, o proletariado parisiense aparece aos olhos de Marx como a expressão concreta, a "encarnação" do parceiro feuerbachiano do pensamento filosófico alemão: o coração "francês" e "materialista", com suas "carências" e seu "sofrimento", que se opõe à atividade espiritual por meio de um atributo essencial – a *passividade*.

Para compreender todo o significado dessa passividade, devemos observar que, para Feuerbach, ela não exclui a *prática*, "prática passiva", que não poderia ser confundida com a *autoatividade* – apanágio do espírito –, porque é sim-

---

[124] L. Feuerbach, "Thèses provisoires pour la réforme de la philosophie", em *Manifestes philosophiques* (Paris, PUF, 1960), p. 116-7 e 122; grifo nosso.

[125] L. Feuerbach, "Principes de la philosophie de l'avenir", em *Manifestes philosophiques*, cit., p. 131. [Ed. bras.: *Princípios da filosofia do futuro e outros escritos*, Lisboa, Edições 70, 1988.]

[126] L. Feuerbach, *Essence du christianisme* (Paris, Librairie Internationale, 1864), p. 382 e 339. [Ed. bras.: *A essência do cristianismo*, 2. ed., Campinas, Papirus, 1997.]

[127] L. Feuerbach, "Principes de la philosophie de l'avenir", cit., p. 157.

ples *movimento* material, pura resposta a estímulos externos, reação *egoísta* às impressões sensíveis (prazer, dor) e às carências. Por essa razão, Feuerbach escreve na *Essência do cristianismo* que o egoísmo é "o princípio mais prático do mundo"[128] – e Marx afirma em *Sobre a questão judaica* que "a necessidade prática, cuja inteligência é o interesse próprio, comporta-se passivamente"[129].

Essa tese feuerbachiana possui um corolário político implícito que foi desenvolvido por Ruge: o social é egoísta e prático, o político é espiritual e ativo. Em seus artigos nos *Anais Franco-Alemães*, Marx já recusava esse corolário; no entanto, a ruptura com Ruge ainda não estava completa, porque ele aceitava suas premissas. É somente com o artigo do *Vorwärts* que ele abandona a ideia do "proletariado passivo". Com essa ruptura definitiva com Ruge, seu acerto de contas com Feuerbach começa de imediato. Alguns meses mais tarde, Marx escreve as onze Teses e *A ideologia alemã*, em que supera o dilema feuerbachiano entre "prático passivo" e "atividade espiritual" pela categoria da *prática revolucionária*.

Os intérpretes modernos desse texto nem sempre têm consciência da distância que o separa dos escritos de 1845-1846. Situam o grande corte entre 1843 e o lançamento dos *Anais Franco-Alemães* e dão um sentido "marxista" aos artigos dos *Anais*. Ora, do ponto de vista da teoria da autoemancipação operária, é antes o contrário que se dá: há certa continuidade entre os *Manuscritos*, as cartas de 1843 e os *Anais*; o grande salto situa-se no fim de 1844, *depois* do contato direto de Marx com o movimento operário – o que nos permite explicar sociologicamente o "salto". Alguns exemplos mostram que a interpretação que assimila a "Crítica da filosofia do direito de Hegel – Introdução" às obras "marxistas" posteriores (*A sagrada família**, *A ideologia alemã* etc.) acaba por fazer com que Marx diga *precisamente o contrário* do que escreveu.

Auguste Cornu, embora tenha compreendido muito bem o caráter de "transição" desse artigo, resume assim o pensamento de Marx: "O que falta à Alemanha para consumar essa revolução é uma base material, uma massa revolucionária que, *penetrando-se* da crítica radical do estado de coisas presente, coloque-a em prática"[130]. Numa nota de rodapé, Cornu traduz o texto do próprio Marx: "a própria teoria se transforma em força material, desde que *penetre* as massas". A diferença entre as duas versões é a mesma que separa o Marx dos *Anais* e o Marx

---

[128] L. Feuerbach, *Essence du christianisme*, cit., p. 145.
[129] K. Marx, *Sobre a questão judaica*, p. 59.
* São Paulo, Boitempo, 2003. (N. E.)
[130] A. Cornu, *K. Marx et F. Engels*, cit., v. 2, p. 282; grifo nosso.

pós-1844: para um, a atividade está do lado da crítica filosófica que penetra, apodera-se das massas; para o outro, são as massas que, por sua atividade revolucionária, tomam consciência, tornam-se comunistas, apropriam-se da teoria. O "resumo" de Cornu é "marxista", o texto de Marx ainda não...

Quanto a Rubel, que tem o mérito de sublinhar a importância da ideia de autoemancipação em Marx, ele cai na mesma armadilha ao querer descobrir esse conceito já na "Crítica da filosofia do direito de Hegel – Introdução", a propósito da qual escreve:

> O que mais impressiona, nessa concepção que Marx expõe do movimento operário, é a ausência de qualquer alusão a um *partido político* que represente a consciência de classe do proletariado. Essa é uma indicação preciosa para a compreensão das ideias que Marx formulará posteriormente em relação ao partido proletário: ele *nunca* dirá que um partido qualquer possa desempenhar o papel de "cabeça" ou "cérebro" da classe operária, sendo esta portanto apenas o órgão de execução das decisões de uma instância soberana.[131]

Ora, o que mais choca nesse comentário de Rubel é a ausência de qualquer alusão ao fato de que, para Marx, há uma "instância" que desempenha *exatamente* o "papel de cabeça e cérebro" do proletariado: a filosofia (ou os filósofos). Ele não escreve *textualmente* que a filosofia é a *cabeça* da revolução, que essa revolução nasce no *cérebro* do filósofo e que, para essa "instância", o proletariado não é outra coisa além de uma "arma material", ou seja, um órgão de execução?

Aliás, é notável a analogia entre os temas da "Crítica da filosofia do direito de Hegel – Introdução" e as concepções do mais genial dos ideólogos da teoria do "partido, cabeça da classe operária": o Lenin de 1902-1904. Como Marx em 1844, Lenin escreve em *Que fazer?** que o socialismo nasce no cérebro dos intelectuais e deve, em seguida, penetrar a classe operária por uma "introdução de fora"; o partido desempenha aqui o mesmo papel que era antes dos filósofos. As próprias imagens se assemelham: o "raio" do pensamento revolucionário torna-se

---

[131] M. Rubel, *Karl Marx*, cit., p. 102. Podemos compreender melhor esse tipo de procedimento porque nós mesmos o experimentamos... Como nossa primeira hipótese situava a ruptura fundamental *antes* da "Crítica da filosofia do direito de Hegel – Introdução", procuramos em vão provas de contato de Marx com o movimento operário parisiense antes de fevereiro de 1844 e um sentido "marxista" para as frases incômodas da "Introdução...". Tendo fracassado numa e noutra tarefa, entendemos que deveríamos revisar a própria hipótese e situar o ponto de corte *depois dos Anais Franco-Alemães*.

* São Paulo, Hucitec, 1979. (N. E.)

em Lenin a "centelha" – uma imagem impressionante, que supõe um centro de energia fulgurante, incendiando a massa inerte que fornece a "base", a "matéria", para o fogo libertador. Essa visão – que será abandonada, por Marx e por Lenin à luz do desenvolvimento concreto do movimento operário revolucionário – é muito atraente, porque não é inteiramente falsa, mas somente parcial. Ela esquece o jogo dialético entre a teoria e as massas: o pensamento revolucionário coerente somente pode aparecer a partir dos problemas, das aspirações e das lutas da própria classe. Para retomar a mesma imagem, podemos dizer que o relâmpago só pode surgir do choque de nuvens carregadas de tempestade...

2. A TEORIA DA REVOLUÇÃO COMUNISTA (1844-1846)

Marx e o movimento operário (1844-1845)

A concepção tradicional das relações entre a teoria de Marx e o movimento operário de sua época é a que Karl Kautsky expôs em 1908 em sua brochura *Die historische Leistung von Karl Marx* [A obra histórica de Karl Marx]. Marx e Engels realizaram "a união entre o socialismo e o movimento operário" – "socialismo" compreendido aqui como o conjunto das utopias elaboradas à margem da classe operária e "movimento operário" como a atividade puramente corporativa, reivindicativa, das organizações operárias. Partindo dessas premissas, Kautsky e Victor Adler demonstram sem dificuldade que "o socialismo foi introduzido de fora na classe operária". É verdade que Kautsky reconheceu que, entre 1840 e 1850, já existiam operários socialistas, mas, observou ele, esses operários apenas adotaram o socialismo burguês[1]. Ora, essa não é a opinião de Engels, que em 1888 escreveu no prefácio do *Manifesto Comunista*:

> Em 1847, o socialismo significava um movimento burguês, e o comunismo, um movimento da classe trabalhadora. [...] [os socialistas eram] pessoas que não pertenciam ao movimento dos trabalhadores, preferindo apoiar-se nas classes "cultas". Em contrapartida, o setor da classe trabalhadora que exigia uma transformação radical da sociedade, convencido de que revoluções meramente políticas eram insuficientes, denominava-se então *comunista*. [...] E como, desde então, éramos decididamente da opinião de que a "emancipação dos trabalhadores deve ser obra

---

[1] K. Kautsky, *Les trois sources du marxisme: l'oeuvre historique de Marx* (Paris, Spartacus, 1947), p. 27.

da própria classe trabalhadora", não podíamos hesitar entre os dois nomes a escolher [para o *Manifesto*].[2]

Assim, segundo Engels, as características políticas decisivas do comunismo marxista – a revolução social e a autoemancipação do proletariado – tem como ponto de partida não o socialismo "burguês", mas grupos e tendências *operárias*.

Com efeito, não seria junto das diversas seitas do socialismo utópico (saint-simonistas, owenistas, fourieristas, cabetistas etc.) ou dos "socialistas de Estado" (L. Blanc), que recusavam a ideia de uma revolução igualitária e esperavam as transformações sociais da filantropia burguesa ou da intervenção milagrosa de um rei, que Marx poderia encontrar o germe de sua concepção da revolução comunista. Essa concepção foi produto não de uma "união entre o socialismo e o movimento operário", mas de uma *síntese dialética cujo ponto de partida foram as diversas experiências do próprio movimento operário* nos anos 1840. Essas experiências não ocorreram por influência do socialismo "burguês", mas resultaram sobretudo das tradições e das atividades próprias da classe operária.

Tentaremos estabelecer aqui não um histórico do movimento operário dos anos 1840, mas um esquema das tendências desse movimento que desempenharam o papel de "quadros sociais" para a evolução ideológica de Marx. Sendo assim, interessamo-nos sobretudo pelos grupos ou movimentos que Marx conheceu de forma direta ou indireta, tais como são descritos e defendidos nas obras dos historiadores e ideólogos que Marx decerto ou provavelmente leu. Dito de outro modo, procuraremos conhecer as organizações e as ideologias operárias *tais como Marx as viu* em 1844 e 1845. Como frisamos em nossa introdução, o quadro de uma doutrina política nunca é dado "em estado bruto"; o essencial para compreender, por exemplo, o papel do comunismo operário dos anos 1840 a 1844 na formação da teoria marxiana da revolução não é o que se poderia escrever em 1970 sobre esse comunismo, mas o que pensavam deles homens como Dézamy, Heine e L. von Stein, autores lidos, analisados e criticados por Marx.

As sociedades secretas comunistas em Paris (1840-1844)

Não resta dúvida de que Marx não apenas conheceu as sociedades secretas de operários parisienses, mas assistiu a assembleias de artesãos comunistas. No *Herr Vogt*, em 1860, ele escreveu: "Durante minha primeira estadia em Paris, mantive

---

[2] Em K. Marx e F. Engels, *Manifesto Comunista*, cit., p. 77.

relações pessoais com os chefes parisienses da Liga, com os chefes da maioria das sociedades operárias secretas francesas, sem entrar, porém, em nenhum desses grupos"[3]. Seus testemunhos de 1844 são muito mais precisos e mostram a impressão que causaram nele tais reuniões operárias, cujo clima diferia radicalmente do clima das assembleias dos acionistas "poltrões" da *Rheinische Zeitung*. Numa carta a Feuerbach, em 11 de agosto de 1844, Marx exprime sua admiração em termos inequívocos:

> Você precisaria assistir a uma reunião dos operários franceses para compreender o ardor juvenil e a nobreza de caráter que se manifestam nesses homens arrasados pelo trabalho [...] a história forma, entre esses "bárbaros" da nossa sociedade civilizada, o elemento prático para a emancipação dos homens.[4]

Qual era a situação das sociedades secretas parisienses por volta de 1844? Todos os testemunhos contemporâneos coincidem ao assinalar o ano de 1840 como o ponto de partida da difusão maciça do comunismo no proletariado

---

[3] K. Marx, "Herr Vogt", em *Oeuvres complètes* (Paris, Costes, 1927), v. 5, t. 1, p. 105. Quais foram as sociedades secretas francesas contatadas por Marx durante sua estadia em Paris? Não podemos responder a essa questão senão por sugestões e hipóteses. Por exemplo, é provável que Marx tenha conhecido os redatores do jornal comunista *La Fraternité*, porque este foi um dos únicos (além de *La Réforme*) a protestar contra sua expulsão de Paris; no número de março de 1845, *La Fraternité* constata que "o chefe de polícia acaba de expulsar vários literatos socialistas alemães que não cessaram de pregar, no jornal *Vorwärts*, a sagrada aliança dos dois povos. Entre eles, encontra-se o filósofo comunista sr. Charles Marx, de Trier". Mais um elemento a favor dessa hipótese. Esse periódico é citado por Engels, em termos bastante favoráveis, numa carta a Marx (16 de setembro de 1846): "Na *Fraternité* houve grande discussão entre materialistas e espiritualistas. Mas isso não impede *La Fraternité* de publicar belíssimos artigos sobre diversos graus de civilização e sua aptidão para desenvolver-se até o comunismo" (K. Marx e F. Engels, *Correspondance K. Marx-F. Engels*, Paris, Costes, 1947, t. 1, p. 58). A escolha da *Fraternité* por Marx é muito significativa: esse jornal reunia *comunistas materialistas e discípulos de Flora Tristan*, ou seja, as duas correntes operárias mais próximas de suas próprias concepções e cuja união no interior da *Fraternité* prefigura (em certa medida) a síntese que Marx realizará entre essas tendências (ultrapassando-as).

[4] Em L. Feuerbach, *Briefwechsel* (Leipzig, Philipp Reclam, 1963), p. 184-5. A mesma atitude transparece num parágrafo célebre dos *Manuscritos econômico-filosóficos*, redigido provavelmente na mesma época da carta a Feuerbach: "Quando os *artesãos* comunistas se unem, vale para eles, antes de mais nada, como finalidade a doutrina, propaganda etc. Mas ao mesmo tempo eles se apropriam, dessa maneira, de uma nova carência, a carência de sociedade, e o que aparece como meio, tornou-se fim. Este movimento prático pode-se intuir nos seus mais brilhantes resultados quando se vê operários operários (ouvriers) socialistas franceses reunidos. [...] a fraternidade dos homens não é nenhuma frase, mas sim verdade para eles, e a nobreza da humanidade nos ilumina a partir d[ess]as figuras endurecidas pelo trabalho" (K. Marx, *Manuscritos econômico-filosóficos*, cit., p. 145-6).

parisiense[5]. As opiniões que provavelmente chamaram a atenção de Marx foram as de Heine e Lorenz von Stein, que assinalaram o progresso do comunismo desde 1840 e seu caráter de "movimento de massa". Heine, cuja amizade com Marx durante sua estadia em Paris é conhecida, escreveu numa carta à *Gazeta de Augsburg*, de 11 de dezembro de 1841, que havia em Paris "400 mil punhos rudes que apenas esperam a palavra de ordem para realizar a ideia de igualdade absoluta incubada em suas cabeças rudes" e que "a propaganda do comunismo possui uma linguagem que todo povo compreende: os elementos dessa linguagem universal são tão simples quanto a fome, a inveja, a morte"[6]. Em outra carta (de 15 de junho de 1843), Heine fala dos comunistas como "o único partido, na França, que merece uma atenção decidida"! E acrescenta: "Mais cedo ou mais tarde, toda a dispersa família dos saint-simonistas e todo o estado-maior dos fourieristas se juntarão ao crescente exército do comunismo"[7].

O que permaneceu em Heine como uma intuição poética foi desenvolvido, numa análise sociológica séria, por Lorenz von Stein em sua obra de 1842, *Der Socialismus und Communismus des heutigen Frankreichs* [Sobre o socialismo e o comunismo na França de hoje]. É provável que Marx só tenha estudado o livro de Stein por volta de 1844-1845; antes dessa época, não há nenhuma menção a ela ou traço de influência de seus temas. A primeira referência a Stein aparece em *A sagrada família*. Em *A ideologia alemã*, fala-se dele em várias pas-

---

[5] Nesse ano realizou-se o banquete de Belleville, organizado por Dézamy e J.-J. Pillot, primeira manifestação autônoma e pública do "partido comunista". Foi também em 1840 que se criou a sociedade dos "trabalhadores igualitários", de composição puramente operária e com um programa nitidamente comunista. Ainda em 1840, houve uma verdadeira "greve geral" em Paris, uma greve cujos "condutores" parecem ter sido "inspirados pelas ideias comunistas" (ver De la Hodde, *Histoire des sociétés secrètes et du parti républicain de 1830 à 1848*, Paris, Julien, Lanie et Cie, 1850, p. 278). Assim, conforme o agente provocador de De la Hodde, que se infiltrara nas sociedades secretas, "por volta de 1840, o comunismo começou a infectar Paris seriamente". Escritores liberais burgueses, como Duvergier de Hauranne, constatam apavorados em 1841 que "há ainda alguns anos, as insurreições eram feitas em nome da República; hoje são feitas em nome da comunidade dos bens". Enfim, segundo publicistas democratas, como Thoré, "quase todos os operários de Paris, Lyon, Rouen etc. provêm, de perto ou de longe, da seita de comunistas ou igualitários" (ver De la Hodde, *Histoire des sociétés secrètes*, cit., p. 267; J. Talmon, *Political Messianism*, Londres, Secker & Warburg, 1960, p. 391; T. Thoré, *La verité sur le parti démocratique*, Paris, Desessart, 1840, p. 22).

[6] H. Heine, "Lutezia", em *Mein Wertvollstes Vermächtnis: Religion, Leben, Dichtung* (Zurique, Manesse, 1950), p. 256.

[7] Ibidem, p. 278.

sagens do capítulo contra Grün, e o livro de Stein aparece sob uma luz bastante simpática: "o artefato de Grün se situa bem abaixo do livro de *Stein*, que ao menos tentou expor a conexão que há entre a literatura socialista e o desenvolvimento real da sociedade francesa"[8]. Na verdade, o grande mérito de Stein – e o que lhe valeu as críticas dos "comunistas filosóficos", como Hess – foi ter mostrado o comunismo francês não como um "princípio" abstrato, mas como um movimento histórico concreto, expressão das aspirações revolucionárias de uma nova classe: o proletariado moderno, esse elemento "perigoso tanto pelo número e pela coragem – da qual deu muitas provas – quanto pela consciência de unidade e pelo sentimento que tem de que só pode realizar seus planos pela revolução"[9].

Segundo Stein, depois da insurreição de 1839 da "Sociedade das Estações" (Blanqui, Barbès), absolutamente renegada pela burguesia e pela "mercearia", inaugura-se um novo período:

> que, externamente, diferencia-se dos períodos anteriores pela separação decidida dos republicanos de tudo o que se denominava comunismo e, internamente, pelo rápido progresso do movimento comunista, desde 1839, em todas as províncias da França e em todas as classes não possuidoras, ao passo que antes se restringia ao círculo estreito das associações; e pode-se dizer com razão que, se até essa época o comunismo aparecia nas associações, atualmente as associações aparecem no comunismo. O que dá a este último a importância efetiva que já ninguém nega mais. Todas as questões e problemas [do comunismo] não são mais tarefa de uma pequena parte selecionada dessa classe social, que o resto escuta com um fanatismo crente, mas cada qual se crê competente para pensar independentemente e ter um juízo autônomo. Em todas as oficinas, em todas as habitações de operários, as ideias e as teorias comunistas penetraram, e a agitação do que virá é comunicado ao mais insignificante entre eles. É como se, desde a última revolta, o proletariado tivesse sentido que a partir de agora ele está abandonado a si mesmo e deve resolver por uma reflexão comum suas difíceis tarefas.[10]

O primeiro sintoma manifesto dessa evolução foi, para Stein, o atentado do operário comunista Darmès contra o rei em 15 de outubro de 1840:

> Aqui as coisas se apresentavam claramente. O germe revolucionário dera resultado. O proletariado pensava, o proletariado agia, e sem impulso, sem influência dos democra-

---

[8] K. Marx, *A ideologia alemã*, cit., p. 473-4.
[9] L. von Stein, *Der Sozialismus und Kommunismus des heutigen Frankreichs* (Leipzig, O. Wigand, 1848), p. 9.
[10] Ibidem, p. 507.

tas ou dos liberais [...]. Essa entrada em cena do proletariado autônomo era até então considerada impossível mesmo para os conservadores, mesmo para o governo [...]. Não era mais possível esconder; no próprio povo começava uma vida própria [*eigentümlich*], que criava novas associações, sonhava com novas revoluções e ousava até mesmo levantar a mão contra a vida do rei. Darmès pertencia à sociedade dos "Trabalhadores Igualitários"; ela existia, era fanática, talvez fosse numerosa e poderosa.[11]

Assim, vemos aparecer nas análises de Stein *algumas ideias-chave, cuja influência sobre a passagem de Marx do comunismo "filosófico" para o comunismo "proletário" não deve ser de nenhum modo subestimado: tendência revolucionária do proletariado, consciência de sua unidade, movimento comunista como expressão autônoma das massas operárias* (e não de uma pequena minoria). Esses temas estavam inteiramente ausentes da literatura socialista "utópica" ou "filosófica". Marx descobre-os por sua leitura do livro de Stein e *por seu contato direto com as sociedades operárias.*

Com efeito, a partir de 1839-1840, as sociedades secretas em Paris passaram por transformações radicais, no sentido da elevação do nível ideológico e da proletarização dos quadros. Evidentemente, antes de mais nada, é preciso rejeitar a apresentação deformada que os relatórios policiais fazem das sociedades comunistas ("referência de regicidas", "criminosos" etc.). Havia todo um trabalho de educação política nas assembleias das sociedades por meio de leituras, comentários e discussões de jornais e brochuras socialistas, babouvistas, comunistas. Em seguida, esse trabalho repercutia nas oficinas[12].

A enorme proliferação da literatura comunista depois de 1840 não se faz à margem da classe operária. Os trabalhadores participavam da redação dos jornais comunistas (por exemplo, *L'Humanitaire* de 1841) e os ideólogos comunistas mantinham estreito contato com algumas sociedades secretas operárias[13].

---

[11] Ibidem, p. 509, 510 e 511.

[12] Ver J. Tchernoff, *Le Parti Républicain sous la Monarchie de Juillet* (Paris, A. Pedone, 1901), p. 370-1. Heinrich Heine descreve do seguinte modo os livros mais populares entre os operários parisienses: "novas edições dos discursos do velho Robespierre, assim como panfletos de Marat, em fascículos de dez tostões, *L'histoire de la révolution*, de Cabet, os libelos venenosos de Cormenin, *La conspiration de Babeuf*, por Buonarroti" (H. Heine, "Lutezia", cit., p. 280).

[13] A esse propósito, o exemplo mais interessante é a Sociedade Comunista Revolucionária, de composição puramente operária, que se desligou da Sociedade dos Trabalhadores Igualitários por causa da disciplina cega e sobretudo da *falta de discussão* que reinava ali; estabeleceu-se muito rapidamente uma ligação direta entre a nova sociedade e os comunistas materialistas Dézamy, May, Savary, Charassin, Pillot e Lahautière. Os dirigentes dos comu-

Simultaneamente a esse esforço de autoeducação ideológica – essa "sede de saber" dos operários comunistas que impressiona todos os observadores, a começar pelo próprio Marx, que mostra isso diversas vezes em *A sagrada família* –, desenrola-se um processo de "proletarização" da composição social das sociedades secretas[14]. No entanto, devemos observar que os membros "proletários" dessas sociedades secretas eram mais oficiais artesãos do que operários industriais[15].

---

nistas revolucionários estavam entre os 1200 convivas do banquete comunista de Belleville, organizado por Dézamy e Pillot (ver De la Hodde, *La naissance et la république*, Paris, L'Éditeur, 1850, p. 19).

[14] Depois das leis de 1834, que proibiam as sociedades republicanas ("Sociedade dos Direitos do Homem" etc.), inaugura-se o período das associações secretas, que serão abandonadas aos poucos pelos elementos burgueses ou "moderados". Na primeira dessas sociedades, a das "Famílias" (1833-1836), formada por Blanqui a partir dos escombros dos "Direitos do Homem", encontram-se ainda grupos pertencentes às classes médias. Na "Estações" (1837--1839, de Blanqui, Barbès, Martin Bernard), militares e estudantes eram excluídos por serem considerados suspeitos, e a composição era unicamente operária. Segundo De la Hodde, "nesse momento, o quadro das sociedades secretas renova-se quase inteiramente; o recrutamento, que tinha sido feito nas camadas ruins da burguesia, será operada exclusivamente nas camadas mais baixas da classe popular", classe essa que, acrescenta, tem "essa grande vantagem de não ter nada a perder numa sublevação" (Tchernoff, *Le Parti Républicain*, cit., p. 383; De la Hodde, *Histoire des sociétés secrètes*, cit., p. 217-8). Esse caráter proletário manifesta-se ainda mais nitidamente na sociedade dos Trabalhadores Igualitários, não somente pelo nome da associação e das subdivisões hierárquicas ("ofícios", "oficinas" e "fábricas", em vez de "semanas", "meses" e "estações"), mas por seu programa, que contém reivindicações tipicamente operárias (salários fixados pela lei, escolas cooperativas etc.), ao lado das tradicionais fórmulas babouvistas (sociedade igualitária, ditadura popular), e pela atividade ligada aos movimentos de massas, como a greve de 1840 (G. Sencier, *Le babouvisme après Babeuf: sociétès secrètes et conspirations communistes [1830-1848]*, Paris, Marcel Rivière, 1912, p. 270-1).

[15] Tentamos pintar um quadro da composição socioprofissional dos membros das associações comunistas entre 1838 e 1847, um quadro baseado nos seguintes grupos: prisioneiros políticos do monte Saint-Michel, presos entre 1839 e 1841; dirigentes conhecidos dos Trabalhadores Igualitários e dos Comunistas Revolucionários; convivas do banquete comunista de Belleville (1840); fundadores do jornal *L'Humanitaire*, presos em 1841; membros da sociedade dos "comunistas materialistas", presos em 1847. Entre os 67 comunistas computados, 53 (79%) eram artesãos (9 sapateiros ou fabricante de botas, 6 marceneiros ou carpinteiros, 5 impressores ou tipógrafos, 4 alfaiates, 3 fundidores, 2 joalheiros, 2 mecânicos, 2 chapeleiros, 2 operários de construção, 2 operários de cobre, 2 operários de malharia, 2 barbeiros, 2 "operários" (sem qualificação conhecida), 1 cartonador, 1 fabricantes de tabuleiros, 1 serralheiro, 1 desenhista, 1 curtidor de peles, 1 dourador, 1 cozinheiro, 1 relojoeiro, 1 encadernador) e 14 (21%) pertenciam às classes médias (5 comerciantes, 3 jornalistas, 2 estudantes, 1 advogado, 1 oficial, 1 fabricante, 1 professor) (fontes: A. Zévaès, "Une révolution manquée: l'insurrection du 12 mai 1839", *Nouvelle Revue Critique*, Paris, 1933; Sencier, *Le babouvisme après Babeuf. Le premier banquet communiste, le 1er juillet 1840*). Se comparamos esses números com os que A. Soboul obteve sobre o "pessoal babou-

No plano ideológico, as duas correntes predominantes nas sociedades secretas eram o neobabouvismo (Buonarroti) e o comunismo "materialista" (Dézamy).

É provável que Marx tenha estudado a *Conspiration pour l'égalité* [Conspiração para a igualdade], de Buonarroti, publicada por volta de 1844. Ele menciona Babeuf e Buonarroti pela primeira vez em *A sagrada família*, e encontramos em seu caderno de notas, dos anos 1844 a 1847, esta enumeração num esquema preparatório de seu livro: "Morelly, Mably, Babeuf, Buonarroti", ao lado de "Círculo Social, Hébert, Leroux, Leclerc". Ainda nesse caderno, no topo de uma lista de livros para traduzir para o alemão, redigida em torno de 1845, encontramos: "Buonarroti, 2B" ("2 Bände", isto é, dois volumes)[16].

O babouvismo trouxe para o século XIX os traços que Buonarroti lhe atribuiu num escrito publicado em Bruxelas, em 1828. Os temas centrais dessa obra, que marcaram profundamente o movimento revolucionário antes de 1848 – e mesmo depois, por intermédio de Blanqui – são os que se seguem.

1) A tomada do poder pela conspiração insurrecional de uma sociedade secreta; o papel decisivo é dado à elite esclarecida dos conspiradores e o ataque surpresa vitorioso substitui a experiência revolucionária das massas. É possível que Buonarroti tenha projetado sobre o movimento dos iguais alguns traços de sua atividade conspiradora do século XIX, atribuindo-lhe assim um caráter mais "sectário" do que ele possuía na realidade[17]; todavia, foi sob essa forma que o babouvismo foi difundido no movimento operário e nas sociedades secretas.

---

vista" de Paris (com base nos assinantes parisienses do *Tribun du Peuple*, órgão de Babeuf), temos algumas indicações sobre a diferença e a continuidade existente entre o babouvismo do ano IV e o "neobabouvismo" de 1840. Segundo Soboul, as profissões artesanais e lojistas constituíam 72,3% dos assinantes do *Tribun du Peuple*, os pequenos empregados e funcionários eram 9,5%, os negociantes, 7,4%, os fabricantes, 3,1%, e as profissões liberais, 7,4% (A. Soboul, "Personnel sectionnaire et personnel babouviste", em *Babeuf, Buonarroti: pour le deuxième centenaire de leur naissance*, Nancy, Société des Études Robespierristes, 1961, p. 91-2). Mas, se separarmos do primeiro grupo os lojistas "comerciantes", a porcentagem de artesãos e pequenos lojistas sobre para 60,6%, ao passo que entre os comunistas dos anos 1840 ela atinge 79%. A razão dessa diferença é a seguinte: a "sans-culotterie" do século XVIII começa a se desintegrar; a expressão política da "mercearia", comerciantes, lojistas, pequenos negociantes, pequenos empregados, é assegurada pela "Reforma" e por Ledru--Rollin, e a dos oficiais artesãos e operários é garantida pelo comunismo. Isso não deve nos fazer esquecer a relativa continuidade entre os dois fenômenos, continuidade da base social artesanal e da ideologia "jacobino-igualitária" de 1796 a 1840.

[16] K. Marx, "Marxens Notizbuch", em *Marx-Engels-Gesamtausgabe* (MEGA) (Frankfurt, Marx-Engels Archiv/ Erster Halbband, 1932), Band 5, p. 549-50.

[17] C. Mazauric, *Babeuf et la conspiration pour l'égalité* (Paris, Éd. Sociales, 1962), p. 180.

2) A necessidade de uma "ditadura revolucionária", de tipo jacobino, depois da vitória da insurreição. Segundo Buonarroti:

> A experiência da Revolução Francesa e, mais particularmente, os tumultos e as variações da Convenção Nacional, parece-me, demonstraram suficientemente que um povo, cujas opiniões se formaram sob um regime de desigualdade e despotismo, é pouco apropriado, no começo de uma revolução regeneradora, para designar por seu sufrágio os homens encarregados de dirigi-la e consumá-la. Essa tarefa difícil cabe tão somente a cidadãos sábios e corajosos que, profundamente apaixonados pela pátria e pela humanidade, tendo por muito tempo sondado as causas dos males públicos, libertaram-se dos preconceitos e dos vícios comuns, ultrapassaram as luzes de seus contemporâneos e desprezaram o ouro e as grandezas vulgares, sujeitaram sua felicidade a se tornarem imortais, assegurando o triunfo da igualdade.[18]

Essa concepção jacobina da ditadura tem como pressuposição filosófica a tese dos materialistas mecanicistas do século XVIII, segundo a qual "as circunstâncias – ou a educação – formam o caráter e as opiniões dos homens", com um corolário político implícito: as massas permanecerão corrompidas e mergulhadas no obscurantismo, enquanto as circunstâncias atuais não tiverem mudado. Daí a necessidade de uma força revolucionária *acima* das massas: um Legislador, um Incorruptível ou, para Buonarroti, uma elite de "cidadãos sábios e corajosos", que "ultrapassaram as luzes de seus contemporâneos" e "libertaram-se dos preconceitos e dos vícios comuns".

A ideia da sociedade secreta e a da ditadura dos "cidadão sábios" são duas faces da mesma estrutura ideológica que se situa historicamente, como já assinalamos, entre o mito burguês do supremo salvador e o projeto de autoemancipação operária[19].

3) A aspiração a uma revolução igualitária, que suprima a propriedade privada e o reino dos ricos. Com o desenvolvimento da indústria na França, essa aspiração evoluiu consideravelmente de Babeuf até 1848. O comunismo "partilhador"* é substituído aos poucos pelo comunismo "comunitário", e a oposição entre "po-

---

[18] P. Buonarroti, *Conspiration pour l'égalité, dite de Babeuf* (Paris, Éd. Sociales, 1957), p. 111.

[19] Nesse sentido, o neobabouvismo dos anos 1840 representa um progresso em relação a Babeuf e Buonarroti: a ditadura jacobina não é mais considerada um modelo de ditadura revolucionária. Blanqui, Dézamy e Pillot recorrem sobretudo a Hébert e aos hebertistas do que a Robespierre e aos jacobinos.

* No original, "partageux". De uso antiquado ou irônico, "partageux" significa, segundo o dicionário *Le petit Robert*, "pessoa que preconiza a partilha, a comunidade ou a igualdade dos bens". (N. T.)

bres" e "ricos" torna-se oposição entre "proletários" e "burgueses". Com efeito, se a revolução igualitária é o sonho secular das massas não possuidoras desde o fim da Idade Média, é somente no século XIX, com o surgimento do proletariado industrial, que o igualitarismo identifica-se inteiramente com a apropriação social dos meios de produção.

A segunda corrente que se manifestava nas sociedades secretas e na vanguarda operária é a do "comunismo materialista", representado por Dézamy, Pillot, Gay, Charavay, May etc., e que se exprimia por meio de brochuras populares e jornais efêmeros, perseguidos pela polícia (*L'Égalitaire, Le Communautaire, L'Humanitaire, La Fraternité*).

Vimos o interesse que Marx tinha, desde 1843, por Dézamy e pela tendência que ele representava. Em *A sagrada família*, Dézamy e Gay são apresentados como "os comunistas franceses, mais científicos"[20] e, no projeto de *A sagrada família*, que se encontra no caderno de Marx, ele fala de "Dézamy, Gay" e de "*Fraternité, Égalitaire* etc., *L'Humanitaire* etc."; por fim, na lista de livros desse mesmo caderno, Marx registrou, depois de "Buonarroti 2B.", "Dézamy Code, id. Lamennais refutado, id. L'Égalitaire 2 Hefte"[21].

A obra de Dézamy é um esforço de superação da oposição entre o babouvismo conspirador e a "propaganda pacífica" de Cabet. Seu escrito mais interessante a esse propósito é *Calomnies et politique de M. Cabet* [Calúnias e política do sr. Cabet], de 1842, citado por Marx num artigo de 12 de janeiro de 1843 na *Rheinische Zeitung*.

Nesse panfleto, Dézamy opõe ao sonho neocristão de uma conciliação geral das classes pela "conversão" dos ricos ao comunismo, como pregava Cabet – ideologia que o aproxima dos socialistas utópicos "burgueses" –, uma ação *autônoma* do comunismo *proletário*: "É um erro capital acreditar que o concurso da *burguesia* seja indispensável para o triunfo da *comunidade*"; e acrescenta, criticando a recusa de Cabet de participar do banquete comunista de Belleville: "Você se recusou a assistir a esse banquete. [...] Desde o início, pareceu muito descontente com o fato de que os proletários se permitiram fincar sozinhos a *bandeira comunista*, sem ter à sua frente uns *burgueses*, um *nome conhecido*"[22]. Contrariando a "fraternização entre ricos e pobres" que os icarianos propõem, sua principal preocupação é a

---

[20] K. Marx, *A sagrada família* (São Paulo, Boitempo, 2003), p. 144.
[21] K. Marx, "Marxens Notizbuch", cit., Band 5, p. 549-50.
[22] T. Dézamy, *Calomnies et politique de M. Cabet, réfutation par des faits et par sa biographie* (Paris, Prévost, 1842), p. 4 e 8.

consolidação da *unidade proletária*: "Mais do que nunca é preciso apressar-se para encontrar um terreno comum, em que possa se reunir o proletariado, e primeiro formar, antes de passar adiante, sua própria unidade"[23].

No entanto, resta-lhe um elemento em comum com Cabet, isto é, a confiança ilimitada na propaganda: "É por isso que não cessarei de exclamar: '*Propaganda, propaganda, propaganda. Verdade e propaganda e, no fim, está a libertação*"[24]. Ele retoma esse tema em todas as suas intervenções, por exemplo no brinde do banquete de Belleville: "Cidadãos! O caminho mais curto para chegar à felicidade comum é a *educação igualitária*. Tal é nossa firme convicção"[25].

Por fim, Dézamy condena firmemente o mito do salvador e a ditadura jacobina (à qual Cabet – que, aliás, acreditava ele também ser um segundo Cristo – elogia). Opondo a Robespierre os "doutrinários da igualdade real" (o Círculo Social, Chaumette, Hébert, partidários do "materialismo e da abolição da propriedade"), Dézamy frisa que "a salvação comum nunca deve apoiar-se num homem, seja quem for, mas num princípio"[26]. O livro termina com uma advertência patética (e profética...): "Proletários! A vós dirijo estas reflexões, a vós, que mil vezes já fostes *traídos, vendidos, abandonados, caluniados, torturados e espezinhados* por pretensos salvadores! Se de novo vos enfeudardes ao *culto dos indivíduos*, temei por de novo experimentar cruéis e pungentes ilusões!"[27].

A Liga dos Justos em Paris

Foi provavelmente o doutor G. Mäurer – que morava, como Marx e Ruge, na rua Vaneau, número 38 – ou o doutor Ewerbeck que introduziu Marx na Liga dos Justos, da qual eram os principais dirigentes em Paris. Os primeiros contatos de Marx com os artesãos da Liga datam de abril-maio de 1844. O primeiro testemunho explícito data de 19 de maio: numa carta a sua mãe, Ruge escreveu que Marx "apenas persuadiu a ele [Herwegh] e aos artesãos alemães a ter um partido e gente a serviço deles"[28]. Numa carta de 9 de julho a seu amigo Fleischer, constata nova-

---

[23] Ibidem, p. 3.
[24] Ibidem, p. 37.
[25] *Le premier banquet communiste...*, cit., p. 5.
[26] T. Dézamy, *Calomnies et politique de M. Cabet*, cit., p. 38, 41, 42 e 45.
[27] Ibidem, p. 47.
[28] A. Ruge, *Briefwechsel und Tagebuchblätter aus den Jahre 1825-1888* (Berlim, Weidmannsche Buchhandlung, 1886), p. 350.

mente o fato, com outra "explicação" tão "penetrante" quanto a primeira: "Marx lançou-se no comunismo alemão daqui – quer dizer, por sociabilidade, porque é impossível que ele possa achar sua triste atividade politicamente importante"[29]. Quanto ao próprio Marx, o único testemunho, além da breve menção no *Herr Vogt*, é a carta a Feuerbach de 11 de agosto de 1844, que nos mostra concomitantemente sua simpatia e suas reservas para com os artesãos comunistas da Liga: "Não posso me esquecer de frisar também os méritos, no plano teórico, dos artesãos alemães na Suíça, em Londres e em Paris. Somente o artesão alemão ainda é artesanal demais"[30]. Existe, por fim, um relatório policial de 1º de fevereiro de 1845 que confirma a "presença ativa" de Marx nas assembleias da seção parisiense da Liga[31].

A evolução das sociedades alemãs em Paris ocorreu paralelamente à das associações republicanas francesas, com as quais sempre estiveram em contato direto[32]. A Liga dos Justos, fundada em 1836, logo se tornou uma sociedade secreta de tendência neobabouvista, com cerca de mil membros[33] e com ligação fraternal com a sociedade das "Estações" (Blanqui, Barbès, M. Bernard)[34].

---

[29] Ibidem, p. 359.

[30] L. Feuerbach, *Briefwechsel*, cit., p. 185.

[31] Em A. Cornu, *K. Marx*, cit., v. 3, p. 7.

[32] Em 1830 era criado em Paris o *Pressverein* [Clube de Imprensa], associação da imprensa alemã em exílio, vinculada à Associação pela Imprensa Patriota francesa. O *Pressverein* tornou-se pouco depois a Sociedade Popular Alemã (*Deutschen Volksverein*), ligada à Sociedade dos Direitos do Homem; a dissolução desta última, em 1834, pelas leis que proibiam associações públicas acarreta também a desagregação do *Volksverein* e o surgimento de uma sociedade conspiradora, a Liga dos Proscritos (*Bund der Geächteten*), dirigida por Venedey e T. Schuster. Trava-se uma luta ideológica entre uma tendência "patriota alemã", representada pelo primeiro, e uma tendência próxima do socialismo francês, preconizada pelo segundo. Esse conflito foi semelhante ao que dividia a Sociedade dos Direitos do Homem e resultou, em 1836, na cisão e na constituição da Liga dos Justos (*Bund der Gerechten*), de composição puramente operária – evolução que se assemelha à que leva da sociedade das "Famílias" à das "Estações". Ver a esse respeito: A. W. Fehling, *Karl Schapper und die Anfänge der Arbeiterbewegung bis zur Revolution von 1848* (Inaugural Dissertation, Universität Rostock, 1922), p. 41-2; H. Ewerbeck, *L'Allemagne et les allemands* (Paris, Garnier Frères, 1851), p. 589; F. Engels, "Quelques mots sur l'histoire de la Ligue des Communistes", prefácio a K. Marx, *Révélations sur le procès des communistes* (Paris, Costes, 1939), p. 68.

[33] Estimativa de A. Ruge, *Zwei Jahre in Paris* (Leipzig, W. Jurany, 1846), p. 338.

[34] A Liga dos Justos participou do golpe "blanquista" de 12 de maio de 1839, ao lado dos operários franceses, e pagou pelas consequências: seus principais dirigentes foram presos e expulsos da França; a partir de 1839-1841, o centro vital da Liga transferiu-se para

Os escritos de Wilhelm Weitling são a expressão mais fiel das aspirações e tendências ideológicas do artesanato "proletarizado", das quais a Liga representava a vanguarda. A obra de Weitling, "primeira manifestação teórica independente do proletariado alemão", segundo Engels[35], é apresentada por Marx, no prefácio dos *Manuscritos econômico-filosóficos*, entre os trabalhos socialistas alemães "plenos de conteúdo e *originais*", ao lado dos trabalhos de Hess e Engels[36]. O interesse e a admiração de Marx por essa obra são ainda mais evidentes no artigo do *Vorwärts*, em que ele trata dos "escritos geniais de Weitling", "estreia literária *descomunal* e brilhante dos trabalhadores alemães", "gigantescos *sapatos infantis* do proletariado"[37].

Weitling, alfaiate, era um verdadeiro "intelectual orgânico", um "profeta de seu estado" (*Prophet seines Standes*), como dizia Feuerbach[38], cuja obra traduzia, com suas intuições geniais e limitações utópicas, o "universo ideológico" dos artesãos alemães dos anos 1840. Seu primeiro livro, *Die Menschheit, wie sie ist und wie sie sein sollte* [A humanidade tal como é e tal como deveria ser], de 1838, foi encomendado pelo comitê central da Liga dos Justos para atender ao desejo dos membros de ver mostrada a possibilidade da comunidade dos bens. No prefácio de seu segundo trabalho, *Garantien der Harmonie und der Freiheit* [Garantias da harmonia e da liberdade], de 1842, ele escreve: "Esta obra não é minha obra, mas nossa obra; sem a assistência dos outros, eu não a teria realizado [...]. Reuni nesta obra o conjunto das forças materiais e espirituais de meus irmãos"[39].

Londres, onde se encontravam Schapper, Moll e Bauer; contudo, a seção parisiense continua a existir, sob a direção de Ewerbeck. Nos anos 1836-1839, a ideologia dos "Justos" era muito próxima daquela das sociedades babouvistas de Paris: Engels fala da liga como sendo, originalmente, "um rebento alemão do comunismo operário francês, inspirado por reminiscências de Babeuf", e parece que obras como a de J.-J. Pillot, *Ni châteaux ni chaumières* [Nem castelos nem cabanas], de 1840, eram muito populares entre os artesãos alemães em geral e entre os da Liga em particular. Mais tarde, sob influência de Ewerbeck, que era "comunista icariano", as ideias de Cabet também tiveram certa aceitação entre os "Justos".

[35] F. Engels, "Quelques mots sur l'histoire de la Ligue des Communistes", cit., p. 73.
[36] K. Marx, *Manuscritos econômico-filosóficos*, cit., p. 20.
[37] K. Marx, "Glosas críticas ao artigo 'O rei da Prússia e a reforma social. De um prussiano'", em K. Marx e F. Engels, *Lutas de classes na Alemanha* (São Paulo, Boitempo, 2010), p. 45.
[38] F. Mehring, *Geschichte der Deustschen Sozial-Demokratie* (Berlim, Dietz, 1960), p. 107.
[39] W. Weitling, *Garantien der Harmonie und der Freiheit* (Berlim, Buchhandlung Vorwärts, 1908), p. 7 e 8.

Garantien der Harmonie und der Freiheit, sem dúvida o livro mais rico de Weitling, é pleno de realismo revolucionário e, ao mesmo tempo, impregnado de messianismo utópico. Situa-se, na história ideológica do movimento operário, numa etapa de transição entre o "socialismo utópico", do gênero de Fourier ou Cabet, e o comunismo proletário, entre o apelo ao tsar Alexandre I e a revolução operária autolibertadora. Seu caráter contraditório decorre da própria situação contraditória, instável e flutuante do artesanato proletarizado diante da industrialização crescente.

Seu "lado revolucionário" manifesta-se nos seguintes temas:

- o *status quo* traz em si mesmo as causas de sua destruição revolucionária: "Todo o existente traz em si o germe e o elemento nutritivo das revoluções em si"[40];
- o progresso é possível apenas pela revolução: "Onde já se viu esses [que possuem a força e o dinheiro] darem ouvidos à razão? Perguntem à história, se duvidam... Inglaterra, França, Suíça, América, Espanha, Suécia, Noruega, Holanda, Bélgica, Grécia, Turquia, Haiti e todas as nações devem todo o crescimento de sua liberdade política à revolução"[41];
- a revolução deveria ser social – e não política – porque se funda nos interesses das massas. "Alguns políticos filisteus afirmam: deveríamos fazer antes [...] uma revolução política [...]. Eu respondo: se devemos nos sacrificar, é mais conveniente fazê-lo para o que é mais necessário, para nós e para a sociedade. [...] Ele [o camponês alemão] mal sabe o que é uma República. [...] Se vê que se trata de seus interesses, pode ser ganho para o movimento. Somente pelo interesse poderemos ganhar as massas populares"[42]. Então o povo, uma vez vencedor, quererá ir até o fim e não se deterá com meias-medidas: "Suponham a situação das classes de todos os países tão miserável quanto a da Inglaterra; suponham que uma revolução social estoure nessa situação; o povo vencedor se contentará com medidas progressivas?"[43]. Enfim, a revolução so-

---

[40] Ibidem, p. 248.

[41] Ibidem, p. 226. Aliás, essa é uma ideia que já se encontra em *Die Menschheit, wie sie ist und wie sie sein sollte:* "Não acreditem que por meio de negociações com seus inimigos conseguirão alguma coisa. Sua esperança está apenas em suas espadas. [...] a melhor obra sobre os planos de reforma social devemos escrevê-la com nosso sangue". (W. Weitling, *Die Menschheit, wie sie ist und wie sie sein sollte*, Paris, s.ed., 1838, p. 31-2).

[42] Ibidem, p. 246-7.

[43] Ibidem, p. 231.

cial que se aproxima será de "gênero misto": fará uso da violência física e da "violência espiritual" e será a "última tempestade" revolucionária da Europa[44].

O tema que faz a ligação entre a perspectiva revolucionária e a tendência utópica, e assim dá certa coerência ao conjunto, é de origem jacobino-babouvista:

> Querer esperar até que todos sejam esclarecidos [aufgeklärt], como se prescreve de costume, significaria abandonar inteiramente a coisa; porque jamais um povo em seu conjunto desfrutará de luzes iguais, ao menos enquanto a desigualdade e a luta de interesses privados na sociedade continuarem a existir.[45]

Trata-se apenas de uma variante do velho tema do "obscurantismo do povo", que somente poderá ser esclarecido depois da instauração do regime igualitário. Essa ideologia se opõe ferozmente ao comunismo icariano, *mas tanto um quanto o outro possuem a mesma concepção das "luzes" herdada do século XVIII: a "educação do povo" como aprendizado teórico e passivo*. Buonarroti e Weitling negam a possibilidade de esclarecimento do povo por tal "educação" dentro do regime existente; Cabet tem uma confiança cega na "propaganda pacífica"; no entanto, para todos, a *"luz" é concebida como produto de um "ensino" e não de uma tomada de consciência fundada na práxis*.

Como a revolução não faz parte da natureza do proletariado consciente, o caminho está aberto a todas as especulações jacobinas ou messiânicas. A princípio, Weitling compara o povo, numa situação revolucionária, a uma "máquina" que um "mestre" deve "habilmente pôr em movimento", e estabelece um paralelo entre "o ditador, que organiza os operários", e "o duque, que comanda seu exército"[46]. Afinal, por que a revolução não seria obra de um monarca? Weitling considera que tal acontecimento não é de modo nenhum impossível e recorre a um exemplo histórico para defender essa possibilidade: "Em Esparta, foram os reis que por duas vezes introduziram a comunidade dos bens. Será que em 3 mil anos não haverá ninguém que siga os passos deles?"[47].

Por fim, encontramos nas *Garantien der Harmonie und der Freiheit* todos os sonhos messiânicos do socialismo utópico, toda a temática "neocristã" de Lamennais, Cabet, Saint-Simon etc. "Um segundo Messias virá para realizar

---

[44] Ibidem, p. 247.
[45] Ibidem, p. 247.
[46] Ibidem, p. 234 e 253.
[47] Ibidem, p. 247 e 258.

o ensinamento do primeiro. Destruirá o edifício podre da velha ordem social, conduzirá as fontes de lágrimas para o mar do esquecimento e transformará a terra num paraíso"[48].

O cartismo

Marx encontrou sua primeira fonte de informação sobre o cartismo provavelmente na obra de Eugène Buret, *De la misère des classes laborieuses en Angleterre et en France* [Da miséria das classes trabalhadoras na Inglaterra e na França], de 1840, da qual encontramos numerosos extratos em seus cadernos de estudos de 1844[49]. Mas foi, é claro, o trabalho de Engels sobre *A situação da classe trabalhadora na Inglaterra**, de 1845, que lhe serviu de referência para a reflexão sobre o movimento operário inglês. Ele já conhecia, em 1844, as linhas de força desse trabalho por meio dos artigos de Engels na *República Suíça*, nos *Anais Franco-Alemães* e no *Vorwärts*. Todavia, foi só em torno de julho-agosto de 1845, durante sua primeira estadia na Inglaterra, que teve ocasião de entrar em contato direto com os dirigentes da "esquerda cartista" (Harney, Jones[50]). As referências ao partido cartista e às revoluções cartistas são frequentes em *A ideologia alemã* – ou seja, depois dessa estadia – como exemplo concreto de movimento operário de massas que se opõe às elucubrações vazias do "espírito crítico".

O caderno (inédito) de Marx com os extratos de Eugène Buret – que se encontra no *Marx-Engels Archief* do Instituto de História Social de Amsterdã – foi escrito em 1845, em Bruxelas. Contém sobretudo textos de Buret sobre as profundas reviravoltas das relações sociais provocadas pela revolução industrial: "No atual sistema industrial, não existe nenhuma espécie de vínculo moral entre o mestre e o operário, e esses dois agentes da produção são completamente estranhos um ao outro como *homens*" (sublinhado por Marx); a máquina "divide a população que concorre para a produção em duas classes

---

[48] Ibidem, p. 253.
[49] MEGA, cit., Band 1, 3, p. 411-2 (descrição dos cadernos). Os cadernos encontram-se no Instituto Internacional de História Social, em Amsterdã.
* São Paulo, Boitempo, 1998. (N. E.)
[50] Ver D. Riazanov, "Introduction historique", em K. Marx, *Manifeste communiste* (Paris, Costes, 1953), p. 19-20. Numa carta a Marx e Engels, escrita de Bradford em 20 de outubro de 1845, G. Weerth fala de "nosso amigo Harney" (G. Weerth, *Sämtliche Werke*, Berlim, Aufbau, 1957, Band 5, p. 182).

distintas, opostas em interesses: a classe dos capitalistas, proprietários dos instrumentos de trabalho, e a classe dos trabalhadores assalariados"; esses agentes da produção "não são separados, isolados um do outro, desconhecidos, indiferentes um ao outro, inimigos?"; por conseguinte, "reina entre os operários e os empresários uma hostilidade surda, que explode na mais simples oportunidade e a cada vez com violência redobrada"[51]. As passagens sobre o cartismo (lidas, mas não transcritas por Marx) mostram que Buret reconhecia na luta de classes – que ele chamava de "guerra social" –, na tendência revolucionária do proletariado e no movimento cartista os produtos necessários do desenvolvimento industrial[52].

Num outro caderno de Marx, da mesma época, encontramos trechos do livro de Carlyle, *Chartism* (1840), nos quais são tratados os mesmos temas: as novas relações sociais engendradas pela indústria, a revolta operária contra o mecanicismo econômico cego, o caráter "catastrófico" dos futuros levantes operários:

> Como ele [o operário] está novamente ligado a seu empregador: por laços de amizade e ajuda mútua, ou pela hostilidade, pela oposição e por correntes de pura necessidade mútua? [...] Se os homens perderam a fé em Deus, seu único recurso contra um não Deus cego, de necessidade e de mecanicismo, que os dominaria como uma horrenda máquina a vapor mundial, encarcerada em seu próprio ventre de ferro, seria, com ou sem esperança, *a revolta* [...]. Os conversadores falam e debatem cada um por si; a grande classe muda e profundamente enterrada jaz como um Encélado, que em seu penar, se se queixa, deverá produzir terremotos![53]

---

[51] *Marx-Engels Archief*, Instituto Internacional de História Social, Cote B 28. A edição utilizada por Marx: E. Buret, "De la misère des classes laborieuses en Angleterre et en France", em *Cours d'économie politique* (Bruxelas, Vahlen, 1843). Os trechos encontram-se nas páginas 557, 597 e 598.

[52] "Nos países mais avançados, eles [os operários] enxergam a miséria como uma opressão, e a ideia de recorrer à força para se libertar já lhes ocorreu [...]. A Inglaterra, o país da grande indústria, é também o país da guerra social que se manifesta pelas coalizões e, nesses dois últimos anos, pela união dos cartistas". Buret enfatiza "os rápidos progressos que, nas classes inferiores, constitui o espírito de revolta, do qual o cartismo é a expressão", e esboça um quadro "catastrófico" da crise social inglesa: "No momento em que escrevemos, a desafeição, a separação das duas classes, os operários e os capitalistas, são levadas ao mais alto grau na Inglaterra: segundo o testemunho de todos os homens que lançaram seus olhos sobre esse estado de coisas, é uma verdadeira secessão e como que uma preparação para a guerra civil" (E. Buret, "De la misère des classes laborieuses en Angleterre et en France", cit., p. 563-5).

[53] *Marx-Engels Archief*, Instituto Internacional de História Social, Cote B 35; T. Carlyle, *Chartism* (Londres, James Fraser, 1840), p. 13, 3 e, 89.

Também Engels mostra a relação entre os progressos da indústria e os da consciência de classe do proletariado inglês[54]. Em seu livro de 1845, ele esboça um quadro histórico da evolução do cartismo: sua origem no partido democrático dos anos 1780 e 1790, que depois da paz tornou-se o partido radical; a redação da Carta do Povo, em 1835, pelo comitê da Associação Geral dos Trabalhadores de Londres (William Lovett), cujos seis pontos, "que parecem inofensivos, são suficientes para reverter toda a 'constituição inglesa'"; as grandes greves insurrecionais de 1839 no País de Gales, onde os cartistas fizeram reviver a velha ideia do "mês sagrado" e da greve geral; a greve de 1842, traída pela burguesia, que teve por consequência a separação decisiva entre o cartismo proletário e o radicalismo dos merceeiros na convenção de Birmingham[55] (1843), greve de massas que fez Heine dizer, em 1842, que a união entre os cartistas e os operários de fábrica "era talvez o mais importante fenômeno dos tempos presentes"[56].

Engels acredita que a aproximação entre cartismo e socialismo é inevitável, "em particular quando a próxima crise dirigir os trabalhadores, premidos pela miséria, a remédios sociais e não políticos". Mas critica com severidade os socialistas owenistas por seu dogmatismo, suas tendências abstratas e metafísicas, sua ilusões filantrópicas e "pacifistas", e prevê que esse socialismo "nunca poderá tornar-se a fé comum da classe operária". Ao contrário, o futuro pertence ao "verdadeiro socialismo proletário, desenvolvido por intermédio do cartismo, purificado de seus elementos burgueses, assumindo a forma que já atingiu no espírito de muitos dirigentes socialistas e cartistas (que são quase todos socialistas)". Os socialistas owenistas "provêm originariamente da burguesia e, por isso, são incapazes de se amalgamar com a classe operária. A fusão do socialismo com o cartismo, a reconstituição do comunismo francês em moldes ingleses, será a próxima etapa e ela já está em curso"[57].

---

[54] "O Lancashire, especialmente Manchester, é a sede das associações operárias mais fortes, o centro do cartismo e a região onde se conta o maior número de socialistas. Quanto mais o sistema fabril penetra num ramo de trabalho, tanto mais ativamente os operários participam do movimento; quanto mais agudo se torna o contraste entre operários e capitalistas, tanto mais desenvolvida, tanto mais aguçada se torna a consciência proletária no operário [...] [eles] constituem uma classe específica [...] em confronto com todos os proprietários" (F. Engels, *A situação da classe trabalhadora na Inglaterra*, cit., p. 273-4; F. Engels, "Die Lage der Arbeitenden Klasse in England", em MEGA, cit., Band 1, 4, p. 228).

[55] F. Engels, *A situação da classe trabalhadora na Inglaterra*, cit., p. 273; F. Engels, "Die Lage der Arbeitenden Klasse in England", cit., Band 1, 4, p. 217-3.

[56] H. Heine, "Lutezia", em *M. W. Vermächtnis*, cit., p. 284.

[57] F. Engels, *A situação da classe trabalhadora na Inglaterra*, cit., p. 271; "Die Lage der Arbeitenden Klasse in England", cit., Band 1, 4, p. 224-6.

Essa observação mostra que Engels concebe o futuro "socialismo" em termos comparáveis ao comunismo francês como visto por L. von Stein, quer dizer, como movimento de massas, de base operária e com programa socialista, qualitativamente diferente das seitas utópicas de origem burguesa. As análises de Engels sobre o movimento proletário inglês vão na mesma direção que as de Stein sobre a França. Os dois provavelmente orientaram a obra de Marx no mesmo sentido, ou seja, *o movimento comunista considerado expressão autônoma das massas operárias*.

Ainda que suas teorias não possam ser consideradas uma ideologia particular do cartismo, é sem dúvida a partir desse movimento e das tentativas de reforma das associações de oficiais[58] na França que Flora Tristan desenvolveu suas concepções da auto-organização e da autoemancipação dos operários.

Durante sua quarta viagem à Inglaterra, em 1839, Flora Tristan descobre o cartismo, do qual traça um retrato entusiasmado em seus *Promenades dans Londres* [Passeios em Londres][59], de 1840. Ela captou de modo notável o caráter essencialmente social do cartismo e sua natureza de organização proletária das massas, contrária não apenas à aristocracia, mas também "aos privilégios mercantis" e aos comerciantes. Aliás, nesse mesmo livro, ela escreve que "a grande luta, essa que é chamada para transformar a organização social, é a luta engajada; de um lado, os proprietários e os capitalistas que açambarcam tudo, riqueza e poder político [...] e, de outro, os operários das cidades e dos campos, que nada têm,

---

[58] O movimento de "reforma dos abusos das associações de oficiais", que se exprime nos escritos de operários como Adolphe Boyer, Agricol Perdiguier e Pierre Moreau, continuou bastante impregnado do espírito artesão, mas ao menos uma ideia força consegue se destacar: os trabalhadores formam uma comunidade, eles devem se unir acima das querelas das profissões ou das seitas de oficiais, contra seus inimigos comuns. (Ver A. Boyer, *De l'état des ouvriers et de son amélioration par l'organisation du travail*, Paris, Dubois, 1841, p. 48 e 50; P. Moreau, *De la réforme des abus du compagnonnage et de l'amélioration du sort des travailleurs*, Paris, Prévost, 1843, p. 160; A. Perdiguier, *Le livre du compagnonnage*, Paris, Chez Perdiguier, 1840, p. 217).

[59] "A associação mais formidável que já se formou nos três reinos é a dos cartistas [...]. A associação lança ramificações por toda a parte: em cada manufatura, fábrica, oficina encontram-se operários cartistas; nos campos, os moradores das cabanas também participam, e essa sagrada aliança do povo, que tem fé em seu futuro, cimenta-se e cresce ainda mais todos os dias [...]. Sem exceção, todos querem a supressão dos privilégios aristocráticos, religiosos ou mercantis. [...] Nenhuma meia-medida poderia satisfazer os cartistas: eles nunca teriam confiança num partido cujo objeto seria transferir aos comerciantes os privilégios da aristocracia" (F. Tristan, *Promenades dans Londres*, Paris, H.-L. Dellaye, 1840, p. 60-1).

nem terras, nem capitais, nem poderes políticos"[60]. É antes na experiência "organizacional" do que no programa "político" do cartismo que ela se inspira para sua *Union ouvrière* [União operária].

Os dois temas centrais da *Union ouvrière* são:

1. A unificação do proletariado: Flora Tristan começa com uma crítica radical das associações artesanais (associação de oficiais, mutualistas etc.), crítica que se inspira em "reformadores" como Perdiguier, Moreau e Gosset, mas supera-os amplamente[61] – "*sociedades particulares* cujo único objetivo é *aliviar os sofrimentos individuais*", sociedades que "não podem (e não pretendem) mudar em nada, nem mesmo melhorar, *a posição material e moral da classe operária*"; crítica também do corporativismo, "essa organização bastarda, mesquinha, egoísta, absurda, que divide a classe operária numa multidão de pequenas sociedades particulares [...] esse sistema de retalhamento que dizima os operários"[62]. A tal divisão de proletários, "verdadeira causa de seus males", Flora Tristan opõe a *união operária*, cujo objetivo essencial é "constituir *a unidade* compacta, indissolúvel, da *classe operária*": "Operários, vocês estão vendo; se quiserem se salvar, vocês têm apenas um único meio: vocês devem se *unir* [...]. Operários, deixem de lado todas as suas pequenas rivalidades e, fora de suas associações particulares, formem uma *união* compacta, sólida, indissolúvel"[63].

2. A autoemancipação do proletariado. Flora a deduz, em primeiro lugar, de uma comparação entre a revolução burguesa de 1789 e a emancipação futura do proletariado: "Se eram, na verdade, 'a cabeça', os burgueses tinham como 'braço' o povo, do qual sabiam habilmente se servir. Quanto a vocês, proletários, vocês não têm ninguém para ajudá-los. É preciso que vocês sejam então, ao mesmo tempo, 'a cabeça' e 'o braço'". Ela também a faz decorrer da indiferença do poder quanto à sorte dos trabalhadores: "Operários, parem de esperar a intervenção que vocês reclamam há 25 anos. A experiência e os fatos dizem que o governo *não pode* ou *não quer* cuidar de sua sorte, quando se trata de melhorá-la. Só de vocês depende, se quiserem firmemente, sair do labirinto de misérias, dores e humilhações onde enlanguecem"[64].

---

[60] F. Tristan, *Promenades dans Londres*, cit., p. 58.

[61] F. Tristan, *Union ouvrière* (Paris, Prévost, 1843), p. 12-3: "Não sei como explicar por que os três operários escritores [...] não pensaram em propor um plano de união geral".

[62] Ibidem, p. 15-7.

[63] Ibidem, p. 8, 17, 18 e 25.

[64] Ibidem, p. 4 e 27.

Numa formulação clara e concisa, L. von Stein resume a importância da obra de Flora Tristan: "É nela talvez que se manifesta, com mais força do que nos outros reformadores, a consciência de que a classe operária é um todo e deve fazer-se conhecer como um todo, agir de modo solidário, com vontade e forças comuns, seguindo um fim comum, se quiser sair de sua condição"[65]. E, numa curta passagem de *A sagrada família*[66], Engels, que leu a *Union ouvrière* em 1844, toma a defesa de Flora Tristan contra os ataques da "crítica crítica", que a trata "en canaille" [como ralé].

A revolta dos tecelões silesianos

Trata-se aqui não de uma organização ou de uma ideologia, mas de um acontecimento histórico preciso: a insurreição dos tecelões de junho de 1844 na Silésia, acontecimento que, para Marx, desempenhou um papel de "catalisador", de reviravolta teórico-prática, de demonstração concreta e violenta do que ele já depreendia de suas leituras e contatos parisienses, a tendência potencialmente revolucionária do proletariado.

Para alguns autores, entre os quais Nikolaievski e Maenchen-Helfen, Marx teria "superestimado a revolta desesperada dos tecelões silesianos. [...] Não eram operários da indústria que se dirigiam contra capitalistas da indústria, mas artesãos miseráveis, trabalhando em domicílio, que quebraram máquinas, como aconteceu na Inglaterra meio século antes"[67].

---

[65] Em M. Rubel, "Flora Tristan et Karl Marx", *La Nef*, jan. 1946, p. 71.

[66] F. Engels, "'A union ouvrière' de Flora Tristan", em K. Marx e F. Engels, *A sagrada família*, cit., p. 29-30. Isso posto, a verdade é que as teorias do "pária" permanecem profundamente tingidas de "socialismo utópico": a influência de Owen, do fourierismo de Considérant (os "palácios operários"), de Louis Blanc ("organização do trabalho"), é patente na *Union ouvrière*. O tradicional apelo à filantropia do rei, do clero, da nobreza, dos "chefes de fábrica" e mesmo dos financistas e dos burgueses, também aparece aí. O programa social da união é muito vago ("propriedade dos braços", "direito ao trabalho") e os meios revolucionários são resolutamente excluídos: "Desde 89, caíram *muitos governos*, e o que ganharam os operários nessas revoluções? Não foi sempre à custa deles que elas se fizeram? [...] Bela vantagem para ele [o povo] essa de fazer revoluções" (F. Tristan, *Union ouvrière*, cit., p. 81-7 e 118-9). Em seu artigo "Flora Tristan et Karl Marx", Maximilien Rubel insiste, com toda a razão talvez, na influência que teve sobre Marx o tema da autoemancipação contido na *Union ouvrière*, porém ele deixou de lado algumas "diferenças" não negligenciáveis: a revolução e o comunismo... (M. Rubel, "Flora Tristan et Karl Marx", cit., p. 74-6).

[67] Nikolaievski e Maenchen-Helfen, *Karl Marx* (Paris, Gallimard, 1937), p. 68. Ver também F. Mehring, *Aus dem literarischen Nachlass von Karl Marx, Friedrich Engels und Ferdi-*

Em primeiro lugar, como frisa Marx em *O capital*, "a denominada indústria doméstica moderna tem apenas o nome em comum com a antiga", visto que "se tornou agora um *prolongamento da fábrica, da manufatura ou do bazar*"; o denominado *trabalho em domicílio* é apenas uma forma de exploração "ainda mais desavergonhada que a *manufatura*"[68].

No entanto, basta uma análise sumária dos acontecimentos para mostrar que bem se tratava de um conflito entre *proletários e capitalistas*, e não de um movimento "luddista" de artesãos contra as máquinas[69]. Foi contra os *burgueses* e não contra as *máquinas* que o levante aconteceu. Por outro lado, as repercussões do acontecimento em toda a Silésia, Boêmia, Praga e mesmo Berlim, onde greves e

---

nand Lassalle (Stuttgart, J. H. W. Dietz, 1902), Band 2, p. 29: "Do ponto de vista do conteúdo, sua polêmica também parece exagerada às vezes, especialmente em seu juízo histórico sobre o levante dos tecelões silesianos, que, conforme nossa concepção atual, foi julgado de modo mais correto por Ruge, na medida em que este a considerou um puro motim da fome, que constituía mais um obstáculo do que uma ajuda ao desenvolvimento político".

[68] K. Marx, *Das Kapital. Kritik der politischen Oekonomie* (Berlim, Dietz, 1957), Buch 1, p. 486 [ed. bras.: *O capital*, São Paulo, Boitempo, no prelo]. Sobre o nível de vida dos "trabalhadores em domicílio", ver p. 490-4.

[69] Encontramos na origem do levante um canto criado de maneira espontânea, palavra por palavra, frase por frase, pelos tecelões da aldeia silesiana de Peterswaldau. Esse canto foi citado por Marx no *Vorwärts* como uma das provas do nível de consciência da insurreição e inspirou o célebre poema de Heine. Ele exprime claramente a revolta dos tecelões contra a exploração capitalista: "Sois a fonte da miséria/ Que oprime o pobre/ Sois vós que dele arrancais/ O pão seco da boca/ Mas vossa prata e vosso bem/ um dia desaparecerão/ como manteiga no sol./ O que será de vós então?" (ver Karl Obermann, *Einheit und Freiheit, 1815-1849*, Berlim, Dietz, 1950, p. 206; e F. Mehring, *Geschichte der Deutschen Sozial--Demokratie*, Berlim, Dietz, 1960, v. 1, p. 227-8). Em 4 de junho de 1844, a polícia prendeu um tecelão que cantava esse hino no meio de um grupo, sob as janelas do industrial Zwanziger (que pagava salários miseráveis e era o símbolo da opressão dos ricos na região). Foi a gota d'água: à tarde, uma massa revoltada saqueou as casas dos industriais e destruiu os livros de contabilidade, alguns sugeriram pôr fogo, mas a maioria recusou-se, "porque os proprietários receberiam indenizações, e o que queremos é arruiná-los, para que também aprendam o que é a fome". Em 5 de junho, uma multidão de 3 mil tecelões caminhou rumo a uma aldeia vizinha (Langebielau), onde ocorreram cenas semelhantes. Mas, alertado, o Exército interveio e atirou contra a multidão desarmada, matando 11 operários e ferindo 24. A massa desesperada reagiu e, com paus e pedras, expulsou os soldados da aldeia. Essa vitória foi de curta duração. Em 6 de junho, três companhias da infantaria e uma bateria da artilharia chegam e esmagam a rebelião. Os sobreviventes procuraram refúgio nas montanhas e nos bosques vizinhos, onde foram encurralados pelas tropas; 38 tecelões foram detidos e condenados à pena de trabalhos forçados (ver F. Mehring, *Geschichte der Deutschen Sozial-Demokratie*, cit., p. 228-30). [Para o artigo de Marx no *Vorwärtz*, "Glosas críticas ao artigo 'O rei da Prússia e a reforma social. De um prussiano'", e o poema de Heine, "Os tecelões da Silésia", ver *Lutas de classes na Alemanha*, cit. (N. E.)]

motins se sucederam durante junho, julho e agosto de 1844, indicam que não se tratava de um simples acontecimento local, mas da manifestação explosiva de um sentimento generalizado – daí a apreensão da burguesia alemã, que se pôs a criar por toda a parte "associações para o bem-estar da classe operária"...

Entre os democratas alemães em Paris, a importância e o radicalismo da insurreição foram reconhecidos. O *Vorwärts* publicou em 6 de julho a seguinte nota (provavelmente uma das fontes de informação de Marx):

> Então, em junho de 1844, em Peterswaldau e Langebielau, na Silésia, levantaram-se um dia 5 mil tecelões, segurando paus, facas e pedras com seus punhos magros. E travaram uma batalha corajosa contra alguns batalhões de soldados! E saquearam os palácios dos príncipes da fábrica e destruíram os livros de dívidas e as letras de crédito. Não cometeram, porém, nenhum roubo, nenhuma fraude [...]. Numa palavra, *pela primeira vez no solo da pátria alemã, nessa Silésia tão tranquila habitualmente, surgiu um sinal precursor da transformação social que dirige o mundo irresistivelmente rumo ao desenvolvimento superior da humanidade*.[70]

Em 10 de julho, Heine publicou, também no *Vorwärts*, o poema "Os pobres tecelões", em que descreve os operários tecendo a mortalha da velha Alemanha e maldizendo o deus falso, o rei dos ricos e a falsa pátria. Em 13 de julho, uma nova nota no *Vorwärts* designa a sublevação dos tecelões como "o canto do galo que anuncia a chegada do novo mundo". Enfim, o próprio Ruge, que tanto desprezou a insurreição, fala dos "*motins comunistas* na Silésia"[71], numa carta de 19 de julho a seu amigo Stahr.

Um testemunho enviado por um correspondente do *Vorwärts*[72] na Silésia confirma tanto o alto nível de consciência de certas camadas do proletariado alemão quanto a solidariedade com os tecelões e a possibilidade de generalização do conflito, se os revoltados tivessem resistido mais algum tempo[73].

---

[70] *Vorwärts*, Pariser Deutsche Zeitung, 6 jul. 1844, p. 4.

[71] A. Ruge, *Briefwechsel*, cit., p. 364.

[72] *Vorwärts*, "Schlesische Zustände", 4 dez. 1844, p. 3. O correspondente (anônimo) apresenta seu testemunho da seguinte maneira: "Falei recentemente com alguns operários das estradas de ferro e estou realmente surpreso com sua clara concepção de nossa situação social, seu fundamento e os princípios de uma nova ordem das coisas". Na última carta, de 7 de dezembro, acrescenta à guisa de conclusão: "Secretamente, bem se pode admitir que a indignação de Peterswaldau e Langebielau foi somente o início de um prólogo cuja conclusão virá cedo ou tarde... Para que se consiga fazer desaparecer entre nós os contrastes entre possuidores e despossuídos, ricos e pobres, será necessário, talvez, que se leve a cabo pelas massas operárias o drama do qual percebemos a sombra predecessora...".

[73] O correspondente transmite (literalmente) as declarações de um operário das estradas de ferro: "Tanto que trabalhamos aqui, ganhamos nossa subsistência, mas sabemos muito bem

A síntese teórica de Marx

De certa maneira, a insurreição dos tecelões "desencadeou" em Marx o processo de elaboração teórica que levou, em 1846, à ruptura definitiva com todas as implicações do jovem hegelianismo, inclusive com Feuerbach. Durante esse processo, desenvolve-se progressivamente, em seus diversos aspectos, a concepção marxista do movimento revolucionário comunista.

Essa elaboração não se faz *ex nihilo*: ela parte de tendências reais do movimento operário europeu e de suas expressões ideológicas. Mas parte também de uma análise científica e crítica da sociedade burguesa e da condição proletária que aproveita (criticando-os) os dados da ciência e da filosofia contemporânea: a economia política clássica, a "sociologia" dos socialistas utópicos, a dialética hegeliana.

A síntese dialética, a superação dos elementos fragmentários, esparsos, parciais, das diversas experiências e ideologias do movimento operário e a produção de uma teoria coerente, racional e adequada à situação do proletariado, Marx os faz pela superação das limitações de caráter social (artesanal, pequeno-burguês), nacional ou teórico dessas experiências e ideologias, e por sua confrontação com a realidade socioeconômica do capitalismo e da sociedade burguesa.

Nesse processo de "conservação e superação", as tendências que constituem o ponto de partida histórico e concreto são múltiplos: a tradição revolucionária do babouvismo, o "comunismo materialista" dos anos 1840 (Dézamy), o esforço de auto-organização e de autoemancipação operária (cartismo, F. Tristan), a práxis da ação revolucionária de massas (motins cartistas, insurreição dos tecelões silesianos).

Mas a síntese só pode ocorrer pela superação do materialismo mecanicista, da herança artesanal, dos hábitos conspirativos, das tendências jacobinas ou

---

que nos esfolamos principalmente para os financistas. Esses aí estão na cidade, no mercado, e fazem bons negócios com o nosso suor. Os trens que construímos, seremos os últimos a utilizá-los [...]. Nossa única vantagem é que, amontoados aos milhões, conhecemos uns aos outros e, por essa longa relação recíproca, a maioria de nós se tornou mais inteligente. Entre nós, restam poucos a acreditar nas velhas fábulas. Temos agora muito pouco respeito pelas pessoas distintas e ricas. O que cada um, em casa, ousava apenas pensar em silêncio, nós dizemos agora em voz alta: somos nós que sustentamos os ricos, e basta querermos para que sejam obrigados a mendigar a nós seu pedaço de pão, ou morrer de fome, se não quiserem trabalhar. O senhor pode acreditar, se os tecelões tivessem resistido mais tempo, teria havido agitação entre nós. No fundo, o caso dos tecelões é o nosso caso. E como somos 20 mil homens trabalhando nos trens da Silésia, também teríamos o que dizer" (*Vorwärts*, 4 dez. 1844, p. 3).

messiânicas, da confusão com o radicalismo pequeno-burguês, enfim de todos os traços herdados do passado ou da ideologia burguesa, inadequados à condição proletária.

Acrescentamos que, em ampla medida, a teoria de Marx era antecipadora, dados:

- o caráter atrasado da economia europeia e a predominância dos ofícios artesanais nas massas trabalhadoras;
- a fraqueza do movimento operário, sua imaturidade organizacional e teórica;
- a relação de forças entre as classes sociais, que tornava impossível uma revolução proletária vitoriosa.

O corte: teoria da revolução (1844-1846)

Os manuscritos de 1844

Na evolução da teoria marxiana do comunismo, os *Manuscritos econômico-filosóficos* de 1844 representam, é claro, um "progresso" em relação aos artigos dos *Anais Franco-Alemães*. Sob a influência de suas leituras históricas e econômicas e de seus primeiros contatos com o movimento operário em Paris, Marx adere definitivamente ao comunismo – os *Manuscritos* são o primeiro texto em que ele se proclama "comunista" –, abandona a temática jovem-hegeliana da "filosofia ativa" e esboça uma análise econômica da condição proletária. O escrito, porém, é ainda muito "feuerbachiano", na medida em que o esquema da crítica da alienação religiosa de *A essência do cristianismo* é aplicado à vida econômica: Deus torna-se propriedade privada e o ateísmo transforma-se em comunismo. Além do mais, esse comunismo é posto, de modo um tanto abstrato, como a superação das alienações, e os problemas concretos da prática revolucionária mal são considerados.

Nos *Manuscritos econômico-filosóficos*, o proletariado é considerado sobretudo enquanto "classe alienada". A princípio, a análise de Marx constata uma "situação de fato", a posição paradoxal dos operários perante os produtos de seu trabalho:

Nós partimos de um fato nacional-econômico, presente.
O trabalhador se torna tanto mais pobre quanto mais riqueza produz, quanto mais a sua produção aumenta em poder e extensão. O trabalhador se torna uma mercadoria tão mais barata quanto mais mercadorias cria. Com a *valorização* do mundo das coisas

(*Sachenwelt*) aumenta em proporção direta a *desvalorização* do mundo dos homens (*Menschenwelt*).[74]

Para Marx, a essência desse fenômeno é o processo de *alienação do trabalho*:

> Este fato nada mais exprime, senão: o objeto (*Gegenstand*) que o trabalho produz, o seu produto, se lhe defronta como um *ser estranho*, como um *poder independente* do produtor. [...] A exteriorização (*Entäusserung*) do trabalhador em seu produto tem o significado não somente de que seu trabalho se torna um objeto, uma existência externa (*äussern*), mas, bem além disso, [que se torna uma existência] que existe *fora dele* (*ausser ihm*), independente dele e estranha a ele, tornando-se uma potência (*Macht*) autônoma diante dele, que a vida que ele concedeu ao objeto se lhe defronta hostil e estranha.[75]

É bastante evidente que essa análise apresenta a mesma estrutura que a crítica da alienação religiosa de Feuerbach. Aliás, Marx sublinha constantemente o paralelo entre os dois gêneros de alienação: "É do mesmo modo na religião. Quanto mais o homem põe em Deus, tanto menos ele retém em si mesmo. O trabalhador encerra a sua vida no objeto; mas agora ela não pertence mais a ele, mas sim ao objeto"[76]. Esse paralelismo leva Marx até a ver na propriedade privada não a causa, mas a *consequência* da alienação:

> Mas evidencia-se na análise desse conceito que, se a propriedade privada aparece como fundamento, como razão do trabalho exteriorizado, ela é antes uma consequência do mesmo, assim como também os deuses são, *originariamente*, não a causa, mas o efeito do erro do entendimento humano. Mais tarde esta relação se transforma em ação recíproca.[77]

---

[74] K. Marx, *Manuscritos econômico-filosóficos*, cit., p. 80. "[...] quanto mais valores [o trabalhador] cria, mais sem-valor e indigno ele se torna; quanto mais bem formado o seu produto, tanto mais deformado ele fica; quanto mais civilizado seu objeto, mais bárbaro o trabalhador; que quanto mais poderoso o trabalho, mais impotente o trabalhador se torna [...]. O trabalho produz maravilhas para os ricos, mas produz privação para o trabalhador. Produz palácios, mas cavernas para o trabalhador. Produz beleza, mas deformação para o trabalhador. Substitui o trabalho por máquinas, mas lança uma parte dos trabalhadores de volta a um trabalho bárbaro e faz da outra parte máquinas" (ibidem, p. 82).

[75] Ibidem, p. 80-1.

[76] Ibidem, p. 81. Ver L. Feuerbach, *Wesen des Christentums* (1841); ed. fr.: "Essence du christianisme", em *Manifestes philosophiques*, cit., p. 93: "Mais Deus é subjetivo e humano, mais o homem se despoja de sua subjetividade e humanidade, porque o próprio Deus é o eu alienado [*entäussertes*] do homem".

[77] K. Marx, *Manuscritos econômico-filosóficos*, cit., p. 87-8.

É claro que essa aproximação tem limites e Marx não cai na armadilha de considerar a propriedade privada um "efeito da aberração do entendimento": "O estranhamento religioso enquanto tal somente se manifesta na região da *consciência*, do interior humano, mas o estranhamento econômico é o da *vida efetiva* – sua suprassunção abrange, por isso, ambos os lados"[78].

Quanto ao comunismo, antes de expor sua própria concepção, Marx acerta as contas com as formas grosseiras, utópicas ou idealistas que floresceram durante os anos 1840.

A crítica do comunismo "grosseiro" já se encontra na correspondência com Ruge; no entanto, nos *Manuscritos*, Marx a retoma e desenvolve consideravelmente. Segundo ele, esse comunismo é apenas uma "*generalização* e uma *consumação*" da relação de propriedade privada:

> a *posse* imediata, física, lhe vale como a finalidade única da vida e da existência; a determinação de *trabalhador* não é suprassumida, mas estendida a todos os homens; a relação da propriedade privada permanece [sendo] a relação da comunidade com o mundo das coisas (*Sachenwelt*); finalmente, este movimento de contrapor a propriedade privada universal à propriedade privada se exprime na forma animal na qual o *casamento* (que é certamente uma *forma de propriedade privada exclusiva*) é contraposto à *comunidade das mulheres*, no qual a mulher vem a ser, portanto, uma propriedade *comunitária* e *comum*. [...] Este comunismo – que por toda a parte nega a *personalidade* do homem – é precisamente apenas a expressão consequente da propriedade privada, que por sua vez é esta negação. A *inveja* universal constituindo-se enquanto poder é a forma oculta na qual a *cobiça* se estabelece [...]. A ideia de toda propriedade privada como tal [propriedade] está *pelo menos* voltada contra a propriedade *mais rica* como inveja e desejo de nivelamento [...] Quão pouco esta suprassunção da propriedade privada é uma apropriação efetiva prova-o precisamente a negação abstrata do mundo inteiro da cultura (*Bildung*) e da civilização; o retorno à simplicidade *não natural* do ser humano *pobre* e sem carências que não ultrapassou a propriedade privada, e nem mesmo até ela chegou.[79]

Essa crítica, que segundo toda probabilidade é dirigida ao babouvismo, permanecerá na obra futura de Marx: de *A sagrada família* ao *Manifesto*, o comunismo de Babeuf sempre será caracterizado como "grosseiro". Devemos frisar, porém, que, em relação aos escritos posteriores, os *Manuscritos* dão uma importância

---

[78] Ibidem, p. 106.
[79] Ibidem, p. 103-4.

desmesurada à crítica da "grosseria", atitude que podemos comparar facilmente com a reação dos neo-hegelianos ou dos emigrados alemães diante do comunismo francês: Feuerbach opõe seu comunismo "nobre" ao comunismo "vulgar"; Heine, a despeito de suas simpatias pelos comunistas, lamenta que "com suas mãos calosas quebrarão sem piedade todas as estátuas de mármore da beleza"[80]. Em compensação, em *A ideologia alemã*, Marx debocha da crítica dos "socialistas verdadeiros" contra o "comunismo grosseiro":

> Entretanto, o comunismo francês é "cru" porque constitui a expressão teórica de uma oposição *real* [...]. Esses senhores são dotados, em geral, de uma notável delicadeza. Tudo os choca, principalmente a matéria; em toda parte, queixam-se da crueza [*Roheit*].[81]

Por outro lado, a crítica dos *Manuscritos* também se dirige ao oposto do comunismo grosseiro, o "comunismo filosófico": "Para suprassumir o *pensamento* da propriedade privada basta, de todo, o comunismo *pensado*. Para suprassumir a propriedade privada efetiva é preciso uma ação comunista *efetiva*"[82]. Nesse texto encontramos fórmulas que já anunciam a tese 11 sobre Feuerbach:

> vê-se como a própria resolução das oposições teóricas só é possível de um modo *prático*, só pela energia prática do homem e, por isso, a sua solução de maneira alguma é apenas uma tarefa do conhecimento, mas uma *efetiva* tarefa vital que a *filosofia* não pôde resolver, precisamente porque a tomou *apenas* como tarefa teórica.[83]

Marx, por fim, situa-se em oposição ao comunismo utópico de Cabet, Villegardelle etc., que "procura para si uma prova *histórica* a partir de figuras históricas singulares que se contrapõem à propriedade privada". Para Marx, ao contrário, o comunismo funda-se precisamente nas contradições do próprio regime da propriedade privada: "Que no movimento da *propriedade privada*, precisamente da Economia, o movimento revolucionário inteiro encontra tanto a sua base empírica quanto teórica, disso é fácil reconhecer a necessidade (*Notwendigkeit*)[84]. Depois de separar seu comunismo das formas grosseiras, idealistas e utópicas, Marx o define, num parágrafo célebre, como:

---

[80] H. Heine, *Lutèce* (Paris, Calmann-Lévy, 1892), p. xii.
[81] K. Marx, *A ideologia alemã*, cit., p. 441 e 443.
[82] K. Marx, *Manuscritos econômico-filosóficos*, cit., p. 145.
[83] Ibidem, p. 111.
[84] Ibidem, p. 105 e 106.

apropriação efetiva da essência *humana* pelo e para o homem. Por isso, trata-se do retorno pleno, tornado consciente e interior a toda riqueza do desenvolvimento até aqui realizado, retorno do homem para si enquanto homem *social*, isto é, humano. [...] Ele é a *verdadeira* dissolução (*Auflösung*) do antagonismo do homem com a natureza e com o homem; a verdadeira resolução (*Auflösung*) do conflito entre existência e essência, entre objetivação e auto-confirmação (*Selbstbestätigung*), entre liberdade e necessidade (*Notwendigkeit*), entre indivíduo e gênero. É o enigma resolvido da história e se sabe como esta solução. [85]

O paralelo entre a alienação religiosa e a alienação do trabalho, entre Deus e a propriedade privada, estabelece-se agora no nível da "desalienação", entre o ateísmo e o comunismo. Em primeiro lugar, Marx supõe uma continuidade histórica entre os dois movimentos: "O comunismo começa de imediato (Owen) com o ateísmo"[86]. Em seguida, ele os identifica por seu caráter "filantrópico" – termo provavelmente tomado em seu sentido etimológico, como equivalente de "humanismo". Esse "filantropismo" é abstrato para o primeiro, prático para o segundo: "A filantropia do ateísmo é, por conseguinte, primeiramente apenas uma filantropia *filosófica* abstrata, a do comunismo de imediato [é] *real* e imediatamente distendida *ao efeito* [*Wirkung*]"[87]. Enfim, ele os considera como duas formas do humanismo que se realizam pela negação da negação, por uma "mediação": "o ateísmo é o humanismo mediado consigo pela supressão da religião, o comunismo é o humanismo mediado consigo mediante a suprassunção da propriedade privada"[88].

Perante essas formas "mediatizadas", Marx sugere um nível superior, o "humanismo positivo": "Somente por meio da suprassunção desta mediação – que é, porém, um pressuposto necessário – vem a ser o humanismo positivo, que positivamente parte de si mesmo"[89]. Esse humanismo aparece assim "além" do comunismo, que é ainda "negação da negação, enquanto apropriação da essência humana que se medeia consigo mesma mediante a negação da propriedade privada" e que portanto não põe ainda o positivo de *modo verdadeiro*, partindo dele próprio, mas, pelo contrário, partindo da propriedade privada[90]. Sem dúvida

---

[85] Ibidem, p. 105.
[86] Ibidem, p. 106.
[87] Idem: o ateísmo é "o vir-a-ser do humanismo teórico", e o comunismo, "o vir-a-ser do humanismo prático".
[88] Ibidem, p. 132.
[89] Idem.
[90] Ibidem, p. 145.

nenhuma, essas considerações são de inspiração feuerbachiana. De fato, Marx cita entre os grandes méritos de Feuerbach o de ter oposto "à negação da negação, que pretende ser o positivo absoluto, o positivo fundado positivamente nele mesmo e repousando em si mesmo". E frisa que para Feuerbach:

> A posição (*Position*), ou autoafirmação e autoconfirmação, que se situa na negação da negação, está ainda para uma sua própria [posição] não segura, por isso acometida pela sua oposição (*Gegensatz*), [posição que] em si mesma [permanece] duvidando, e, portanto, [permanece] carente de demonstração, portanto [posição] não se provando a si mesma mediante sua existência (*Dasein*), como posição não confessada e, portanto, é contraposta direta e imediatamente à posição sensivelmente-certa (*sinnlichgewisse*), fundada sobre si mesma.[91]

O que Marx faz aqui é apenas desenvolver o pensamento de Feuerbach, que escreve nos *Princípios da filosofia do futuro*: "A verdade que se *mediatiza* é a verdade ainda *maculada por seu contrário*. Começa-se pelo contrário, mas em seguida ele é suprimido. Mas se é preciso suprimi-lo e negá-lo, por que começar por ele em vez de começar imediatamente por sua negação?"[92]

É a partir desse conceito de "humanismo positivo" que podemos compreender um dos temas dos *Manuscritos*, deixado de lado pela maioria de seus (inúmeros) exegetas: as "limitações" do comunismo e sua "superação" – conceito e tema que Marx simplesmente abandonará em seus escritos posteriores. Nos *Manuscritos*, Marx parece considerar o comunismo apenas o "momento revolucionário", além do qual se situa a "verdadeira sociedade humana":

> O comunismo é a posição como negação da negação, e por isso o momento *efetivo* necessário da emancipação e da recuperação humanas para o próximo desenvolvimento histórico. O *comunismo* é a figura necessária e o princípio enérgico do futuro próximo, mas o comunismo não é, como tal, o termo do desenvolvimento humano – a figura da sociedade humana.[93]

---

[91] Ibidem, p. 118.

[92] L. Feuerbach, "Principes de la philosophie de l'avenir", em *Manifestes philosophiques*, cit., p. 182. Em seu notável estudo de 1922 sobre Moses Hess, Lukács mostra que a teoria feuerbachiana da "verdade imediata" é o fundamento epistemológico do *utopismo ético* de alguns "jovens hegelianos". Ver G. Lukács, "Moses Hess und die Probleme der idealistischen Dialektik", em C. Grünberg (ed.), *Archiv für die Geschichte des Sozialismus und der Arbeiter Bewegung* (Leipzig, C. L. Hirschfeld, 1926), Band 12, p. 132 e 134.

[93] K. Marx, *Manuscritos econômico-filosóficos*, cit., p. 114.

Ele fala até da "autoabolição" do comunismo e de sua "superação" pela consciência:

> Para suprassumir a propriedade privada efetiva é preciso uma ação comunista *efetiva*. A história produzi-la-á e aquele movimento que nós, em *pensamento*, já sabemos ser um movimento suprassumindo a si próprio, sofrerá na efetividade um processo muito áspero e extenso. Temos de considerar, porém, enquanto um progresso efetivo, que desde o princípio temos adquirido uma consciência tanto da estreiteza quanto da finalidade do movimento histórico, e uma consciência que o sobrepuja.[94]

Em última análise, os *Manuscritos* praticamente não se ocupam do problema das relações entre os operários e o comunismo nem do problema da revolução emancipadora – exceto do ângulo abstrato das relações proletariado-classe alienada, comunismo-movimento de desalienação.

Ele trata dos *operários comunistas* uma única vez, no célebre parágrafo que descreve as reuniões de proletários franceses:

> Quando os *artesãos* comunistas se unem, vale para eles, antes de mais nada, como finalidade a doutrina, propaganda etc. Mas ao mesmo tempo eles se apropriam, dessa maneira, de uma nova carência, a carência de sociedade, e o que aparece como meio, tornou-se fim. Este movimento prático pode-se intuir nos seus mais brilhantes resultados quando se vê operários (ouvriers) socialistas franceses reunidos. Nessas circunstâncias, fumar, beber, comer etc., não existem mais como meios de união ou como meios que unem. A sociedade, a associação, o entretenimento, que novamente têm a sociedade como fim, basta a eles; a fraternidade dos homens não é nenhuma frase, mas sim verdade para eles, e a nobreza da humanidade nos ilumina a partir d[ess]as figuras endurecidas pelo trabalho.[95]

Essa observação se inspira diretamente em Hegel, que escreveu em sua *Filosofia do direito*: "A associação como tal é ela própria o verdadeiro conteúdo e o verdadeiro fim, e o destino dos indivíduos é levar uma vida coletiva"[96]. No entanto, ela também mostra que, a partir de seus primeiros contatos com o movimento comunista em Paris, Marx vê no proletário a esfera que – em oposição à burguesia, votada ao individualismo atomístico dos interesses privados – tende à solidariedade e à associação, isto é, à classe que já realiza em germe o modelo da sociedade do futuro.

---

[94] Ibidem, p. 145.
[95] Ibidem, p. 145-6.
[96] G. W. F. Hegel, *Principes de la philosophie du droit* (Paris, Gallimard, 1940), p. 190-1.

O rei da Prússia e a reforma social (Vorwärts)

Em geral, a importância das "Glosas críticas ao artigo 'O rei da Prússia e a reforma social. De um prussiano'", publicadas por Marx em agosto de 1844 no jornal *Vorwärts* de Paris, foi singularmente desconsiderada pelos "marxólogos". Alguns (Nikolaievski e Maenchen-Helfen, Mehring) chegam a dar razão a Ruge, em seu julgamento negativo a respeito da sublevação operária da Silésia. Ora, com relação à teoria da revolução (e mesmo do ponto de vista da evolução ideológica global de Marx), esse artigo possui um significado crucial: é o ponto de partida da trajetória intelectual que leva às *Teses sobre Feuerbach* e em *A ideologia alemã*. Por assim dizer, inicia uma nova fase no movimento do pensamento de Marx, fase em que se constitui sua teoria da autoemancipação revolucionária do proletariado.

O acontecimento que "desencadeou" esse processo é, como já assinalamos, a sublevação dos tecelões silesianos. Para compreender a importância dessa revolta para Marx, devemos levar em consideração não somente a agitação que ela provocou na Alemanha – na classe operária, na burguesia e mesmo no rei –, mas também a ruidosa confirmação que dava às teses da "revolução permanente" dos *Anais Franco-Alemães*. Com efeito, apenas alguns meses depois de Marx prever – por um raciocínio bastante abstrato e desmentido por todas as aparências (ausência de movimento operário na Alemanha) – que o proletariado era a única classe social revolucionária da Alemanha, houve uma sublevação que marcou a entrada da classe operária alemã na cena histórica. O que Georg Jung lhe escreveu de Colônia (em 26 de junho de 1844) correspondia, no fundo, ao que o próprio Marx pensava a respeito desse acontecimento:

> Sem dúvida, os tumultos da Silésia surpreenderam-no tanto quanto a nós. São um testemunho ruidoso da justeza de suas considerações acerca do presente e do futuro alemão na *Introdução à filosofia do direito* nos *Anais*. [...] o que era ainda entre vocês, há alguns meses, uma construção ousada e inteiramente nova tornou-se quase tão evidente quanto um lugar-comum[97].

Compreendemos agora o entusiasmo com que Marx saudou o movimento dos tecelões, do qual sublinha com insistência o caráter "teórico e consciente":

---

[97] *Marx-Engels Archief*, Instituto Internacional de História Social, Cote D 5. Um fragmento foi traduzido para o francês por A. Cornu em seu *Karl Marx et Friedrich Engels* (Paris, PUF, 1958), v. 3, p. 83.

Recordemos, em primeiro lugar, a *canção dos* tecelões, esse arrojado *grito* de guerra, na qual o fogão, a fábrica e o distrito nem sequer são mencionados; ao contrário, o proletariado proclama de imediato a sua contrariedade com a sociedade da propriedade privada, e isto de maneira contundente, cortante, resoluta e violenta. A revolta silesiana começa justamente no ponto em que as revoltas dos trabalhadores da França e da Inglaterra terminam, ou seja, consciente da essência do proletariado. A própria ação possui esse caráter *superior*. Não são destruídas apenas as máquinas, essas rivais dos trabalhadores, mas também os *livros contábeis*, os títulos de propriedade, e, ao passo que todos os demais movimentos se voltaram apenas contra o *industrial*, o inimigo visível, este movimento se voltou simultaneamente contra o banqueiro, o inimigo oculto. Por fim, nenhuma revolta de trabalhadores da Inglaterra foi conduzida com tanta bravura, ponderação e persistência.[98]

Seja esse quadro verídico ou exagerado – e nosso estudo sumário dos fatos (no capítulo 4) parece justificar as observações de Marx, exceto no que se refere à superioridade em relação às sublevações francesas e inglesas, que evidentemente é discutível –, o essencial é que, para Marx, a revolta dos tecelões significou a confirmação das teses da "Crítica da filosofia do direito de Hegel – Introdução", com apenas uma exceção: o esquema "pensamento ativo-proletariado passivo"... Por conseguinte, o artigo do *Vorwärts* retoma essas teses à luz dos tumultos silesianos, mas, em contrapartida, *abandona o esquema feuerbachiano.*

Marx, de início, compara a ousadia revolucionária do proletariado com a *passividade* da burguesia liberal – o tema é o mesmo dos *Anais*, mas o adjetivo "passivo" está reservado aqui à burguesia. Em resposta a Ruge – segundo o qual "porque não foram necessárias mais do que umas poucas tropas para triunfar sobre os fracos tecelões, a demolição das fábricas e das máquinas não inspira o menor 'terror' ao rei e às autoridades"[99] –, Marx pergunta:

> Num país [...] em *que não foi preciso* recorrer a um soldado sequer para acabar com os anseios *de toda* a burguesia liberal por liberdade de imprensa e Constituição, num país em que a obediência passiva está à *l'ordre du jour* [na ordem do dia] – num país assim, a necessidade de recorrer à força armada contra frágeis tecelões não seria um *acontecimento*, e um acontecimento *assustador?* Ademais, os frágeis tecelões obtiveram a

---

[98] K. Marx e F. Engels, "Glosas críticas ao artigo 'O rei da Prússia e a reforma social. De um prussiano'", cit., p. 44; K. Marx e F. Engels, *Werke* (Berlim, Dietz, 1961), Band 1, p. 393.
[99] A. Ruge, "Der König von Preussen und die Sozialreform", *Vorwärts*, 27 jul. 1844, p. 4.

vitória no primeiro confronto. Eles só foram esmagados por um reforço de tropas que acorreu posteriormente.[100]

A revolta dos tecelões mostra até que "o servilismo e a impotência [da burguesia] são reforçados por uma relação tensa e complicada com o proletariado"[101]. A conclusão vai nitidamente ao encontro da "Crítica da filosofia do direito de Hegel – Introdução" – salvo, mais uma vez, quanto ao papel da teoria: "Porque assim como a impotência da burguesia alemã equivale à impotência *política* da Alemanha, a predisposição do proletariado alemão é a predisposição *social* da Alemanha – mesmo que se abstraia da teoria alemã"[102]. Aliás, o próprio Marx remete o leitor a seu artigo nos *Anais*: "os elementos iniciais para a compreensão desse fenômeno [podem ser encontrados] na minha 'Crítica da filosofia do direito de Hegel – Introdução' (in: *Anais Franco-Alemães*)"[103].

Para Ruge, a sublevação silesiana fracassou porque "a questão não foi ainda toda vivificada pela alma política que tudo penetra"[104] (posição estritamente hegeliana que era também a de Marx em 1842). Em contrapartida, Marx explica o fracasso das primeiras explosões do proletariado francês por suas ilusões políticas, por seus "propósitos políticos", que nos operários de Lyon, por exemplo, "falsificou a compreensão do seu real propósito, de maneira que o seu entendimento político iludiu o seu instinto social"[105]. Ele introduz assim outro tema dos *Anais*: a superioridade da revolução social sobre a revolução política. Marx mostra aqui, contra Ruge, a impossibilidade de qualquer solução política para os problemas sociais. Utiliza o exemplo histórico dos malogros de todas as medidas "políticas", tanto as da Convenção, de Napoleão, quanto as do Estado inglês contra o pauperismo[106]. Do mesmo modo, enquanto o motim dos tecelões era, para Ruge, um acontecimento local, parcial, "isolado da coletividade" e dos

---

[100] K. Marx, "Glosas críticas ao artigo 'O rei da Prússia e a reforma social. De um prussiano'", cit., p. 26-7; K. Marx e F. Engels, *Werke*, cit., Band 1, p. 393.

[101] K. Marx, "Glosas críticas ao artigo 'O rei da Prússia e a reforma social. De um prussiano'", p. 27.

[102] Ibidem, p. 45; K. Marx e F. Engels, *Werke*, cit., Band 1, p. 405; grifo nosso.

[103] K. Marx, "Glosas críticas ao.artigo 'O rei da Prússia e a reforma social. De um prussiano'", cit., p. 46; K. Marx e F. Engels, *Werke*, cit., Band 1, p. 405.

[104] A. Ruge, "Der König von Preussen", cit., p. 4.

[105] K. Marx, "Glosas críticas ao artigo 'O rei da Prússia e a reforma social. De um prussiano'", cit., p. 49; K. Marx e F. Engels, *Werke*, cit., Band 1, p. 407.

[106] K. Marx, "Glosas críticas ao artigo 'O rei da Prússia e a reforma social. De um prussiano'", cit., p. 35-8.

"princípios sociais"[107], Marx, desenvolvendo premissas já expostas em *Sobre a questão judaica* – caráter "humano", universal, dos movimentos sociais e parcial, limitado, das revoluções políticas –, afirma que, "por mais *parcial* que seja, a revolta *industrial* comporta uma alma universal e, por mais universal que seja, a revolta *política* abriga, sob sua forma mais *colossal*, um espírito *mesquinho*"[108]; enfim, Ruge termina seu artigo proclamando que "uma revolução social sem alma política [...] é impossível" – ao que Marx responde qualificando a revolução socialista como "revolução política de alma social":

> A revolução como tal – a derrubada do poder constituído e a *dissolução* das relações antigas – é um *ato político*. No entanto, sem revolução o *socialismo* não poderá se concretizar. Ele necessita desse ato *político*, já que necessita recorrer à *destruição* e à *dissolução*. Porém, quando tem início a sua *atividade organizadora*, quando se manifesta o seu *próprio fim*, quando se manifesta a sua *alma*, o socialismo se desfaz do seu invólucro *político*.[109]

Mas, a partir de sua análise da revolta silesiana, Marx chega também a uma *conclusão nova* em relação aos *Anais*. Descobre que a "excelente predisposição do proletariado alemão para o socialismo"[110] pode manifestar-se de maneira concreta, "mesmo feita abstração" da filosofia, mesmo sem a intervenção do "relâmpago do pensamento" dos filósofos. Enfim, descobre que o proletariado não é "o elemento *passivo*" da revolução, muito pelo contrário: "É só no socialismo que um povo filosófico pode encontrar sua prática [*Praxis*] adequada; e, portanto, é só no *proletariado* que ele pode encontrar o elemento ativo [*tätige Element*] de sua libertação". Nessa única frase, encontramos três temas novos em relação à "Crítica da filosofia do direito de Hegel – Introdução":

- o povo e a filosofia não são mais representados como dois termos separados, o segundo "penetrando" o primeiro: a expressão "povo filosófico" traduz a superação dessa oposição;
- o socialismo não é mais apresentado como uma teoria pura, uma ideia "nascida na cabeça do filósofo", mas como uma *práxis*;
- o proletariado torna-se agora, nitidamente, o elemento *ativo* da emancipação.

---

[107] A. Ruge, "Der König von Preussen", cit.

[108] K. Marx, "Glosas críticas ao artigo 'O rei da Prússia e a reforma social. De um prussiano'", cit., p. 50.

[109] Ibidem, p. 52; K. Marx e F. Engels, *Werke*, cit., Band 1, p. 409.

[110] K. Marx, "Glosas críticas ao artigo 'O rei da Prússia e a reforma social. De um prussiano'", cit., p. 46.

Esses três elementos constituem os primeiros marcos da teoria da autoemancipação do proletariado; conduzem à categoria da *prática revolucionária* das Teses sobre Feuerbach.

É também à luz da revolta dos tecelões que Marx considera as "geniais obras de Weitling", nas quais ele vê agora a prova da "cultura dos operários alemães ou sua aptidão a se cultivar", a "estreia literária, enorme e brilhante, dos operários alemães", as "botas de gigante do proletariado em sua aurora", e compara-a à "mediocridade sóbria e acanhada" da literatura política da burguesia alemã[111]. A ideia-força que se desprende daí é, no fundo, a da tendência potencial do proletariado ao socialismo. Tentamos mostrar o erro daqueles que, como Rubel, opuseram os temas da "Crítica da filosofia do direito de Hegel – Introdução" à teoria do partido como "cérebro da classe operária". Agora devemos tratar de um erro oposto: Georg Mende, em seu trabalho sobre a evolução de Karl Marx, desde o democrata revolucionário até o comunista, atribui a Marx – precisamente no momento em que este abandona seu esquema do "pensamento que apreende" o proletariado – a concepção de Kautsky (e de Lenin antes de 1905) sobre a "introdução de fora do socialismo na classe operária". Mende escreve em sua análise a respeito do artigo do *Vorwärts*:

> Outra observação diz respeito ao problema da espontaneidade e da consciência, o problema da necessidade de que a consciência socialista seja introduzida de fora na classe operária: "É tão falso que a *miséria social* produza a razão [*Verstand*] *política* que é, ao contrário, o *bem-estar social* que produz a razão *política*. A razão *política* é espiritualista e dada àquele que já possui, que está confortavelmente instalado.[112]

Ora, o que Marx quer demonstrar por essa observação é justamente o contrário, ou seja, que o bem-estar social da burguesia produz a razão política (isto é, burguesa), ao passo que a miséria social só pode produzir a *razão social* (isto é, o *socialismo*). Aliás, ele escreve claramente no parágrafo anterior a essa citação: "porque nosso anônimo não junta a razão social à miséria social e a razão política à miséria política, como assim deseja a mais simples lógica?". E, no parágrafo seguinte, explica como em Lyon a razão política falseou nos operários "a compreensão do seu

---

[111] Ibidem, p. 45.
[112] G. Mende, *Karl Marx Entwicklung von revolutionären Demokraten zum Kommunisten* (Berlim, Dietz, 1960), p. 105. (A citação de Marx foi extraída de K. Marx e F. Engels, *Werke*, cit., Band 1, p. 406).

real propósito" e mentiu a seu "instinto social"[113]. Em outros termos, "o instinto" do proletariado pode conduzi-lo ao socialismo se a "razão política" não se introduzir "de fora" para embaralhar as cartas... Os erros complementares de Rubel e Mende fornecem uma demonstração, quase "didática", da evolução profunda, do verdadeiro "salto qualitativo" entre o Marx da "Introdução" e aquele do *Vorwärts*.

Essa evolução é incompreensível se não levarmos em conta aquilo que se situa entre fevereiro e agosto de 1844: a descoberta de Marx do comunismo operário em Paris, a revolta dos tecelões etc.

A partir desse contato com o movimento operário, a partir de seus estudos econômicos, históricos, políticos e sociais, Marx começa, com o artigo do *Vorwärts*, a sair do universo equívoco do "comunismo filosófico" e do "humanismo" feuerbachiano (cujo prolongamento ideológico será o "socialismo verdadeiro"). A crítica radical e explícita desse universo será levada a cabo em seus escritos posteriores, de *A sagrada família* até *A ideologia alemã*; mas as "Glosas críticas" de agosto de 1844 já representam a ruptura implícita: fundamentadas num acontecimento revolucionário real, elas põem em questão não somente a filosofia hegeliana do Estado – o que os artigos dos *Anais* já haviam feito –, mas também a concepção feuerbachiana das relações entre a filosofia e o mundo, a teoria e a prática. Descobrindo no proletariado o *elemento ativo* da emancipação, Marx, sem mencionar Feuerbach ou a filosofia, rompe com o esquema que era ainda o seu na "Crítica da filosofia do direito de Hegel – Introdução": por essa tomada de posição *prática* sobre um movimento revolucionário, abre-se o caminho que leva às Teses sobre Feuerbach.

Ruge e vários outros neo-hegelianos não conseguiram compreender o sentido desse artigo. Numa carta a Fröbel em 6 de dezembro de 1844, Ruge manifesta sua perplexidade diante do artigo de Marx, que ele só consegue explicar pelo "ódio e pela loucura" de seu autor:

> Apesar dos meus esforços para manter nossas divergências em limites convenientes, Marx as levou ao excesso por toda a parte; ele se desfaz em injúrias contra mim, em termos vulgares; enfim mandou imprimir seu ódio e sua raiva sem escrúpulos, e tudo isso por quê? [...] De minha parte, não conheço outro motivo além do ódio e da loucura do meu adversário.[114]

---

[113] K. Marx, "Glosas críticas ao artigo 'O rei da Prússia e a reforma social. De um prussiano'", cit., p. 49; K. Marx e F. Engels, *Werke*, cit., v. 1, p. 406-7.

[114] A. Ruge, *Briefwechsel*, cit., p. 382.

O mesmo ocorre com Jung e outros jovens hegelianos de Colônia, que não conseguem compreender o sentido ideológico da ruptura entre Marx e Ruge e atribuem-na a razões pessoais. Numa carta a Marx, em 19 de novembro de 1844, Engels escreveu:

> É por isso, por exemplo, que não posso fazer com que Jung e tantos outros compreendam que, entre Ruge e nós, há uma diferença de princípios; eles ainda imaginam que se trata unicamente de uma zanga pessoal. Quando se diz que Ruge não é comunista, poucos acreditam e dizem que é lamentável deixar levianamente de lado uma "autoridade literária" como Ruge![115]

A razão dessa "incompreensão generalizada" encontra-se verdadeiramente no caráter "novo" das "Glosas críticas", mais precisamente no fato de elas já se situarem, implicitamente, no exterior do "campo ideológico" dos jovens hegelianos, sem que as implicações teóricas dessa ruptura estejam desenvolvidas.

A sagrada família

A sagrada família é a primeira obra comum de Marx e Engels: é a sequência imediata do encontro dos dois entre agosto e setembro de 1844 em Paris, encontro em que, como escreverá Engels em 1885, "constatamos nossa completa concordância em todas as questões teóricas"[116]. Entretanto, apesar dessa concordância fundamental, que seria um absurdo negar, persistem diferenças, nuances específicas de cada um, no mínimo por conta da origem "inglesa" do socialismo de Engels e "francesa" do de Marx. Por essa razão (mas sem querer dar a última palavra sobre o conflito inesgotável nas relações entre a filosofia de Marx e o materialismo dialético de Engels), nós nos limitaremos à análise dos textos do próprio Marx, na medida em que podem ser claramente distinguidos dos de Engels. Essa distinção é relativamente fácil em *A sagrada família*, da qual se conhece a parte – bastante restrita – redigida por Engels, parte em que, aliás, as frequentes referências ao cartismo dão testemunho mais uma vez do segundo plano inglês de sua evolução política.

Um dos temas centrais de *A sagrada família* é a crítica radical do *leitmotiv* da "crítica crítica": a oposição entre "espírito" e "massas". A origem dessa problemática remonta a 1842-1843, ou seja, ao fracasso da imprensa liberal e neo-hegeliana,

---

[115] K. Marx e F. Engels, *Correspondance K. Marx-F. Engels* (Paris, Costes, 1947), t. 1, p. 8.
[116] F. Engels, "Quelques mots sur l'histoire de la ligue des communistes", cit., p. 78.

acontecimento que revelou as diferenças entre o "pensamento alemão" e a "realidade alemã" (ou, segundo os jovens hegelianos, entre "o espírito" e a "massa"). A partir desse momento, três posições se delinearam:

- A de "Bruno Bauer e consortes", para os quais as "massas" eram o inimigo irreconciliável do "espírito crítico".
- A de Ruge, para quem "a educação das massas é a realização da teoria" e é preciso "pôr as massas em movimento no sentido da teoria"[117]; uma variante dessa posição era a tese de Marx na "Crítica da filosofia do direito de Hegel – Introdução": "o relâmpago do pensamento" sobre o "ingênuo terreno popular" etc.
- A de Marx, depois de 1846: reciprocidade dialética entre a teoria socialista e o proletariado revolucionário. Diante desta, as duas primeiras posições têm um decisivo ponto em comum: apenas o espírito é o elemento *ativo* que, para Bauer, deve agir acima e de fora das massas, ao passo que, para Ruge e o Marx de fevereiro de 1844, ele deve "apreender" e "pôr em movimento" as massas.

Ora, a crítica de Marx em *A sagrada família* é endereçada não somente à tese de Bauer propriamente dita, mas também a essa pressuposição que era ele mesmo fazia no começo do ano. Nesse sentido, ela continua e aprofunda as ideias esboçadas no *Vorwärts* para redundar numa verdadeira "autocrítica" da "Crítica da filosofia do direito de Hegel – Introdução".

Segundo Bruno Bauer, "é na massa que se tem de procurar o verdadeiro inimigo do espírito. Todas as grandes ações da história até aqui foram de antemão malogradas e privadas de sucesso por que a massa foi interessada e entusiasmada por elas"[118]. Marx mostra, em primeiro lugar, que essa ideologia é apenas "*coroação criticamente caricaturizada da concepção hegeliana da História*", a qual "pressupõe um *espírito abstrato* ou *absoluto*, que se desenvolve mostrando que a humanidade apenas é uma *massa* que, consciente ou inconscientemente, lhe serve de suporte"; tal concepção, por sua vez, é apenas "a expressão *especulativa* do dogma *cristão-germânico* da antítese entre o *espírito* e a *matéria*, entre *Deus* e o *mundo*"[119]. Revelando assim o que chama de "sentido *oculto*" das teorias

---

[117] A. Ruge, *Gesammelte Schriften* (Mannheim, J. P. Grohe, 1847), Band 3, p. 220; Band 6, p. 134.
[118] B. Bauer, *Allgemeine Literatur Zeitung*, 1843, Heft I, p. 2; citado em D. Hertz-Eichenrode, "'Massenpsychologie' bei den Junghegelianern", *International Review of Social History*, v. 7, n. 2, 1962, p. 243.
[119] K. Marx, *A sagrada família*, cit., p. 96; K. Marx e F. Engels, *Werke*, cit., Band 2, p. 89.

de Bauer, Marx dirige sua crítica ao esquema que é o resultado lógico disso – *e* não é outro senão seu próprio esquema de fevereiro de 1844: "De um lado está a massa, como o elemento *material* da História, passivo, carente de espírito e a-histórico; de outro lado está *o* espírito, *a* Crítica, o senhor Bruno e companhia, como o elemento ativo, do qual parte toda a ação *histórica*"[120]. Essa oposição é expressa ainda de outra forma: "alguns *indivíduos* eleitos se contrapõem, como espírito *ativo*, ao resto da humanidade, que é a *massa carente de espírito*, a *matéria*"[121]. Essa ideologia é o apanágio não só de neo-hegelianos como Bauer, mas também de todos aqueles que, como os "doutrinários" franceses (Guizot, Royer-Collard), "proclamavam a *soberania da razão* em oposição à *soberania do povo*" – fórmula da qual Marx frisa os vínculos com o individualismo burguês: "Se a atividade da humanidade *real* não é mais do que a atividade de uma *massa* de indivíduos humanos, a *generalidade abstrata, a* razão, *o* espírito têm de possuir, ao contrário, uma expressão abstrata, reduzida a alguns indivíduos"[122]. Essas observações mostram que a crítica das teses de "Bruno Bauer e consortes" é, ao mesmo tempo, implicitamente, a crítica de todas as ideologias políticas que opõem uma "minoria esclarecida" à "massa ignara" – o que permite agora avaliar a distância que separa o pensamento de Marx das correntes jacobino-babouvistas do século XIX. No mesmo sentido, quando escreve que a "teologia crítica" de Bauer leva à "proclamação do salvador e redentor crítico do universo"[123], Marx sugere um vínculo entre essas ideologias e os mitos do "salvador supremo" e situa sua teoria do comunismo em oposição radical a essa estrutura ideológica. Em conclusão, por intermédio da crítica das teorias de Bauer, Marx encaminha-se para a ideia da autoemancipação proletária...

Partindo da ruptura com o idealismo jovem-hegeliano, Marx passa para o extremo oposto e funda seu comunismo sobre o materialismo francês do século XVIII. O tema que serve de "ponte" nessa transição é o do "abismo crítico que

---

[120] K. Marx, *A sagrada família*, cit., p. 98; ver também ibidem, p. 155: "A antítese entre o espírito e a massa é a 'organização' crítica 'da sociedade', na qual *o* espírito ou *a* Crítica representam o *trabalho* organizador, ao passo que a massa representa a *matéria-prima* e a História o *produto fabricado*". Ver também ibidem, p. 189: "De um lado está o '*divino*' (*Rodolfo*), [...] que é o último princípio *ativo*. Do outro lado, o '*estado universal*' passivo e os homens a ele pertencentes".

[121] Ibidem, p. 102.

[122] Ibidem, p. 103.

[123] Ibidem, p. 131.

separa o socialismo e o comunismo *massivos* e profanos do socialismo *absoluto*". No caso deste último, trata-se apenas de uma "emancipação *na condição de mera teoria*", ao passo que o primeiro é o da "massa que considera necessárias as transformações materiais, práticas". Os homens transformam-se, para uns, ao "mudarem seu '*eu abstrato*' na consciência" e, para outros, pela "mudança *real* de sua existência"[124]. Marx identifica seu comunismo com o dos "operários comunistas *de massa* que trabalham nas oficinas de Manchester e Lyon, por exemplo", e:

> não crêem que possam eliminar, mediante o "*pensamento puro*", os seus senhores industriais e a sua própria humilhação prática. Eles sentem de modo bem doloroso a *diferença* entre *ser* e *pensar*, entre *consciência* e *vida*. Eles sabem que propriedade, capital, dinheiro, salário e coisas do tipo não são, de nenhuma maneira, quimeras ideais de seu cérebro, mas criações deveras práticas e objetivas de sua própria auto-alienação, e que portanto só podem e devem ser superadas de uma maneira também prática e objetiva [...].[125]

Essa ideia-chave – são as condições reais, "externas", e não a consciência, o "eu", que devem ser mudadas em primeiro lugar – não é nova: já se encontra nos materialistas do século XVIII, o que explica de imediato por que, em *A sagrada família*, Marx não só toma a defesa do materialismo francês contra os ataques de "Bauer e consortes", mas até sustenta que uma das tendências do século XVIII (o ramo "não cartesiano" do materialismo) "desemboca diretamente no *socialismo* e no *comunismo*"[126].

> Não é preciso ter grande perspicácia para dar-se conta do nexo necessário que as doutrinas materialistas sobre a bondade originária e a capacidade intelectiva igual dos homens, sobre a força onipotente da experiência, do hábito, da educação, da influência das circunstâncias sobre os homens, do alto significado da indústria, do direito ao gozo etc. guardam com o socialismo e o comunismo. [...] Se o homem é formado pelas circunstâncias, será necessário formar as circunstâncias humanamente.[127]

Marx esboça um esquema histórico em que essa estrutura significativa, encontrada em Condillac – para quem "da *educação* e das *circunstâncias externas* dependerá, por conseguinte, todo o desenvolvimento do homem" –, em Helvétius – que reconhece "a onipotência da educação" – e, de modo geral, em to-

---

[124] Ibidem, p. 107 e 62; K. Marx e F. Engels, *Werke*, cit., v. 2, p. 100 e 56.
[125] K. Marx, *A sagrada família*, cit., p. 62; K. Marx e F. Engels, *Werke*, cit., Band 2, p. 55.
[126] K. Marx, *A sagrada família*, cit., p. 143.
[127] Ibidem, p. 143-4; K. Marx e F. Engels, *Werke*, cit., Band 2, p. 138.

dos os materialistas franceses inspirados por Locke[128], desemboca diretamente no comunismo de Fourier, Owen, Cabet, dos babouvistas e, principalmente, dos "comunistas científicos franceses, *Dézamy, Gay* etc.", que desenvolvem "a doutrina do *materialismo* na condição de teoria do *humanismo real* e de *base lógica* do *comunismo*"[129]. Em outros termos, para ele, o ponto de partida teórico, a raiz histórica, o fundamento filosófico do comunismo serão encontrados no teorema materialista: "As circunstâncias formam os homens; para transformar os homens, é preciso transformar as circunstâncias".

Essa opção fundamental leva Marx a colocar-se mais uma vez – a última – como "feuerbachiano". Após ter comparado Feuerbach com os materialistas franceses, conclui: "Mas assim como *Feuerbach* representava, no domínio da *teoria*, o *materialismo* coincidente com o *humanismo*, o *socialismo* e o *comunismo* francês e inglês o representam no domínio da *prática*"[130].

É inútil frisar o caráter paradoxal da evolução da "Introdução à crítica da filosofia do Estado de Hegel" até *A sagrada família*: o Marx idealista alemão de fevereiro, bem como o Marx materialista francês do fim de 1844, são implícita ou explicitamente "feuerbachianos"! O que de pronto nos mostra a fragilidade das interpretações de Marx unicamente em função da "influência" de Feuerbach – aqui, como em outros escritos, essa "influência" não é uma recepção passiva, mas uma seleção e uma reinterpretação pelo autor "influenciado". Essas operações intelectuais podem mudar radicalmente no curso de sua evolução ideológica[131].

A origem do paradoxo encontra-se no caráter equívoco, ambíguo, dividido, do próprio Feuerbach: ao mesmo tempo "alemão" e "francês", partidário da "cabeça" e do "coração", ele se declara ora pela fusão de ambos numa nova filosofia "de sangue galo-germânico", ora pelo "desenvolvimento à parte de cada faculdade"[132], sem chegar a superar dialeticamente essa contradição.

---

[128] K. Marx, *A sagrada família*, cit., p. 147-8.

[129] Ibidem, p. 144. "Fourier parte diretamente da doutrina dos materialistas franceses. Os *babouvistas* eram materialistas toscos e incivilizados, mas também o comunismo francês desenvolvido se origina *diretamente* do *materialismo francês* [...]. *Bentham* erige seu sistema do *interesse bem entendido* sobre a moral de Helvétius, do mesmo modo que *Owen*, partindo de *Bentham*, assenta as bases do comunismo inglês [...]" (idem).

[130] Ibidem, p. 138.

[131] Ver L. Goldmann, *Sciences humaines et philosophie* (Paris, PUF, 1952), cap. 3.

[132] L. Feuerbach, *Essence du christianisme*, cit., p. 338: "Eis por que, quando penso, afasto tanto quanto possível as carências sensuais do coração, a fim de não obscurecer meu espírito pelas paixões. Desenvolvimento à parte de cada faculdade, essa é a condição da sabedoria

Marx permanece encerrado nessa dualidade: na "Crítica da filosofia do direito de Hegel – Introdução", situa-se do lado da "cabeça alemã" e da mudança dos homens pelo "relâmpago do pensamento"; em *A sagrada família*, coloca-se do lado do "coração francês" e da mudança das "circunstâncias" em primeiro lugar.

A sagrada família é de fato o momento materialista metafísico do movimento de seu pensamento, o momento em que o essencial é a negação da "*identidade mística* especulativa entre *ser* e *pensamento*" e da "mesma *identidade mística* entre a *práxis* e a *teoria*", negação da tendência de Bauer, que não reconhece "nenhuma *energia natural* distinta da *espontaneidade espiritual*, nenhuma *força humana essencial* distinta do *entendimento* [...] nenhum *coração* distinto da *cabeça*, nenhum *objeto* distinto do *sujeito*, nenhuma *prática* distinta da *teoria*"[133]; negação que se assemelha bastante à crítica que Feuerbach endereça ao "homem místico", "hermafrodita espiritual" (*sic*) que "identifica imediatamente, sem nenhuma distinção, o princípio viril do pensamento e o princípio feminino da contemplação sensível"[134].

Esse momento "materialista francês" – de negação da "identidade mística", de afirmação da primazia do "coração", isto é, do material, do objetivo, do prático, das "circunstâncias" – é uma etapa da evolução teórica de Marx, etapa necessária, que representa a reação radical à etapa neo-hegeliana anterior, mas que permanece parcial, "metafísica", porque é ainda incapaz de restabelecer a unidade não mística entre o "coração" e a "cabeça".

Essa etapa é ultrapassada pela "negação da negação", pelas Teses sobre Feuerbach, nas quais, mediante a crítica de Feuerbach e do materialismo do século XVIII, a unidade entre teoria e prática é reconstituída. Mas, dessa vez, trata-se de uma unidade não especulativa, síntese dialética pela *Aufhebung* dos contrários: é o momento "monista", materialista e dialético, da *prática revolucionária* como "coincidência da mudança dos homens com a mudança das circunstâncias".

---

tanto na vida quanto no pensamento [...]. O deus do cérebro que pensa é, portanto, necessária e inteiramente diverso do deus do coração, cujo único desejo é sua própria satisfação". Em *Ludwig Feuerbach e o fim da filosofia clássica alemã* (1886), Engels confirma o caráter feuerbachiano de *A sagrada família* (em K. Marx e F. Engels, *Études philosophiques*, p. 23): "Foi então que apareceu a Essência do cristianismo de Feuerbach [...]. O entusiasmo foi geral: fomos todos momentaneamente 'feuerbachianos'. Ao ler *A sagrada família*, pode-se ver com que entusiasmo Marx saudou a nova maneira de ver e até que ponto – apesar de todas suas reservas críticas – foi influenciado por ela".

[133] K. Marx, *A sagrada família*, cit., p. 209 e 155; K. Marx e F. Engels, *Werke*, cit., Band 2, p. 204 e 151.

[134] L Feuerbach, *Essence du christianisme*, cit., p. 339.

A dimensão materialista de *A sagrada família* encontra-se também no conceito de "comunismo de massa": *massenhaft* significa, antes de mais nada, *material, concreto, prático* e, como tal, opõe-se ao "espiritual" de Bauer. Mas essa estrutura tem também outra dimensão, não menos importante: é o sentido "*proletário de massa*" do termo, em oposição à teoria de Bauer que designa "alguns indivíduos eleitos" como encarnação do "espírito crítico". Em suma, o "comunismo de massa" aparece como o inverso do "socialismo crítico" de Bauer, quer dizer, como um movimento prático e material das massas proletárias revolucionárias.

O processo histórico concreto durante o qual esse comunismo se realiza é o da autoemancipação do proletariado por meio da tomada de consciência de sua miséria, que o conduz à ação revolucionária. A condição proletária é a perda completa do homem, mas, por meio da consciência dessa perda, o caminho da reapropriação se abre: "A classe do proletariado [...] é, para fazer uso de uma expressão de Hegel, no interior da abjeção, a *revolta* contra essa abjeção", é "a miséria consciente de sua miséria espiritual e física, [...] a desumanização consciente de sua inumanidade – e portanto suprassunsora – de sua própria desumanização"; por tudo isso, "o proletariado *pode e deve libertar-se a si mesmo*"[135].

Esse papel decisivo da tomada de consciência como fundamento da revolta[136], como "mediação" entre a miséria objetiva e a ação, explica a insistência de Marx em frisar a "capacidade espiritual" das massas operárias, mesmo sem intervenção de cima:

> A nova literatura em prosa e verso que surge das classes baixas do povo na Inglaterra e na França [...] demonstraria [à Crítica] que as classes baixas do povo sabem se elevar espiritualmente, sem necessidade de que *baixe* sobre elas o *Espírito Santo* da *Crítica crítica*.

Marx retoma, quase nos mesmos termos, a observação que fez na carta a Feuerbach em agosto de 1844 (e nos *Manuscritos*), observação inspirada por sua

---

[135] K. Marx, *A sagrada família*, cit., p. 44-5; K. Marx, *Werke*, cit., Band 2, p. 37-8; grifo nosso.

[136] É verdade que certas fórmulas, inspiradas pelo materialismo da "onipotência das circunstâncias", sugerem que a revolta é imediatamente provocada pela miséria material, sem a mediação da consciência: "O homem se perdeu a si mesmo no proletariado, mas ao mesmo tempo ganhou com isso não apenas a consciência teórica dessa perda, como também, sob a ação de uma *penúria* absolutamente imperiosa – a expressão prática da necessidade –, que já não pode mais ser evitada nem embelezada, foi obrigado à revolta contra essas desumanidades" (K. Marx, *A sagrada família*, cit., p. 45; K. Marx e F. Engels, *Werke*, cit., Band 2, p. 38). Essa forma "dualista", em que a tomada de consciência e a revolta determinada pela penúria aparecem como dois processos separados, será superada em *A ideologia alemã*.

experiência nas assembleias de operários comunistas em Paris: "Apenas quem teve a oportunidade de conhecer o estudo, o afã de saber, a energia moral, o impulso incansável de desenvolvimento dos operários franceses e ingleses pôde formar para si uma ideia da nobreza *humana* desse movimento"[137]. No entanto, Marx não ignora a existência de níveis diferentes da consciência proletária: na observação seguinte – na qual Lukács se inspirará, colocando-a em destaque em seu capítulo sobre a consciência de classe em *História e consciência de classes* –, ele estabelece uma nítida distinção entre a "consciência de classe" no sentido psicológico e a "consciência da missão histórica" do proletariado:

> Não se trata do que este ou aquele proletário, ou até mesmo do que o proletariado inteiro pode *imaginar* de quando em vez como sua meta. Trata-se *do que* o proletariado *é* e do que ele será obrigado a fazer historicamente de acordo com o seu *ser*. Sua meta e sua ação histórica se acham clara e irrevogavelmente predeterminadas por sua própria situação de vida e por toda a organização da sociedade burguesa atual. E nem sequer é necessário deter-se aqui a expor como grande parte do proletariado inglês e francês já está *consciente* de sua missão histórica e trabalha com constância no sentido de elevar essa consciência à clareza completa.[138]

O materialismo "das circunstâncias" transparece na fórmula "seu objetivo e sua ação histórica lhe são traçados, de maneira tangível e irrevogável"; mas a conclusão do parágrafo sugere que essa ação se realiza não de maneira "automática", mas pela tomada de consciência, por parte do proletariado, de seu papel. Por outro lado, reconhecendo que uma parte do proletariado já atingiu essa consciência, mesmo que não a tenha ainda "desenvolvido até a completa clareza" – o que introduz uma segunda distinção: a consciência "primitiva" e a consciência "clara" da missão histórica –, Marx reafirma a tendência histórica do proletariado ao socialismo: o papel do teórico não é mais lançar o "relâmpago do pensamento" sobre a massa passiva, mas ajudar o proletariado em seu trabalho intelectual, em sua evolução da consciência ainda vaga e informe em direção ao esclarecimento e à coerência total.

Como Marx situa seu "comunismo de massas" perante as outras correntes socialistas e comunistas da época? Em *A sagrada família*, a linha de demarcação não é projetada entre o socialismo utópico e o socialismo científico, mas

---

[137] K. Marx, *A sagrada família*, cit., p. 148 e 96; K. Marx e F. Engels, *Werke*, cit., Band 2, p. 143 e 89.
[138] K. Marx, *A sagrada família*, cit., p. 45; K. Marx e F. Engels, *Werke*, cit., Band 2, p. 38.

entre o comunismo materialista e o "socialismo crítico" – o que é coerente com a orientação de conjunto da obra. Marx apresenta sua concepção do comunismo como a continuação, no nível filosófico, do materialismo do século XVIII. No nível político, é em correntes "sociais" da Revolução Francesa (em particular o babouvismo) que ele vê a primeira manifestação histórica da ideologia comunista:

> O movimento revolucionário iniciado em 1789 no *Cercle Social*, que no centro de sua trajetória tinha a *Leclerc* e *Roux* como seus principais representantes, até que, no fim, sucumbiu por um momento através da conspiração de *Babeuf*, havia trazido à baila a ideia comunista, que *Buonarroti*, o amigo de *Babeuf*, voltou a introduzir na França depois da Revolução de 1830. Essa ideia, consequentemente elaborada e desenvolvida, é a *ideia* da *nova ordem universal das coisas*.[139]

Todavia, mesmo no babouvismo, é sobretudo o lado "materialista" que interessa a Marx: "Os *babouvistas* eram materialistas toscos e incivilizados, mas também o comunismo desenvolvido se origina *diretamente* do *materialismo francês*"[140]. Quais seriam os representantes desse "comunismo desenvolvido"? O fim do mesmo parágrafo o sugere: "Os comunistas franceses, mais científicos, *Dézamy*, *Gay* e outros, desenvolvem, da mesma forma que Owen, a doutrina do *materialismo* na condição de teoria do *humanismo real* e de base *lógica* do *comunismo*"[141]. Essa observação é extremamente significativa: mistura comunistas científicos e utópicos e, a partir de seu único traço comum – o materialismo com "base lógica do comunismo" –, identifica dois universos ideológicos tão radicalmente diversos quanto os de Dézamy e Owen. Aliás, a escolha de Owen tem o mesmo sentido: entre os socialistas utópicos, ele é o partidário mais consequente da teoria do "caráter formado pelas circunstâncias" e funda seu projeto socialista nessa pressuposição. Nos cadernos inéditos de Marx, encontramos o resumo, em alemão, de um parágrafo extraído do *Book of the New Moral World*, de Owen, no qual este define o socialismo como "a supressão das influências perniciosas, que atualmente cercam a humanidade, pela criação de combinações inteiramente novas de circunstâncias externas"[142].

---

[139] K. Marx, *A sagrada família*, cit., p. 132; K. Marx e F. Engels, *Werke*, cit., Band 2, p. 126.
[140] K. Marx, *A sagrada família*, cit., p. 144; K. Marx e F. Engels, *Werke*, cit., Band 2, p. 139.
[141] K. Marx, *A sagrada família*, cit., p. 144.
[142] *Marx, Engels Archief*, Instituto Internacional de História Social, Cote B 34, p. 13.

Teses sobre Feuerbach

Em seu prefácio de 1888 a *Ludwig Feuerbach e o fim da filosofia clássica alemã*, Engels qualifica as Teses de "primeiro documento em que está depositado o germe genial da nova concepção do mundo"[143]. Com efeito, se o Marx de 1842-1844 ainda se move no "campo ideológico" do jovem hegelianismo e, se o Marx de *A sagrada família* adere momentaneamente ao materialismo do século XVIII, as Teses sobre Feuerbach constituem o projeto de uma *nova Weltanschauung*. Nesse sentido, elas são, por assim dizer, o primeiro texto "marxista" de Marx, isto é, o primeiro escrito em que são esboçados os fundamentos de seu pensamento filosófico "definitivo", o pensamento que Gramsci, em seus *Quaderni del carcere*, designa pela expressão feliz de *filosofia da práxis*.

As Teses compreendem pelo menos três níveis, três temas estreitamente imbricados, que se remetem uns aos outros. Poderíamos denominá-los nível "epistemológico", "antropológico" e "político", mas seria falsear o problema, visto que se trata aqui de uma ruptura radical com a epistemologia, a antropologia e a política tradicionais. De um ponto de vista estritamente "lógico", a análise das Teses deveria se fazer do "abstrato" ao "concreto", ou seja, do problema geral das relações entre teoria e prática ao problema histórico da ação revolucionária. Se tomamos o caminho inverso é porque a evolução do próprio Marx se fez no outro sentido: seu ponto de partida foram as análises políticas do artigo do *Vorwärts*, que o levaram, por conseguinte, a revisar suas pressuposições feuerbachianas no nível abstrato.

A partir desses contatos com o movimento operário e a revolta dos tecelões, Marx conclui, no artigo do *Vorwärts*, que o proletariado é o elemento *ativo* da emancipação. De que atividade se trata? Evidentemente, da *atividade revolucionária* dos operários em luta contra o "estado de coisas existente". Ora, essa atividade, "objetiva", essa *prática*, historicamente decisiva, humanamente essencial, está em contradição flagrante com o esquema de Feuerbach, que conhecia apenas duas categorias: a atividade teórica, espiritual, da "cabeça", e a prática egoísta, "passiva", grosseira, "judaica" (para Feuerbach, a religião judaica era a expressão acabada do "egoísmo prático"[144]). Assim, Marx descobre na prática *revolucionária* do proletariado o protótipo da verdadeira atividade humana, que não é nem puramente "teórica" nem egoistamente passiva, mas *objetiva* e *crítico-prática*:

---

[143] K. Marx e F. Engels, *Études philosophiques*, cit., p. 14.
[144] L. Feuerbach, *Essence du christianisme*, cit., p. 145: "Seu princípio [o dos judeus], seu Deus é o princípio mais prático do mundo – o egoísmo [...]".

Feuerbach quer objetos sensíveis [*sinnliche Objekte*], efetivamente diferenciados dos objetos do pensamento: mas ele não apreende a própria atividade humana como atividade objetiva [*gegenständliche Tätigkeit*]. Razão pela qual ele enxerga, n'*A essência do cristianismo*, apenas o comportamento teórico como o autenticamente humano, enquanto a prática é apreendida e fixada apenas em sua forma de manifestação judaica, suja. Ele não entende, por isso, o significado da atividade "revolucionária", "prático-crítica".[145]

Antes de mais nada, essa prática revolucionária tem, para Marx, um significado político-social: reviravolta da estrutura social por meio da ação das massas; mas, se põe o termo entre aspas, é porque lhe dá um sentido mais amplo, que inclui a transformação da natureza pela atividade humana: o trabalho. No entanto, o uso da expressão *revolutionäre Praxis* por Marx é significativo: atesta a origem diretamente "política" da categoria. Engels, ignorando essa origem, ou querendo usar um termo mais explícito – que abrange claramente os dois significados, revolução e trabalho – utiliza a expressão *umwälzende Praxis* ("prática subvertedora"[146]).

Essa atividade é *objetiva* (*gegenständlich*) porque "se objetiva" no mundo real, ao contrário da atividade puramente subjetiva do espírito feuerbachiano. É *revolucionária* porque transforma a natureza e a sociedade e é *crítico-prática* em três sentidos: como prática orientada por uma teoria crítica, como crítica orientada para a prática e como prática que "critica" (nega) o estado de coisas existente.

No entanto, a categoria da prática revolucionária rompe também outro esquema: o dos materialistas franceses que opõem a "onipotência da educação" à passividade dos homens que são "moldados pelas circunstâncias externas":

> A doutrina materialista sobre a modificação das circunstâncias e da educação esquece que as circunstâncias são modificadas pelos homens e que o próprio educador tem de ser educado. Ela tem, por isso, de dividir a sociedade em duas partes – a primeira das quais está colocada acima da sociedade.
> A coincidência entre a altera[ção] das circunstâncias e a atividade ou automodificação humanas só pode ser apreendida e racionalmente entendida como *prática revolucionária*.[147]

---

[145] K. Marx, "Ad Feuerbach (1845)", cit., p. 533 (tese 1); K. Marx e F. Engels, *Werke*, cit., Band 3, p. 51. Trata-se aqui do texto original de Marx, e não da versão ligeiramente modificada apresentada por Engels em 1888.

[146] K. Marx, "Ad Feuerbach (1845)", cit., p. 534 (tese 3); K. Marx e F. Engels, *Werke*, cit., Band 3, p. 6 (Marx) e 534 (Engels).

[147] K. Marx, "Ad Feuerbach (1845), cit., p. 533-4 (tese 3); K. Marx e F. Engels, *Werke*, cit., Band 3, p. 6. Na versão de Engels, Owen é citado como exemplo típico dessa doutrina (ver

A prática revolucionária, que transforma ao mesmo tempo as circunstâncias e o si mesmo – ou sujeito da ação: *Selbstveränderung* –, é no fundo *a superação*, a Aufhebung *da antítese entre o materialismo do século XVIII (mudança das circunstâncias) e o jovem hegelianismo (mudança da consciência)*. Depois de ter sido sucessivamente idealista alemão e materialista francês, Marx formula, na tese 3 sobre Feuerbach, nada menos que o "germe genial de uma nova concepção do mundo", que ultrapassa, negando-as e conservando-as, as etapas anteriores de seu pensamento – e do pensamento filosófico dos séculos XVIII e XIX. A tese 3 também permite superar no nível político o dilema do comunismo dos anos 1840, dividido entre uma corrente "babouvista-materialista", que encarrega um grupo "alçado acima da sociedade", uma elite de "cidadãos sábios e virtuosos", de mudar as circunstâncias – tomando o poder por meio de um "golpe" – e uma corrente "utópico-pacifista", que se propõe mudar "os homens primeiro" e quer convencer príncipes, burgueses e proletários das virtudes da vida comunitária unicamente pela força da propaganda e da persuasão...

Enfim, a categoria da prática revolucionária é o *fundamento teórico* da concepção marxista da autoemancipação do proletariado pela revolução. A coincidência entre a mudança das circunstâncias e dos homens significa que, durante sua luta contra o estado de coisas existente, o proletariado transforma-se, desenvolve sua consciência e torna-se capaz de construir uma nova sociedade; esse processo atinge seu ponto culminante no momento da revolução, durante a qual as grandes massas "mudam" e ao mesmo tempo tomam consciência de seu papel ao mudar as circunstâncias por sua ação. Fundada na tese 3, a ideia-força da autolibertação da classe operária pela revolução comunista, da autoeducação do proletariado por sua própria prática revolucionária, constitui a superação dos diversos "corolários políticos" do materialismo do século XVIII, das múltiplas formas de recursos a uma entidade "acima da sociedade" – esperança dos enciclopedistas no "absolutismo esclarecido", apelo dos socialistas utópicos à realeza, jacobinismo e jacobino-babouvismo etc. Ao mesmo tempo, Marx separa-se de todas as correntes do socialismo "idealista" (como o "socialismo verdadeiro" alemão) ou "pacifistas" antirrevolucionários (como os "icarianos").

K. Marx e F. Engels, "Marx sobre Feuerbach (1845) [Com alterações de Engels, 1888]", em K. Marx e F. Engels, *A ideologia alemã*, cit., p. 537-8; K. Marx e F. Engels, Werke, Band 3, p. 534). Essa escolha é interessante, porque o mesmo Owen é apresentado, em *A sagrada família*, como o verdadeiro comunista "materialista" e "científico", principalmente por causa de sua adesão total à teoria das circunstâncias.

Tudo isso, evidentemente, encontra-se apenas *in nuce* na tese 3. Em *A ideologia alemã*, porém, esses são os temas que devem ser desenvolvidos numa teoria rigorosamente coerente da *revolução comunista de massas*.

As teses 8, 9 e 10 constituem, por assim dizer, o prolongamento "sociológico" da tese 3: o antigo materialismo põe o indivíduo contemplativo (*anschauend*) diante das "circunstâncias sociais", isto é, da "sociedade burguesa" (*bürgerliche Gesellschaft*), como conjunto de leis sociais e econômicas "naturais", independentes da vontade ou da ação dos indivíduos: "O máximo a que chega o materialismo contemplativo, isto é, o materialismo que não concebe o sensível como atividade prática, é a contemplação dos indivíduos singulares e da sociedade burguesa"[148]. Para o novo materialismo, que parte do homem agindo, transformando as "circunstâncias", a sociedade, "toda vida social é essencialmente *prática*"[149]. Ele se situa no ponto de vista da "sociedade humana", isto é, da sociedade como rede "prática", concreta, das relações sociais, como estrutura criada pelos homens no curso de sua atividade histórica, de sua luta contra a natureza etc.: "O ponto de vista do velho materialismo é a sociedade burguesa; o ponto de vista do novo é a sociedade humana, ou a humanidade socializada"[150]. Para a compreensão dessa última tese, é preciso compreender a ambiguidade dos termos "sociedade burguesa" e "sociedade humana": a *bürgerliche Gesellschaft* é ao mesmo tempo a categoria da sociedade *civil*, isto é, um modo "individualista" de encarar as relações sociais, e a sociedade *burguesa*, quer dizer, a sociedade capitalista, em que a burguesia é, ou tende a tornar-se, a classe dominante. Da mesma maneira, "sociedade humana" significa, de um lado, uma concepção "prática" e "sociológica" da vida social (atual) e, de outro, a sociedade socialista do futuro. Os dois sentidos se recobrem, na medida em que a "sociedade civil" é a ideologia da sociedade burguesa e a "sociedade humana", a teoria dos revolucionários que lutam por uma sociedade socialista.

No entanto, os desenvolvimentos mais abstratos e gerais da categoria da prática revolucionária situam-se no nível das relações entre teoria e prática, conhecimento e ação.

A "gnoseologia" de Feuerbach e do antigo materialismo, tal como as Teses a apresentam, toma a realidade social e natural como puro *objeto*, a sensibilidade

---

[148] K. Marx, "Ad Feuerbach (1845)", cit., p. 535 (tese 9); K. Marx e F. Engels, *Werke*, cit., Band 3, p. 7.
[149] K. Marx, "Ad Feuerbach (1845)", cit., p. 534 (tese 8).
[150] Ibidem, p. 535 (tese 10).

do sujeito como *contemplação* passiva e o conhecimento teórico como simples *interpretação* do real. As duas primeiras pressuposições são criticadas por Marx no início da tese 1 e na tese 5:

> O principal defeito de todo o materialismo existente até agora (o de Feuerbach incluído) é que o objeto [*Gegenstand*], a realidade, o sensível, só é apreendido sob a forma do *objeto* [*Objekt*] ou da *contemplação*, mas não como *atividade humana sensível*, como *prática*; não subjetivamente. Daí o lado *ativo*, em oposição ao materialismo, [ter sido] abstratamente desenvolvido pelo idealismo – que, naturalmente, não conhece a atividade real, sensível, como tal. [...]
> Feuerbach, não satisfeito com o *pensamento abstrato*, quer a *contemplação* [*Anschauung*]; mas ele não compreende o sensível [*die Sinnlichkeit*] como atividade *prática*, humano-sensível.[151]

O sentido desses "aforismos" só se torna plenamente compreensível, mais uma vez, se levarmos em consideração o duplo significado do termo *Sinnlichkeit* em Feuerbach e Marx: de um lado, "o sensível", o mundo sensível, o concreto; de outro, "a sensibilidade", a atividade (ou a passividade...) dos sentidos, a "faculdade subjetiva"[152] destes. A maioria dos tradutores se atém à primeira possibilidade ("a materialidade" para Molitor, "a realidade concreta e sensível" para Rubel etc.), o que leva a claros absurdos: o materialismo passado seria acusado por Marx de só compreender o mundo sensível, concreto, como contemplação ou "intuição"? Evidentemente, não é *o mundo sensível*, mas a relação entre os sentidos e este mundo, isto é, a *sensibilidade*, que é pura contemplação nos materialistas "antigos".

Feitas essas precisões, a tese de Marx também deve ser desenvolvida: "a *Sinnlichkeit* é atividade humana sensível, prática", o que significa que:

- o mundo concreto, social e natural, é atividade, prática, ou produto da práxis humana. Essa temática será desenvolvida em *A ideologia alemã*, em que Marx mostra que a sociedade é um conjunto de relações de produção, e que mesmo o meio natural é profundamente transformado pelo trabalho humano;
- a sensibilidade não é contemplação pura, mas atividade humana, porque, de um lado, ela se exerce pelo trabalho e pela prática social, de outro, porque a própria percepção sensível já é *atividade*[153].

---

[151] Ibidem, p. 533 (tese 1) e 534 (tese 5); K. Marx e F. Engels, *Werke*, cit., Band 3, p. 5-6.
[152] Ver L. Althusser, "Note du traducteur", em L. Feuerbach, *Manifestes philosophiques*, cit., p. 6.
[153] A esse propósito, devemos notar que Goldmann aproxima as Teses sobre Feuerbach dos trabalhos de Piaget sobre a "atividade perceptiva" (*Recherches dialectiques*, 3. ed., Paris,

Mas a ruptura decisiva, no nível do "problema do conhecimento", entre Marx e a filosofia do século XVIII (ou toda a "filosofia anterior") é dada na tese 11: "Os filósofos apenas *interpretaram* o mundo de diferentes maneiras; o que importa é transformá-lo"[154]. Para compreender em toda a sua riqueza as implicações dessa frase lapidar, é preciso ir além das interpretações correntes, que de certo modo permanecem na "superfície". O sentido emprestado pelas vulgarizações mais superficiais opõe teoria e prática como alternativas mutuamente exclusivas: "Os filósofos interpretaram o mundo, Marx luta para transformá-lo; o marxismo é uma prática revolucionária oposta à especulação abstrata etc.". Esse gênero de raciocínio – contra o qual Lenin se ergueu com com seu célebre *slogan*: "Não há prática revolucionária sem teoria revolucionária" – é formalmente desmentido não só pela imensa obra teórica de Marx, mas pelas próprias Teses sobre Feuerbach, nas quais ele estabelece claramente que o mundo deve ser "tanto *compreendido em sua contradição* quanto revolucionado na prática", "[a terrena família é a primeira que tem de ser] teórica e praticamente aniquilada"; o mundo deve encontrar sua solução racional "na prática humana e *na compreensão dessa prática*"[155]. O próprio termo "atividade crítico-prática" sugere essa síntese agente entre o pensamento e a práxis, entre o "interpretar" e o "transformar".

É nesse nível que permanece a maioria dos exegetas "não vulgares" da tese 11. Segundo essa versão, mais refinada, a tese opõe à interpretação "pura", sem consequências práticas, a interpretação revolucionária, acompanhada de uma prática correspondente. Essa versão esquece que mesmo a interpretação pretensamente "pura" tem consequências práticas: direta ou indiretamente, consciente ou inconscientemente, contribui para *a conservação do status quo*, justificando-o, atribuindo-lhe um caráter "natural" ou, simplesmente, recusando-se a questioná-lo. Em outros termos, a oposição sugerida pela tese 11 situa-se entre uma interpretação que contribui para a perpetuação do estado de coisas existente e uma interpretação *crítica* ligada a uma prática revolucionária.

Gallimard, 1959, p. 126), ao passo que Naville as compara com os dados da psicologia experimental: não há estímulo sem resposta etc. (*De l'aliénation à la jouissance*, Paris, Marcel Rivière, 1957, p. 188).

[154] K. Marx, "Ad Feuerbach (1845)", cit., p. 535 (tese 11); K. Marx e F. Engels, *Werke*, cit., Band 3, p. 7.

[155] K. Marx, "Ad Feuerbach (1845)", cit., p. 534 (teses 4 e 8); K. Marx e F. Engels, *Werke*, cit., Band 3, p. 6-7; grifo nosso.

No fundo, não se trata nem mesmo de uma interpretação "ligada" ou "acompanhada" por uma prática, mas de uma atividade humana *total*, uma atividade *crítico-prática*, na qual a teoria *já é* prática revolucionária e a prática, *carregada de significado* teórico[156]. Em *A sagrada família*, Marx lutava contra a identidade mística entre teoria e prática: era preciso mostrar, contra "Bruno Bauer e consortes", que existe uma prática diferente da pura especulação filosófica. Nas Teses, o momento "materialista francês", puramente negativo, é superado: Marx restabelece a unidade entre pensamento e ação, unidade dialética, "crítico-prática" revolucionária.

Da insurreição dos tecelões (em junho de 1844) às Teses sobre Feuerbach (por volta de março de 1845) desenrola-se o processo de constituição da *Weltanschauung* marxista, a grande virada ideológica na evolução do jovem Marx. O levante da Silésia – assim como o movimento comunista em Paris – põe concretamente para ele o problema da prática revolucionária das massas proletárias. No artigo do *Vorwärts*, Marx descobre no proletariado o elemento *ativo* da emancipação, mas não tira ainda as consequências filosóficas dessa descoberta. Algumas semanas depois, esboça em *A sagrada família* uma primeira tentativa de solução teórica do problema: acredita poder compreender a atividade revolucionária – que escapa visivelmente ao universo de pensamento jovem-hegeliano – pelas categorias do materialismo francês do século XVIII; mas, muito rapidamente, percebe que a prática revolucionária das *massas* não pode ser inserida no quadro estreito da "teoria das circunstâncias": essa é a ruptura com "o antigo materialismo", que de pronto se estende a todos os níveis. As Teses sobre Feuerbach revelam a "essência prática" da história e da vida social, da "sensibilidade" e da teoria, das relações dos homens com a natureza e entre eles e, por fim, esboçam um conjunto coerente, uma estrutura significativa global: a *filosofia da práxis* – fundamento teórico geral da ideia da autoemancipação revolucionária do proletariado.

A ideologia alemã

Redigida de setembro de 1845 a maio de 1846, *A ideologia alemã* é obra conjunta de Marx e Engels, e é provável que a contribuição do segundo seja mais importante aqui do que em *A sagrada família*. Dada a impossibilidade de dis-

---

[156] Ver L. Goldmann, "L'idéologie allemande et les thèses sur Feuerbach", *L'Homme et la Société*, n. 7, 1968, p. 54.

tinguir os textos de um e outro, consideraremos o conjunto como expressão do pensamento de Marx, o que nos parece mais justificado, visto que quase todos os manuscritos trazem correções ou acréscimos de seu próprio punho e o próprio Engels escreve:

> quando nos reencontramos em Bruxelas, na primavera de 1845, Marx já havia construído completamente sua teoria materialista da história. Essa descoberta, que subverte a ciência histórica e, como se vê, é essencialmente obra de Marx, da qual posso me atribuir apenas uma parte muito frágil, tinha importância direta para o movimento operário.[157]

A ideologia alemã é, de certo modo, o ponto de chegada da evolução que acompanhamos desde 1842 e, em particular, o desfecho da virada inaugurada pelo artigo do *Vorwärts* de agosto de 1844. É por essa razão que a obra apresenta um caráter de *autocrítica*: Marx, por meio da crítica aos "ideólogos alemães", visa também as etapas anteriores de sua própria trajetória filosófica e supera-as definitivamente. É nesse sentido que devemos interpretar a célebre observação do prefácio da *Contribuição para a crítica da economia política* (1859):

> E quando, na primavera de 1845, ele [Engels] também veio domiciliar-se em Bruxelas, resolvemos trabalhar em comum para salientar o contraste de nossa maneira de ver com a ideologia da filosofia alemã, visando, de fato, *acertar as contas com a nossa antiga consciência filosófica*. O propósito se realizou sob a forma de uma crítica da filosofia pós-hegeliana [...]. Abandonamos o manuscrito à crítica roedora dos ratos, tanto mais a gosto quanto já havíamos alcançado *nosso fim principal, que era nos esclarecer.*[158]

Isso é particularmente evidente em relação aos artigos dos *Anais Franco- Alemães*, nos quais, frisam os autores de *A ideologia alemã*, "nós ainda nos servíamos da fraseologia filosófica", e cujas categorias teóricas centrais – espírito, coração – são rejeitadas como noções abstratas. Em compensação, não há nenhuma solução de continuidade teórica entre esse manuscrito e as Teses sobre Feuerbach, das quais ele desenvolve os temas essenciais, por meio da crítica das correntes "materialistas" (Feuerbach) e idealistas (Bauer, Stirner, Grün) do neo-hegelianismo, crítica que desemboca numa estruturação rigorosa e precisa da teoria da revolução comunista.

---

[157] F. Engels, "Quelques mots sur l'histoire de la Ligue de Communistes", cit., p. 78-9.

[158] K. Marx, *Contribuição à crítica da economia política*, cit., apud Ivana Jinkings e Emir Sader (orgs.), *As armas da crítica*, cit., p. 107; grifos nossos.

A crítica de Marx e Engels é dirigida, em primeiro lugar, contra o postulado fundamental do idealismo jovem-hegeliano: "consciência modificada", "nova orientação na interpretação das relações existentes", sem combater de maneira nenhuma o mundo realmente existente. Esse postulado se encontra em Bruno Bauer, em sua "crença no poder dos filósofos e a que ponto ele partilha de sua ilusão de que uma consciência modificada [...] poderia revolucionar todo o mundo até aqui existente", e em "são Max" (Stirner), que pensa destruir verdadeiramente esses poderes "ao expulsar de sua cabeça a falsa opinião que deles tinha"[159]. Ora, para o *comunista*, trata-se, ao contrário, "de revolucionar o mundo, de enfrentar e de transformar praticamente o estado de coisas por ele encontrado"[160]. Esse tema, um dos *leitmotive* de *A ideologia alemã*, já se encontra em *A sagrada família*. Mas aqui ele conduz a uma conclusão política clara, expressa numa fórmula incisiva: "O comunismo não é para nós um *estado de coisas* [Zustand] que deve ser instaurado, um *Ideal* para o qual a realidade deverá se direcionar. Chamamos de comunismo o movimento *real* que supera o estado de coisas atual"[161]. Contra o "socialismo verdadeiro" (que considera o comunismo uma "teoria abstrata", um "princípio"), contra Feuerbach (que "acredita poder transformar numa mera categoria a palavra comunista, que, no mundo real, designa o membro de um determinado partido revolucionário")[162], Marx frisa que o comunismo é "um movimento extremamente prático, que persegue fins práticos com meios práticos"[163]. Para avaliar todo o caminho percorrido desde 1842, devemos comparar esses textos com a célebre observação do artigo sobre o comunismo publicado na *Gazeta Renana* – "não são as *tentativas práticas*, mas as *ideias* comunistas que constituem o verdadeiro perigo" –, com os artigos dos *Anais Franco-Alemães*, que se mostram profundamente impregnados do "comunismo filosófico" do gênero de Moses Hess, e mesmo com os *Manuscritos econômico-filosóficos*, que trata mais da futura sociedade comunista do que do movimento revolucionário operário.

Contudo, Marx não permanece nesse nível, que é o de *A sagrada família*. Como nas Teses sobre Feuerbach, ele critica também o materialismo do século XVIII, em particular a "teoria das circunstâncias", e até carateriza como "reacionária"

---

[159] K. Marx e F. Engels, *A ideologia alemã*, cit., p. 102 e 130.
[160] Ibidem, p. 30.
[161] Ibidem, p. 38.
[162] Ibidem, p. 46.
[163] Ibidem, p. 211; K. Marx e F. Engels, *Werke*, cit., Band 3, p. 196.

a "assim chamada historiografia *objetiva*", que concebe "as condições históricas independentes da atividade" e mostra que, ao contrário, as condições da atividade são produzidas por essa própria atividade[164]. Da mesma maneira, zomba daqueles que separam totalmente a transformação do estado de coisas e os homens, esquecendo que esse estado de coisas foi desde sempre o dos homens e nunca pôde ser mudado sem que os homens mudassem[165]. Essa identidade entre mudança das circunstâncias e mudança de si mesmo realiza-se em todas as esferas da vida humana, a começar pela atividade produtiva, o trabalho. "Os homens, ao desenvolverem sua produção e seu intercâmbio materiais, transformam também, com esta sua realidade, seu pensar e os produtos de seu pensar"[166]. Na história política moderna, essa convergência se objetiva pela revolução comunista, em que a transformação do "estado de coisas" social coincide com a do estado da consciência da massa da humanidade, isto é, do proletariado. Atingimos aqui o própio cerne da teoria marxista da autoemancipação revolucionária do proletariado, que se funda em duas ideias-chave, nas quais uma implica a outra:

- a retomada das alienações só pode se realizar de um modo não alienado; o caráter da nova sociedade é determinado por seu próprio processo de constituição: "A apropriação é, ainda, condicionada pelo modo como tem de ser realizada. Ela só pode ser realizada por meio de uma união que, devido ao caráter do próprio proletariado, pode apenas ser uma união universal, e por meio de uma revolução na qual, por um lado, sejam derrubados o poder do modo de produção e de intercâmbio anterior e o poder da estrutura social e que, por outro, desenvolva o caráter universal e a energia do proletariado necessária para a realização da apropriação; uma revolução na qual, além disso, o proletariado se despoje de tudo o que ainda restava de sua precedente posição social"[167]. A última frase já introduz o segundo tema:
- a revolução é necessária não somente para destruir o antigo regime, as barreiras "externas", mas também para que o proletariado possa superar suas barreiras "internas", transformar sua consciência e tornar-se capaz de criar a sociedade comunista: "tanto para a criação em massa dessa consciência comunista quanto para o êxito da própria causa faz-se necessária uma transformação

---

[164] K. Marx, *A ideologia alemã*, cit., p. 44.
[165] Ibidem, p. 30.
[166] Ibidem, p. 94.
[167] Ibidem, p. 73-4.

massiva dos homens, o que só se pode realizar por um movimento prático, por uma *revolução*; que a revolução, portanto, é necessária não apenas porque a classe dominante não pode ser derrubada de nenhuma outra forma, mas também porque somente com uma revolução a classe que *derruba* detém o poder de desembaraçar-se de toda a antiga imundície e de se tornar capaz de uma nova fundação da sociedade [...]. 'Stirner' acredita, aqui, que os proletários comunistas que revolucionam a sociedade, que colocam as relações de produção e a forma do intercâmbio sobre uma nova base, isto é, sobre si mesmos como os novos, sobre o seu novo modo de vida, continuam a ser 'os velhos'. A propaganda incansável que esses proletários fazem, as discussões que eles travam diariamente entre si comprovam suficientemente quão pouco eles mesmos querem continuar a ser 'os velhos' e quão pouco eles de modo geral querem que os homens continuem a ser 'os velhos'. Eles só continuariam a ser 'os velhos' se, com São Sancho, procurassem 'a culpa em si mesmos'; mas eles sabem muito bem que somente sob circunstâncias transformadas poderão deixar de ser 'os velhos' e, por essa razão, estão decididos a modificar essas circunstâncias na primeira oportunidade. Na atividade revolucionária, o transformar a si mesmo coincide com o transformar as circunstâncias"[168].

É inútil insistir na importância extraordinária da teoria da revolução esboçada por essas observações e em sua oposição radical às concepções jacobinas, messiânicas, utópicas ou reformistas. Apenas frisamos que se trata de um aspecto do pensamento de Marx singularmente desconhecido pela maioria de seus intérpretes[169]. O que é tanto mais grave, visto não se tratar de um acidente na obra de Marx, mas do fruto de uma longa evolução ideológica (que acompanhamos passo a passo). Essa teoria tampouco é um elemento marginal, isolado, introduzido artificialmente nas Teses sobre Feuerbach e em *A ideologia alemã*; ao contrário, está estreitamente imbricado nos temas "filosóficos" centrais dessas obras.

Assim, tendo estabelecido em linhas gerais a natureza da revolução comunista, Marx procura responder à questão fundamental: por que e como o proletariado torna-se revolucionário? Antes de mais nada, ele retoma uma das teses da

---

[168] Ibidem, p. 42 e 209.

[169] Uma exceção é a excelente introdução de Lelio Basso à edição italiana das obras de Rosa Luxemburgo. Ver Rosa Luxemburgo, *Scritti politici* (introduzione) (Roma, Editori Riuniti, 1967), p. 107. Ver também a sugestiva introdução de Maximilien Rubel a K. Marx, *Pages choisies pour une éthique socialiste* (Paris, Marcel Rivière, 1948).

"Crítica da filosofia do direito de Hegel – Introdução", aquela que funda o papel emancipador do proletariado no caráter *radical* e *universal* do sofrimento dessa classe, "que tem de suportar todos os fardos da sociedade sem desfrutar de suas vantagens" e não tem "nenhum interesse particular de classe a impor à classe dominante"[170]. Em *A ideologia alemã*, porém, esse sofrimento perdeu todo o significado passivo: o termo "paixão" (*Leidenschaft*) é usado até mesmo em sentido revolucionário e ativo: "A 'preocupação' floresce, em sua forma mais pura, no bom burguês alemão [...], ao passo que a necessidade do proletário assume uma forma aguda e premente, impele-o à luta de vida ou morte, torna-o revolucionário e, por essa razão, não produz "preocupação", mas paixão"[171].

Entretanto, se é verdade que o caráter revolucionário do proletariado decorre da condição social concreta dessa classe, esse caráter aparece antes como uma tendência, uma potencialidade, que só se torna "ato" por meio da *prática histórica* da própria classe. Marx coloca a tese da "Crítica da filosofia do direito de Hegel – Introdução" nos termos da teoria da práxis, para a qual "o ser dos homens é o seu processo de vida real", o que significa, no nível econômico-social, que aquilo que eles são coincide com sua produção[172] e, no nível do problema da revolução, que o proletariado se torna revolucionário apenas por meio de sua própria prática revolucionária. Esse aparente paradoxo torna-se mais compreensível se o dividirmos em três etapas:

- O proletariado só se torna uma classe no sentido completo do termo por meio de sua luta contra a burguesia: "Os indivíduos singulares formam uma classe somente na medida em que têm de promover uma luta contra uma outra classe"[173].

- No decurso dessa luta, o proletariado é forçado a empregar procedimentos revolucionários, ainda que no início sua ação não ponha em causa o regime: "Ele [Max Stirner] não sabe que mesmo uma minoria de trabalhadores que se une para provocar uma interrupção do trabalho logo se vê obrigada a atuar de modo revolucionário, um fato que ele poderia ter aprendido com a insurreição inglesa de 1842 e, antes dela, já com a insurreição galesa de 1839, ano em que a agitação revolucionária entre os trabalhadores se expres-

---

[170] e F. Engels, *A ideologia alemã*, cit., p. 41 e 64.
[171] Ibidem, p. 214-5; Marx usa até o termo "paixão revolucionária", ver ibidem, p. 438.
[172] Ibidem, p. 94.
[173] Ibidem, p. 63.

sou pela primeira vez de maneira abrangente no 'mês sagrado', proclamado concomitantemente com o armamento geral do povo"[174].

• Mediante essa prática revolucionária, nasce e desenvolve-se, na massa operária, a consciência comunista. Sempre coerente com a teoria da práxis, Marx frisa que a consciência não pode ser "outra coisa diferente da consciência da práxis existente", o que significa, em relação ao proletariado, que "tanto para a criação em massa dessa consciência comunista quanto para o êxito da própria causa faz-se necessária uma transformação massiva dos homens, o que só se pode realizar por um movimento prático, por uma *revolução*"[175]. Portanto, em última análise, nosso "paradoxo" resolve-se na coincidência, por meio da prática revolucionária, da "mudança das circunstâncias" com a "mudança da consciência".

Essas observações já mostram que Marx agora concebe o problema das relações entre o proletariado e as ideias revolucionárias em termos inteiramente diferentes dos termos da "Crítica da filosofia do direito de Hegel – Introdução". Nesse artigo dos *Anais*, ele escreveu que "a revolução se inicia na cabeça do filósofo" – tema característico do "comunismo filosófico" que seria retomado por seu herdeiro teológico, o "socialismo verdadeiro" –, ao passo que, em *A ideologia alemã*, ele insiste no fato de que "o comunismo de modo algum se originou do § 49 da *Filosofia do direito* de Hegel"[176]. Qual é então a origem das ideias comunistas? A resposta de Marx é clara: "A existência de ideias revolucionárias numa determinada época pressupõe desde já a existência de uma classe revolucionária". Na época moderna, essa classe é evidentemente o proletariado:

> classe que tem de suportar todos os fardos da sociedade sem desfrutar de suas vantagens e que, expulsa da sociedade, é forçada à mais decidida oposição a todas as outras classes; uma classe que configura a maioria dos membros da sociedade e *da qual emana a consciência da necessidade de uma revolução radical, a consciência comunista,* que também pode se formar, naturalmente, entre as outras classes, graças à percepção da situação dessa classe.[177]

---

[174] Ibidem, p. 201; K. Marx e F. Engels, *Werke*, cit., Band 3, p. 185-6.
[175] K. Marx e F. Engels, *A ideologia alemã*, cit., p. 35 e 42.
[176] Ibidem, p. 205.
[177] Ibidem, p. 48 e 42; grifo nosso.

É evidente que essa consciência comunista não é fruto de uma reflexão teórica abstrata dos operários, mas do processo concreto e prático da luta de classes: foi a oposição entre a burguesia e o proletariado que engendrou as ideias comunistas e socialistas[178].

Do ponto de vista dessa nova concepção do vínculo histórico entre as teorias comunistas e o proletariado, Marx critica os "socialistas verdadeiros", que "veem a literatura comunista do exterior como expressão e produto de um movimento real, mas como escritos puramente teóricos"; "os sistemas, os críticos e os escritos polêmicos comunistas são abstraídos por eles do movimento real, do qual são pura expressão, e postos numa conexão arbitrária com a filosofia alemã"[179]. Essa crítica é, mais uma vez, uma *autocrítica* do modo como Marx encarava o problema na *Rheinische Zeitung* e nos *Anais Franco-Alemães*, assim como das posições de Moses Hess, Engels e todos os "comunistas filosóficos" dos anos 1842-1844. Parte deles evoluiu na mesma direção que Marx, ao passo que o resto caiu no "socialismo verdadeiro":

> Foi igualmente necessário que uma porção de comunistas alemães, que partiram da filosofia, viessem e ainda venham para o comunismo mediante essa transição, ao passo que outros, que não conseguem deslindar os laços da ideologia, pregarão esse socialismo verdadeiro até seu bem-aventurado fim.[180]

Mas se Marx rejeita radicalmente a ideia de que a revolução se inicia na cabeça do filósofo – ponto de vista que agora caracteriza como o do *idealista*, para o qual "todo e qualquer movimento transformador do mundo existe apenas na cabeça de um eleito"[181] – e se proclama claramente que a consciência comunista *nasce no proletariado* (o que mostra de imediato a oposição entre as teses de Kautsky e as de *A ideologia alemã*), a possibilidade do desenvolvimento das ideias comunistas por membros de outras classes não é de modo algum excluída por ele. Pelo contrário, ele afirma que a consciência comunista "também pode se formar, naturalmente, entre as outras classes, graças à percepção da situação dessa classe [o proletariado]"[182]. Os indivíduos que atingiram essa compreensão podem se

---

[178] "[...] quando a oposição entre burguesia e proletariado havia gerado visões comunistas e socialistas" (ibidem, p. 404).

[179] Ibidem, p. 437-8.

[180] Ibidem, p. 439.

[181] Ibidem, p. 512.

[182] Ibidem, p. 41-2.

tornar os *representantes teóricos* (*theoretischen Vertreter*) *do proletariado* e têm um papel decisivo a desempenhar no reforço e na clarificação da consciência comunista:

> Na realidade, de um lado estão os verdadeiros proprietários privados, de outro os proletários comunistas sem propriedade. Essa oposição torna-se mais acirrada a cada dia e impele para uma crise. Portanto, se os representantes teóricos dos proletários quiserem conseguir alguma coisa com sua atividade literária, deverão insistir sobretudo em que sejam eliminadas todas as fraseologias que enfraqueçam a consciência do acirramento dessa oposição, todas as fraseologias que mascaram essa oposição e até oferecem aos burgueses o ensejo de, por segurança, aproximar-se dos comunistas por força de seus devaneios filantrópicos.[183]

A ideologia alemã é o primeiro texto de Marx em que o termo *partido* comunista é empregado. É verdade que não encontramos nele nenhuma análise precisa dos problemas de organização; no entanto, a palavra está carregada de um sentido concreto que a distingue do "partido" literário ou filosófico dos jovens hegelianos. Num parágrafo do capítulo contra o "socialismo verdadeiro", Marx opõe os partidos comunistas e operários reais aos pseudopartidos dos ideólogos alemães:

> Temos aqui, portanto, de um lado o partido comunista realmente existente na França com sua literatura e, do outro lado, alguns semieruditos alemães, que buscam esclarecer filosoficamente as ideias dessa literatura. Estes últimos são considerados, tanto quanto os primeiros, como um "*partido principal* desta *época*", portanto, como um partido que possui uma relevância infinita não só para seu oposto mais próximo, os comunistas franceses, mas também para os cartistas e comunistas ingleses, os reformadores nacionalistas norte-americanos e, de modo geral, para todos os partidos "desta época". [...] já há um bom tempo se instalou essa mania dos ideólogos alemães de que cada uma de suas frações literárias, especialmente aquela que imagina "ser a que mais avançou", não só se declara "um partido principal", mas até mesmo "*o* partido principal desta época". Desse modo, temos "o partido principal" da Crítica crítica, "o partido principal" do egoísmo em acordo consigo mesmo e, agora, "o partido principal" do socialista verdadeiro.[184]

Essa observação faz uma primeira lista, bastante significativa, dos partidos proletários: nela encontramos grupos ou correntes propriamente comunistas

---

[183] Ibidem, p. 452.
[184] Ibidem, p. 448-9.

(ingleses e franceses) e partidos operários sem ideologia clara (o cartismo e os *National Reformers* [reformadores nacionalistas][185]). Devemos acrescentar a esse grupo, é claro, o partido comunista alemão, ainda em formação: "A partir do surgimento de um partido comunista real na Alemanha, é evidente que os socialistas verdadeiros se restringirão cada vez mais a um público de pequeno-burgueses"[186].

Segundo Marx, o desenvolvimento histórico dos partidos comunistas reais deve eliminar pouco a pouco não só as frações literárias do gênero "socialista verdadeiro", mas também as seitas e os sistemas utópicos, que correspondiam ideologicamente aos primórdios do movimento operário:

> no que diz respeito aos próprios sistemas, quase todos emergiram no começo do movimento comunista e serviram naquela época para a propaganda como romances populares que correspondiam plenamente à consciência ainda não desenvolvida dos proletários que iniciavam seu movimento. [...] Esses sistemas perderam toda relevância durante o desenvolvimento do partido e foram preservados quando muito nominalmente como palavras-chave. Quem é que acredita em Icária na França? Quem na Inglaterra acredita nos diversos planos de Owen [...]?[187]

O contraste com *A sagrada família* é impressionante: aqui, ele não opõe mais o "comunismo materialista" ao "socialismo crítico", Owen a Bauer, mas o partido proletário real, comunista ou operário, às diversas seitas literárias, filosóficas e utópicas – inclusive a de Owen.

---

[185] A National Reform Association foi criada em outubro de 1845 por meio de um congresso industrial que reuniu várias associações operárias e a sociedade secreta Young America. Algumas semanas depois, a seção norte-americana da Liga dos Justos, composta de operários alemães emigrados, criou uma ramificação germanófona denominada Social Reform Association, grupo influenciado pelo "socialismo verdadeiro" de H. Kriege. Ver K. Obermann, "Die amerikanische Arbeiterbewegung vor dem Bürgerkrieg im Kampf für Demokratie und gegen die Herrschaft der Sklavenhalter", *Zeitschrift für Geschichtswissenschaft*, Heft 1, X Jahrgang, 1962.

[186] K. Marx e F. Engels, *A ideologia alemã*, cit., p. 439.

[187] Ibidem, p. 444.

3. A TEORIA DO PARTIDO (1846-1848)

Marx e o Partido comunista (1846-1848)

Por que razão a atividade política de Marx e de Engels no movimento operário só começa – de modo sistemático e organizado – a partir de 1846? Algumas observações de Engels, em seu esboço de história da Liga dos Comunistas, sugerem a resposta:

> Quando nos encontramos em Bruxelas, na primavera de 1845, Marx já havia construído completamente, sobre os princípios acima, sua teoria materialista da história, e começamos a desenvolver em detalhe e nas mais diversas direções nossa nova concepção. [...] Mas nosso propósito não era de modo algum segredar, em grossos volumes, esses novos resultados científicos nas orelhas do mundo douto. [...] Tínhamos a obrigação de dar uma base científica à nossa concepção. No entanto, era igualmente importante conquistar o proletariado europeu para nossa convicção, a começar pelo da Alemanha. Assim que tiramos tudo a limpo, começamos a trabalhar.[1]

De fato, não é por acaso que a atividade orgânica de ambos, enquanto corrente comunista, começa depois da redação das Teses sobre Feuerbach e do essencial de *A ideologia alemã*: é somente a partir desse momento que eles veem "claramente neles mesmos", chegam a uma visão de conjunto coerente, uma teoria revolucionária que era ao mesmo tempo a expressão e a superação das tendências reais do movimento operário europeu.

Por outro lado, a ação de Marx durante o período de 1846 a 1848 é precisamente a atividade crítico-prática preconizada pelas Teses sobre Feuerbach: cada

---

[1] F. Engels, "Quelques mots sur l'histoire de la ligue des communistes", prefácio a K. Marx, *Révélations sur le procès des communistes* (Paris, Costes, 1939), p. 79-80.

decisão prática, bem como toda carta, circular ou discurso, são *teoricamente significativos*. Essa atividade tem uma finalidade definida: formar uma vanguarda comunista, livre do socialismo utópico, "verdadeiro", conspirativo, artesanal ou "sentimental"; constituir em escala internacional, e antes de tudo na Alemanha, um partido comunista revolucionário e "científico", que deveria ser teoricamente coerente, sem ser uma seita apartada das massas proletárias.

A concepção de partido de Marx que se manifesta em sua ação na liderança do Comitê de Correspondência de Bruxelas e da Liga dos Comunistas, assim como de seus principais trabalhos teóricos do período de 1846 a 1848, é uma concepção nova tanto em relação às fases anteriores de sua evolução política – em que o problema organizacional ainda não era colocado – quanto em relação às organizações operárias existentes. Também aqui Marx trabalha no sentido de uma síntese que incorpora, superando-a, a experiência das sociedades secretas francesas e do movimento de massas inglês. Não é por acaso que a Liga dos Comunistas tenha sido o primeiro embrião desse tipo de organização: nascida em Paris, desenvolvida em Londres, constituída de alemães, acumulou a experiência da vanguarda revolucionária dos principais países europeus.

O Comitê de Correspondência Comunista

O Comitê de Correspondência Comunista, fundado em Bruxelas, em fevereiro de 1846, é a *primeira organização política* criada por Marx e Engels. Por que razão escolheram o nome *Kommunistisches Korrespondenzkomitee* para a organização? Segundo Riazanov, em lembrança aos comitês de correspondência jacobinos da Revolução Francesa – meio de ligação entre os clubes jacobinos das diferentes cidades – ou ainda das *Corresponding Societies*, sociedades revolucionárias inglesas do século XVII[2]. Em nosso entender, o caráter de "comitê de correspondência" do primeiro "partido marxista" deve-se a um conjunto de condições objetivas:

• O caráter internacional do projeto: estabelecer contato entre os comunistas europeus.
• A dispersão dos comunistas alemães (intelectuais ou artesãos), objeto imediato do trabalho ideológico e organizacional de Marx e Engels.

---

[2] D. Riazanov, "Introduction historique", cit., p. 35.

- O simples fato de que Bruxelas estava afastada dos grandes centros do movimento operário e comunista. Os objetivos essenciais do comitê eram, de um lado, apressar a formação de um partido comunista organizado na Alemanha e mesmo em escala internacional e, de outro, atrair a vanguarda comunista e operária para as novas concepções de Marx, por meio de um combate teórico intransigente contra o "socialismo verdadeiro", o socialismo utópico etc.

Durante o ano de 1845, Marx estabeleceu contatos internacionais. Em sua viagem à Inglaterra com Engels, em julho de 1845, travou relações com a seção local da Liga dos Justos e com a ala esquerda do cartismo (G. J. Harney) e, a partir de agosto de 1845, começou a se corresponder com Ewerbeck, em Paris. No entanto, foi só com a criação do Comitê de Correspondência, em fevereiro de 1846, que essas ligações se "institucionalizaram".

O motor do comitê era, é claro, o grupo de Bruxelas, diretamente orientado por Marx e Engels e essencialmente composto de refugiados alemães; ali havia sobretudo intelectuais, escritores e jornalistas, como L. Heilberg, F. Wolff, W. Wolff, S. Seiler e G. Weerth, mas também alguns artesãos, como o tipógrafo S. Born, e alguns belgas, como P. Gigot. O cunhado de Marx, E. von Westphalen, e Wilhelm Weitling também participaram do comitê, mas por pouco tempo. Logo após sua criação, o Comitê de Bruxelas entrou num combate intelectual e político impiedoso contra a influência do "socialismo verdadeiro" e a persistência do "comunismo artesanal" no movimento operário alemão. A ruptura com Weitling e a circular contra Kriege são as primeiras etapas dessa luta.

Durante a reunião do Comitê de Bruxelas, em março de 1846, a cisão entre Weitling e os "marxistas" consumou-se. Estavam presentes Marx, Engels, Gigot, Westphalen, Weydemeyer, Seiler, Heilberg, Annenkov e o próprio Weitling, do qual apenas Heilberg e Seiler tomaram a defesa, de certo modo. Os relatos dessa reunião tempestuosa são relativamente contraditórios: o de Weitling, numa carta de 31 de março de 1846 a Hess[3], é particularmente suspeita, mas parte das afirmações que atribui a Marx é bastante verossímil – por exemplo, a crítica do "comunismo artesanal" e do "comunismo filosófico" ou "sentimental", bem como a exigência de uma depuração do partido comunista[4]. Em última análise, é nas recordações de Annenkov, publicadas na Rússia em 1880, que encontramos a descrição mais pormenorizada e provavelmente a mais verídica desse confronto

---

[3] Ibidem, p. 23.
[4] Ibidem, p. 27.

histórico; uma das frases do discurso de Marx contra Weitling, tal como a transmite Annenkov, mostra de pronto o significado teórico e prático da ruptura: "Dirigir-se aos operários na Alemanha sem ter ideias rigorosamente científicas e uma doutrina concreta é jogar, sem fundamento e sem consciência, com a propaganda, supondo, de um lado, um apóstolo entusiasta e, de outro, simples imbecis que o ouvem boquiabertos"[5].

Para compreender o rigor dessas, não podemos esquecer que o Weitling de 1846 não era mais aquele das *Garanties de l'harmonie et de la liberté* (1842). Suas posições teóricas – sob influência de "socialistas verdadeiros" como Kriege e de neocristãos como o "profeta" Albrecht – estavam aquém desse escrito e, mais do que isso, ele praticamente se colocara à margem do movimento comunista alemão depois de sua ruptura com a Liga dos Justos, em Londres.

Os dois relatos que citamos mostram que a ruptura com Weitling se insere no quadro do trabalho ideológico do Comitê de Correspondência Comunista para livrar o comunismo alemão das tendências utópicas, artesanais e neocristãs, assim como dos falsos "profetas" e dos "novos messias" e para dar à luta proletária uma doutrina rigorosa, científica e concreta.

É nesse mesmo quadro que se insere a circular contra Kriege, de maio de 1846. Hermann Kriege era um "socialista verdadeiro" alemão que emigrou para Nova York, onde era redator do periódico *Der Volks-Tribun* (O Tribuno do Povo), órgão da Social Reform Association, ramo alemão da National Reform Association. Criada em outubro de 1845, durante um congresso industrial organizado pela Young America, associação secreta de operários e artesãos, a National Reform Association era a expressão do movimento operário nascente na América do Norte.

O conteúdo da circular de Bruxelas em relação a Kriege, de um lado, e à National Reform Association, de outro, é extremamente significativo: mostra em Marx – que redigiu a circular – uma intransigência radical diante dos pequeno-burgueses alemães que se diziam comunistas e, em compensação, uma grande tolerância e uma profunda confiança no movimento operário autêntico "de massas"[6].

---

[5] Idem.

[6] Marx critica violentamente Kriege por reduzir o comunismo, "movimento revolucionário histórico universal [*weltgeschichtlich*]", a "algumas palavras: amor, ódio, comunismo, egoísmo", ou à "busca do Espírito Santo e da Santa Comunhão", pregando, em nome do comunismo, "as velhas fantasias da religião e da filosofia alemã". Também o critica por batizar de "comunista" o programa de divisão de terras da National Reform Association:

Entre 1846 e 1848, essa atitude se traduz numa enorme consideração pelo cartismo e, por outro lado, numa crítica impiedosa dos ideólogos pequeno-burgueses, dos "socialistas verdadeiros", contra Proudhon. A posição de Marx em relação à Liga dos Justos situa-se a meio caminho entre ambos: na circular, esta é qualificada de "liga essênia secreta", mas a ironia de Marx se volta mais diretamente contra Kriege do que contra a própria liga. Na verdade, segundo o testemunho posterior de Marx e Engels, o trabalho político na direção da liga era um dos principais objetivos do Comitê de Correspondência Comunista[7].

"Qual é o 'desejo' que deve ser satisfeito pelo 1,4 bilhão de acres? Nada menos do que a *transformação de todos os homens em proprietários privados*, um desejo que é tão realizável e comunista quanto o da transformação de todos os homens em imperadores, reis e papas". A atitude de um verdadeiro comunista diante desse movimento teria sido muito diferente: ele mostraria, ao mesmo tempo que reconhecia o caráter provisoriamente não comunista da associação, que ela deveria evoluir cedo ou tarde para o comunismo, em razão de sua natureza proletária: "Se Kriege tivesse compreendido o movimento pela terra livre como uma primeira forma – necessária em certas condições – do movimento proletário, como um movimento que, pela situação vital da classe da qual ele parte, deve necessariamente desenvolver-se em direção ao comunismo, se ele tivesse mostrado que as tendências comunistas na América deviam aparecer primitivamente nessa forma agrária, em aparente contradição com todo o comunismo, não haveria nada a censurar". De fato, essa era a posição do próprio Marx em relação a esse movimento, e ele começa a segunda parte da circular com esta afirmação preliminar: "Reconhecemos inteiramente a justificação histórica do movimento dos *National Reforms* norte-americanos. Sabemos que esse movimento aspira a um resultado que ajudaria momentaneamente o industrialismo da sociedade burguesa moderna, mas enquanto produto de um movimento proletário, enquanto ataque contra a propriedade fundiária em geral e, em particular, nas condições existentes na América, deve progredir, por suas próprias consequências, na direção do comunismo" (K. Marx e F. Engels, *Werke*, Berlim, Dietz, 1961, Band 4, p. 7, 11, 12, 10, 9 e 8).

[7] Em *Herr Vogt* (1860), Marx definiu assim o sentido de suas atividades dos anos 1845-1846: "Publicávamos ao mesmo tempo [em Bruxelas] uma série de panfletos impressos ou litografados. Submetíamos a uma crítica impiedosa a mistura de socialismo ou comunismo anglo-francês com filosofia alemã que então formava a doutrina secreta da liga; estabelecíamos ali que somente o estudo científico da estrutura econômica da sociedade burguesa podia fornecer uma sólida base teórica; e, por fim, expúnhamos, numa forma popular, que não se tratava de pôr em vigor um sistema utópico, mas de intervir, com conhecimento de causa, no processo de transformação histórica que se operava na sociedade". Engels, por sua vez, escreve em "Quelques mots": "Agíamos de viva voz, por cartas, pela imprensa, sobre as opiniões teóricas dos membros mais importantes da liga. Com o mesmo fim, recorríamos igualmente a diversas circulares litografadas que enviávamos a nossos amigos e correspondentes em ocasiões particulares, nas quais tratávamos dos assuntos internos do partido comunista em formação. Nessas circulares, acontecia-nos de pôr a própria liga em causa", e, como exemplo, cita precisamente a circular contra Kriege. Ver K. Marx, "Herr Vogt", em *Oeuvres complètes* (Paris, Costes, 1927), v. 5, t. 1, p. 105; F. Engels, "Quelques mots sur l'histoire de la Ligue des Communistes", cit., p. 81.

Como o centro vital da Liga se deslocara para a Inglaterra desde 1839, foi pelo diálogo entre Londres e Bruxelas que se definiu o essencial das relações entre os "justos" e os marxistas[8].

As reservas de Marx durante esse diálogo não se devem somente à confusão ideológica da liga, à sua complacência com o "comunismo sentimental", ao seu caráter artesanal limitado, mas também à estrutura organizacional estreita e "conspirativa" do *Bund der Gerechten*, que não correspondia em nada a sua concepção de partido comunista. Voltaremos adiante ao problema das condições que Marx e Engels colocaram no plano teórico e organizacional para aderir à Liga dos Justos.

Enquanto o diálogo com Londres prosseguia, o Comitê de Correspondência Comunista tentava atrair as seções parisienses da liga para suas posições, em primeiro lugar por uma correspondência constante com Ewerbeck. Mas, dada a fraqueza teórica deste e suas constantes hesitações políticas[9], o comitê decidiu enviar a Paris, em agosto de 1846, ninguém menos que Friedrich Engels em pessoa. Como os partidários de Weitling haviam sido eliminados da liga pelos cuidados de Ewerbeck, o combate essencial que deveria se travado por Engels dirigia-se contra a influência dos "socialistas verdadeiros" e de Proudhon. As cartas de Engels mostram que o desafio principal do debate era precisamente *o problema da revolução*: "O essencial era demonstrar a necessidade da revolução violenta e mostrar que o socialismo verdadeiro de Grün, que encontrou

---

[8] São estes últimos que abrem as negociações: em maio de 1846, o Comitê de Bruxelas enviou uma carta a Schapper em que pede à Liga dos Justos e à Associação de Educação Operária de Londres (organização "aberta", controlada pela Liga) a constituição de um Comitê de Correspondência Comunista em contato regular com o de Bruxelas. A resposta não demorou: em 6 de junho de 1846, Schapper escreveu a Marx para comunicar a formação de um comitê dirigido por Bauer, Moll e ele mesmo; também manifestava sua aprovação à ruptura com Weitling, porém condenava o "tom brusco" da circular contra Kriege. O Comitê de Bruxelas replicou por sua vez em 22 de junho, exigindo um combate rigoroso contra o "comunismo filosófico e sentimental" e propondo para discussão o projeto de um congresso comunista. A reação de Londres é ambígua: numa carta a Marx, em 17 de julho, Schapper se queixa da "arrogância de doutos" dos bruxelenses, pede novamente que se moderem as críticas contra Kriege, mas aceita a proposta de um congresso e sugere Londres como local de reunião. Essa desconfiança recíproca atinge o auge em novembro de 1846, quando a Liga dos Justos envia uma circular a seus membros, convocando um congresso em Londres para maio de 1847. Essa iniciativa, tomada sem a consulta do grupo de Bruxelas, foi muito mal recebida por Marx e Engels e poderia ter levado à ruptura se Moll não tivesse ido a Bruxelas em janeiro de 1847. Ver K. Marx, *Chronik seines Lebens in Einzeldaten* (Moscou, Marx Engels Verlag, 1934), p. 36-9.

[9] Ver Bert Andréas e Wolfgang Mönke, "Neue Daten zur 'Deutschen Ideologie'", *Archiv für Sozialgeschichte*, Band 8, 1968, p. 74.

novo vigor na panaceia de Proudhon, era antiproletário, pequeno-burguês, artesanal"[10].

A atividade do Comitê de Correspondência de Bruxelas para constituir um verdadeiro partido comunista alemão não se limitava unicamente ao trabalho político na direção da Liga dos Justos e dos exilados alemães, longe disso. Na própria Alemanha, diversos contatos foram estabelecidos com indivíduos e grupos comunistas que organizaram, aqui e ali, comitês de ligação regular com Bruxelas[11].

Esse conjunto fluido e desarticulado já constituía um *partido*? As referências frequentes ao "partido", encontradas na correspondência entre a Alemanha e Bruxelas, parecem sugerir isso. Por exemplo, Weydemeyer, em suas cartas de 1846 a Marx, fala da "gente do nosso partido", dos "interesses do partido", do "dinheiro do partido", dos "objetivos do partido" etc.[12] No entanto, numa carta de agosto de 1846, Bernays, ex-jornalista do *Vorwärts*, amigo e discípulo de Marx, refugiado na França, faz uma pergunta angustiada, que mostra o caráter vago e indeterminado desse "partido": "Mas quem somos? Quem constitui o núcleo do

---

[10] Esse mesmo problema aparece em destaque no "projeto de definição do comunismo" que Engels levou a votação numa reunião da liga, depois de discussões intermináveis com os discípulos "antirrevolucionários" de Grün e Proudhon: "Eu dava a seguinte definição das intenções dos comunistas: 1) fazer prevalecer os interesses dos proletários contra os interesses dos burgueses; 2) atingir esse objetivo pela supressão da propriedade privada e sua substituição pela comunidade dos bens; 3) *para realizar essas intenções, não admitir outro meio que não seja a revolução democrática e violenta*". Após as intervenções de vários operários que, segundo Engels, "falaram muito bem" e demonstraram "ter um rude bom senso", a proposição foi aprovada por uma grande maioria. A seção parisiense da liga estava "convertida ao marxismo" e seria representada pelo próprio Engels no congresso de junho de 1847 (ver K. Marx e F. Engels, *Correspondance K. Marx-F. Engels*, Paris, Costes, 1947, t. 1, p. 68, 69-70; carta de Engels ao Comitê de Bruxelas, de 23 outubro de 1848; grifo nosso).

[11] Em Kiel, Georg Weber, ex-jornalista do *Vorwärts* – no qual escrevia artigos bastante influenciados por Marx –, foi designado como correspondente na Alemanha do Norte. Na Vestefália, Weydemeyer e seus amigos Mayer e Rempel correspondiam-se regularmente com Marx sobre os problemas do "partido". Em Colônia, Bürgers e Daniels mantinham contato com Bruxelas, embora considerassem prematura a criação de um comitê comunista. Na Silésia, por intermédio de Wilhelm Wolff, grupos comunistas enviavam relatórios regulares sobre a situação dos operários, tecelões e camponeses silesianos. Em Wuppertal, Köttgen tenta formar um comitê de correspondência e recebe uma circular de Bruxelas com instruções para realizar a tarefa (ver K. Marx, *Chronik*, cit., p. 31-6). Ver sobre esse período (1846--1848) a excelente obra de Herwig Förder, *Marx und Engels am Vorabend der Revolution* (Berlim, Akademie, 1960).

[12] *Marx-Engels Archief*, Instituto Internacional de História Social, Cote D 5; ver nosso trabalho, p. 128, nota 97.

nosso partido?"[13]. Por fim, a carta de Marx a Annenkov, em dezembro de 1846, indica que, para ele, o "partido" ainda não era algo organizado e preciso, mas simplesmente a expressão do comunismo alemão enquanto corrente política muito heterogênea e contraditória: "E quanto ao nosso próprio partido, não só ele é pobre, como grande parte do partido comunista alemão me censura, porque me oponho a suas utopias e declamações"[14].

Para Marx e para o Comitê de Bruxelas, uma das tarefas essenciais é precisamente ajudar o comunismo alemão a ultrapassar esse estado informe de simples corrente de ideias – como o "partido" do "socialismo verdadeiro" e os outros "partidos" filosóficos – para se tornar uma organização estruturada e ativa. Como conseguir isso?

A circular do Comitê de Correspondência Comunista a G. A. Köttgen, datada de 15 de junho de 1846 e assinada por Marx, Engels, Gigot e F. Wolff – cujo autor, sem dúvida, é o primeiro –, mostra, pela primeira vez, como Marx concebe o processo de constituição de um partido comunista. Antes de mais nada, a circular constata a ausência de um "partido comunista forte e organizado" na Alemanha e, em resposta à sugestão de Köttgen sobre a realização de um congresso, apresenta a seguinte proposta:

> Consideramos que um congresso comunista ainda seria prematuro. Somente quando, em toda a Alemanha, associações comunistas estiverem constituídas e tiverem reunido meios de ação é que os delegados das diversas associações poderão se reunir em congresso, com possibilidade de sucesso. Isso não poderá se realizar antes do próximo ano.[15]

O significado desse projeto é inteiramente claro: Marx compreende o andamento de construção de um partido comunista como um movimento *de baixo para cima, da base ao cume, da periferia ao centro*. É verdade que esse programa de organização se refere apenas à situação na Alemanha, em 1846, e devemos evitar generalizações precipitadas; ainda assim, esse texto é o primeiro em que Marx encara, em termos concretos e precisos, os problemas da organização do partido comunista alemão e as soluções que propõe não estão em contradição

---

[13] Ibidem, Cote D 1. Por sua vez, Weydemeyer queixa-se do caráter "desconexo" (*Zerfahren*) do "partido"; ver carta a Marx, de 29 de julho de 1846, publicada em Bert Andréas e Wolfgang Mönke, "Neue Daten zur 'Deutschen Ideologie'", cit., p. 88.

[14] Em *Mouvement socialiste*, Paris, t. 33, mar./abr. 1913, p. 154.

[15] K. Marx e F. Engels, *Werke*, cit., Band 4, p. 21.

com suas concepções de conjunto sobre a revolução e o comunismo, muito pelo contrário.

Se é verdade que o objetivo principal do Comitê de Correspondência Comunista era a estruturação do comunismo alemão, não é menos exato que desde o início ele se propunha um trabalho em escala internacional: o estabelecimento de uma ligação constante e um intercâmbio de visões entre a vanguarda socialista da França, da Alemanha e da Inglaterra.

Na França, o "interlocutor notável" escolhido foi P.-J. Proudhon, por cuja obra Marx tinha um grande interesse desde 1842. Em 5 de maio de 1846, uma carta assinada por "Charles Marx" – com *post-scriptum* de Gigot e Engels – convidava--o a ser o correspondente francês do comitê. Nessa carta, a tarefa de "pôr em contato os socialistas alemães com os socialistas franceses e ingleses" era apresentada até mesmo como "o objetivo principal de nossa correspondência". Nessa época, Marx acreditava poder atrair Proudhon para suas posições, em particular para sua luta contra o "socialismo verdadeiro"; o *post-scriptum* de Gigot, que o adverte contra as atividades de Grün, é um testemunho dessa ilusão[16].

Ora, a resposta de Proudhon mostra o abismo que separava suas novas concepções das de Marx: ele recusa de início "a ação *revolucionária* como meio de reforma social" – meio do qual confessa ter sido partidário – e propõe-se "queimar a propriedade em fogo brando"... Do mesmo modo, não compreende o sentido da luta de Marx contra o "socialismo verdadeiro", luta que qualifica de "pequenas divisões do socialismo alemão"[17].

Alguns "proudhonianos modernos" se entregam ao jogo fácil das comparações entre os elogios de Marx a Proudhon nos anos 1842-1844 e suas críticas virulentas de 1846-1847[18]. Esquecem que tanto Marx quanto Proudhon evoluíram profundamente de 1842 a 1847... em sentido contrário. O Proudhon do *Deuxième mémoire sur la propriété* (1841) escreveu: "Incito à revolução por todos os meios que estão em meu poder"; aquele da carta de maio de 1846 a Marx rejeita a ação revolucionária como um "apelo à força, ao arbitrário, enfim, uma contradição"[19].

---

[16] D. Riazanov, "Introduction historique", cit., p. 29-30.
[17] Carta de Proudhon a Marx, de 17 de maio de 1846, em D. Riazanov, "Introduction historique", cit., p. 31-4.
[18] P. Haubtmann, *Marx et Proudhon* (Paris, Économie et Humanisme, 1947), p. 86-8.
[19] P.-J. Proudhon, *Deuxième mémoire sur la propriété* (Paris, A. Lacroix, 1873), p. 349. Carta de Proudhon a Marx, de 17 de maio de 1846, em D. Riazanov, "Introduction historique", cit., p. 32.

Se a tentativa de colaboração com Proudhon sofreu uma guinada, em compensação os esforços de Bruxelas para estabelecer uma ligação com a ala esquerda do cartismo foram coroados de sucesso. O primeiro contato direto de Marx com os dirigentes cartistas ocorreu em agosto de 1845, durante uma reunião de democratas e revolucionários de diversos países em Londres. Aprovou-se ali uma proposição de Engels que sugeria a criação de uma associação democrática internacional[20]. Engels conhecia o chefe da ala radical do cartismo, George Julian Harney desde 1843 e, após setembro de 1845, colaborou com o órgão dirigido por ele, *The Northern Star*.

Qual era a situação do cartismo em 1846? Depois de certo declínio entre 1843 e 1845, o movimento parecia ganhar novo fôlego. Dois acontecimentos capitais prometiam um impulso decisivo. De um lado, a revogação das Corn-Laws em junho de 1846 representava o triunfo da burguesia liberal sobre a aristocracia rural e, consequentemente, alçava a primeiro plano o conflito entre o proletariado e a burguesia. De outro lado, a vitória do dirigente cartista O'Connor na votação "de mão erguida", em julho de 1846, aparecia como a primeira vitória popular nessa nova fase da luta de classes na Inglaterra.

Nessas condições, o interesse de Marx pelo cartismo nos anos 1846 e 1847 e seu esforço para estabelecer ligações com a ala revolucionária do movimento são compreensíveis. Aliás, as posições do dirigente mais consequente dessa ala, G. J. Harney, eram muito próximas das de Marx, a ponto de alguns historiadores do cartismo verem em Harney um precursor do marxismo[21].

De 1837 a 1839, a organização que servia de "base" para a esquerda cartista era a London Democratic Association, que recrutava seus membros entre os operários

---

[20] K. Marx e F. Engels, *Werke*, cit., Band 2, p. 672, nota 182.

[21] T. A. Rothstein, *Une époque du mouvement ouvrier anglais: chartisme et trade-unionisme* (Paris, Éditions Sociales Internationales, 1929), p. 49. De fato, profundamente impregnado pela tradição revolucionária francesa, desde 1838 Harney tentava uma síntese operante entre essa tradição e as do movimento operário de massas inglês. Numa carta de 13 de março de 1838, endereçada ao *Northern Star*, Harney lançava algumas ideias que logo se tornaram os princípios diretores do setor mais radical do cartismo: 1) as classes trabalhadoras devem contar apenas e tão somente com elas mesmas; 2) é preciso rejeitar a crença owenista na onipotência da "educação" – ideia central da tendência reformista (Moral Force) do cartismo; 3) a sociedade está dividida em classes opostas por um antagonismo irredutível. Um ano depois, no congresso cartista de 1849, Harney já era o dirigente reconhecido do grupo dos revolucionários, partidários da Physical Force. Ver E. Dolléans, *Le chartisme (1831-1849)* (Paris, Marcel Rivière, 1949), p. 93; ver também W. Kunina, "George Julian Harney", em E. P. Kandel (ed.), *Marx und Engels und die ersten proletarischen Revolutionäre* (Berlim, Dietz, 1965).

mais pobres e, no interior do cartismo, correspondia à Working Man Association de W. Lovett, mais moderada e constituída por artesãos e operários "de elite". Engels, num artigo publicado em 1846 nos *Rheinische Jahrbücher* sobre a "festa das nações", realizada em Londres em setembro de 1845, escreveu que essa "fração mais radical" era composta de "cartistas, proletários, o que é natural, mas que previam claramente o objetivo do movimento cartista e esforçavam-se para apressá-lo" e seus membros eram "não somente republicanos, mas também comunistas". Quanto a Harney, Engels o qualifica de "proletário autêntico" e afirma que ele é "totalmente lúcido acerca do objetivo europeu do movimento e *à la hauteur des principes** [em francês no original], embora não conheça nada da teoria alemã sobre o socialismo verdadeiro"[22].

Mesmo depois de sua adesão à Liga dos Comunistas, Marx permaneceu em contato com os cartistas revolucionários – Harney e Ernest Jones – por intermédio da associação dos Fraternal Democrats, da qual participavam a esquerda do cartismo, a Liga dos Comunistas e vários grupos de exilados europeus em Londres. Assim, durante sua estadia na Inglaterra, de novembro a dezembro de 1847, Marx frequenta aparece não só o congresso da Liga, mas também nas reuniões dos Fraternal Democrats. Em 29 de novembro, faz um discurso durante a comemoração da Revolução Polonesa, organizada pelos Fraternal Democrats, e, nessa ocasião, propõe a realização de um congresso democrático internacional[23].

Para compreender o sentido dessa atividade "democrática", é preciso conhecer o sentido que Marx, Engels e Harney davam ao termo "democracia". Engels, em seu artigo sobre a "festa das nações", escreve que "a democracia é hoje o comunismo [...]. A democracia tornou-se princípio proletário, princípio de massas"[24]. Na

---

* Literalmente: "à altura dos princípios". (N. T.)
[22] K. Marx e F. Engels, *Werke*, cit., Band 2, p. 614-6. A correspondência entre o comitê de Bruxelas e Harney começa em fevereiro de 1846: Harney é um dos primeiros convidados a participar da nova organização. Em sua resposta a Engels, em 30 de março de 1846, põe como condição para sua adesão um acordo entre Bruxelas e a Liga dos Justos de Londres – com a qual acabara de formar (em 15 de março de 1846) a associação dos Fraternal Democrats. Enfim, em 20 de julho, considerando que essa condição fora satisfeita, oferece apoio total à empreitada. Exatamente na mesma época (em 17 de julho), Marx e Engels enviam ao dirigente cartista O'Connor, por intermédio de Harney, uma carta com os cumprimentos dos "comunistas democráticos alemães de Bruxelas" por sua vitória eleitoral – carta em que frisam que, depois da vitória do livre-cambismo, é "a grande batalha entre capital e trabalho, entre *burguesia e proletários* que deve ser decidida" (ver K. Marx e F. Engels, *Werke*, cit., Band 4, p. 24-5; K. Marx, *Chronik*, cit., p. 31 e 35).
[23] K. Marx, *Chronik*, cit., p. 41-2.
[24] K. Marx e F. Engels, *Werke*, cit., Band 2, p. 613.

carta a O'Connor, Marx e Engels afirmam que operários e democratas "são hoje quase idênticos"[25]. Da mesma forma, em seu discurso sobre a Polônia, feito no encontro internacional dos Fraternal Democrats em Londres, Marx fala abertamente como comunista. Nesse discurso, fala em "abolir o regime atual da propriedade", "vitória do proletariado sobre a burguesia"[26] etc. Enfim, a mensagem dos Fraternal Democrats à Associação Democrática de Bruxelas (de dezembro de 1847), redigida provavelmente por Harney, constitui no fundo – sob um tom de "fraternidade democrática" – um apelo à união internacional do proletariado: "Mas é do interesse dos proletários, oprimidos em toda a parte pela mesma espécie de senhores e despojados dos frutos de sua indústria pela mesma espécie de gatunos, é de seu interesse unir-se"[27].

Do ponto de vista organizacional, devemos observar que os Fraternal Democrats, cujo centro vital era a fração comunista do cartismo, sempre hesitaram em formar uma estrutura orgânica, um "partido". Uma declaração de Harney sobre o caráter da associação define essa atitude: "Rejeitamos a ideia de organização de um partido qualquer, ao lado desses já existentes na Inglaterra. Não queremos concorrer com eles, mas unicamente ajudar todos os que se organizaram para a realização da liberdade popular"[28]. Qual é a razão dessas precauções? Um discurso de Jones, publicado no *Northern Star* de 5 de fevereiro de 1848, dá a resposta:

> No momento da criação da União, reinava uma ligeira desconfiança a respeito dos Fraternal Democrats; supunha-se que era uma tentativa de substituir o movimento cartista por outro, de criar um partido dentro do partido. Hoje, sabe-se que todo membro dessa união deve ser, antes de tudo, cartista, e ser cartista é uma condição para ser admitido na união.[29]

Essa situação dos Fraternal Democrats no interior do cartismo é seguramente a base concreta das concepções do *Manifesto Comunista* sobre as relações entre comunistas e partidos operários. Os comunistas não são um partido especial em relação aos outros partidos operários, são a fração mais decidida dos partidos operários de todos os países etc.

---

[25] Ibidem, Band 4, p. 25.
[26] Ibidem, Band 4, p. 416.
[27] Em G. D. H. Cole, *Chartist Portraits* (Londres, Macmillan and Company, 1941), p. 298.
[28] T. A. Rothstein, *Une époque du mouvement ouvrier anglais*, cit., p. 136.
[29] Ibidem, p. 137.

A Liga dos Comunistas

A transferência formal da direção da Liga dos Justos para Londres só ocorreu em 1846, mas desde o fracasso da insurreição parisiense, em 1839, a metrópole inglesa havia se tornado na prática o centro político da organização.

Enriquecidos pela experiência do comunismo francês, os artesãos da liga que emigraram para Londres assimilaram também a experiência do movimento operário inglês, sobretudo após o estabelecimento de contatos regulares com o cartismo, em 1844, por meio da criação da associação dos Democratic Friends of All Nations. Sob influência desses contatos e das condições sociais na Inglaterra, o grupo londrino da liga teve uma evolução profunda e começou a enxergar o comunismo e as lutas do proletariado industrial de modo radicalmente oposto ao de Weitling, por exemplo, cujo universo ideológico estava na escala das pequenas aldeias de artesãos da Suíça[30]. Alguns documentos nos permitem acompanhar essa transformação passo a passo: a circular da associação operária alemã de 21 de agosto de 1844, o protocolo das discussões entre Weitling e a direção londrina da liga (fevereiro de 1845-janeiro de 1846), as circulares do comitê central da liga, de novembro de 1846 e fevereiro de 1847, e, por fim, a *Revue Communiste* [Revista comunista] de setembro de 1847.

A circular da associação operária alemã de Londres, assinada, entre outros, por Schapper e Moll, visava lançar uma subscrição em favor dos operários silesianos. Esse documento mostra que o fracasso de 1839 orientou os artesãos comunistas para o socialismo utópico e "pacifista" de Cabet, Owen etc. De fato, ele tacha a revolta silesiana de "sublevação parcial", no lugar da qual propõe "a organização do trabalho" e um esforço para sair da miséria "não pela violência, mas por nossa própria instrução e por uma boa educação de nossos filhos"[31].

As discussões de 1845-1846 com Weitling mostram a liga às voltas com o tradicional dilema do movimento operário dos anos 1840: mudar os "homens" ou as "circunstâncias", empregar a violência ou a "educação". Duas posições se

---

[30] Ver Nikolaievski e Maenchen-Helfen, *Karl Marx* (Paris, Gallimard, 1937), p. 96; A. W. Fehling, *K. Schapper und die Anfänge der Arbeiterbewegung bis zur Revolution von 1848* (Inaugural Dissertation, Universität Rostock, 1922), p. 64; Max Nettlau, "Londoner deutsche Kommunistiche Diskussionen 1845", em C. Grünberg (ed.), *Archiv für die Geschichte des Sozialismus und der Arbeiterbewegung* (Leipzig, C. L. Hirschfeld, 1921), Band 9, p. 363.

[31] Em Gerhard Winkler (ed.), *Dokumente zur Geschichte des Bundes der Kommunisten* (Berlim, Dietz, 1957), p. 65-6. Sobre a influência de Cabet nas seções parisiense e londrina da liga depois do fracasso de 1839, ver A. W. Fehling, *K. Schapper*, cit., p. 57.

delineiam com muita nitidez: de um lado, a de Schapper, que rejeita as revoluções e só fala da *Aufklärung* e da "propaganda esclarecedora"; de outro, a de Weitling, para quem "pregar a instrução aos famintos é um absurdo", já que, "sem beber e comer, nenhuma instrução é possível". Weitling insiste na necessidade de meios revolucionários, mas também de um "ditador que comande tudo" e cita como exemplo... Napoleão – isso nos permite compreender seu apoio a Napoleão III entre 1853 e 1855. Entretanto, alguns dirigentes da liga – que, aliás, parecem ser os mais representativos – procuram escapar desse falso dilema. Assim, por exemplo, depois de cinco meses de discussão, Bauer sugere que "a instrução [*Aufklärung*] sempre prepara as novas revoluções" e, em resposta a uma observação de Weitling, segundo a qual o comunismo poderia ser instituído por príncipes ou ricos, ele exclama: "Não! Os operários é que a farão"[32].

A circular de novembro de 1846 já denota certo progresso em relação a 1844-1845, na medida em que condena a "mania dos sistemas" (*Systemkrämerei*) em geral e o de Fourier em particular. No entanto, é na circular de fevereiro de 1847 que a influência de Marx se torna visível – o comunismo "sentimental" é vigorosamente condenado como uma "rasa idiotice amorosa" (*seitche Liebesdüselei*), assim como a dos cartistas, apresentados como "um exemplo a ser seguido"[33].

Enfim, a *Revue Communiste* de setembro de 1847 é praticamente um órgão "marxista" – embora Marx não escreva nela. Sob o título, uma nova palavra de ordem substituía a antiga, da Liga dos Justos ("Todos os homens são irmãos"): "Proletários de todos os países, uni-vos!". Por isso, o artigo principal da revista – "A dieta prussiana e o proletariado tanto na Prússia como na Alemanha em geral", cujo autor não conseguimos identificar com certeza (Engels ou W. Wolff?) – afirma claramente que a "nós, proletários, ninguém quer ou pode emancipar, se não o fizermos *nós mesmos*"[34].

No início dessa evolução, Marx e Engels ainda tinham restrições à "liga essênia" e só aceitaram aderir a ela depois que Moll, o emissário enviado a Bruxelas pelos dirigentes dos "justos", assegurou-lhes que "eles estavam convencidos da exatidão absoluta" das concepções de Marx e precisavam da co-

---

[32] M. Nettlau, "Londoner deutsche Kommunistiche Diskussionen 1845", cit., p. 367-8, 373-4 e 379-80.

[33] Gerhard Winkler (ed.), *Dokumente zur Geschichte des Bundes*, cit., p. 78, 80, 88 e 91.

[34] Ibidem, p. 104; ver W. Smirnowa, "Wilhelm Wolff", em E. P. Kandel (ed.), *Marx und Engels*, cit., p. 515.

laboração dos dois amigos para "lutar contra os elementos antiquados e recalcitrantes" da liga[35]. Mesmo depois das conversas com Moll, a hesitação continuou e manifestou-se no longo lapso entre o acordo formal de adesão, firmado com o emissário do Comitê Central em fevereiro de 1847, e a constituição por Marx do Círculo da Liga em Bruxelas, em agosto. Somente após os resultados positivos obtidos por Engels no primeiro congresso da nova Liga dos Comunistas, em junho de 1847, é que a participação deles na organização se efetivou.

De fato, durante esse congresso, os novos estatutos da organização foram elaborados com base num projeto de Engels. Como já frisamos, as divergências organizacionais de Marx e Engels com a Liga dos Justos eram ao menos tão grandes quanto o desacordo teórico. Por isso, segundo Engels, o acordo com Moll só foi possível depois de ele ter reconhecido a necessidade de "subtrair da liga as antigas formas e tradições de conspiração" e "substituir a organização antiquada da liga por uma nova organização, tal como exigiam a época e a finalidade visada"[36]. Anos depois, o próprio Marx afirmou que "a primeira adesão de Engels e minha à sociedade comunista secreta só ocorreu com a condição de que fosse eliminado dos estatutos tudo que favorecesse a superstição autoritária"[37].

Vemos agora a importância que tinha para ambos a mudança dos estatutos da liga e a luz que pode ser lançada por uma análise dos novos estatutos, adotados definitivamente no II Congresso – em presença de Marx – sobre suas concepções organizacionais, sobre o modo como eles viam a estrutura interna de um partido comunista.

Uma comparação entre os estatutos da Liga dos Justos, que datam mais ou menos de 1838, e os da Liga dos Comunistas, de novembro de 1847, mostra diferenças decisivas, cujo conjunto permite reconstituir de modo aproximado o sentido geral dessas concepções.

1. O objetivo da organização não é mais deixado "no vácuo" (os estatutos da Liga dos Justos falavam de "realização dos princípios contidos nos Direitos do Homem e do Cidadão"), mas afirma com clareza e rigor: "O objetivo da liga é

---

[35] Ver F. Engels, "Quelques mots sur l'histoire de la Ligue des Communistes", cit., p. 83; K. Marx, "Herr Vogt", cit., p. 106.
[36] F. Engels, "Quelques mots sur l'histoire de la Ligue des Communistes", cit., p. 84.
[37] K. Marx e F. Engels, *Briefe an A. Bebel, W. Liebknecht, K. Kautsky und andere* (Moscou, Marx-**Engels**-Lenin-Institut, 1933), parte 1, p. 170.

a derrubada da burguesia, o domínio do proletariado, a supressão da antiga sociedade burguesa fundada nas oposições de classes e a criação de uma nova sociedade sem classes e sem propriedade privada" (§ 1). Trata-se, aqui, mais do reflexo das transformações ideológicas da liga do que de uma mudança propriamente organizacional.

2. Ao menos de maneira implícita, a organização tem um caráter internacional: o artigo dos antigos estatutos (§ 1), segundo o qual a liga "é composta de alemães, ou seja, de homens que pertencem aos costumes e à língua alemã", é suprimido.

3. Todos os traços estritamente conspirativos da organização dos justos são eliminados: a importância exagerada do segredo (o § 2 dos antigos estatutos, que definia a liga como "uma associação essencialmente secreta", é suprimido e a propaganda pública por meio de manifestos é cogitada); os rituais místicos para a admissão, típicos das seitas secretas inspiradas no carbonarismo etc.

4. O Comitê Central privou-se de uma série de poderes discricionários – também característicos dos grupos conspirativos dos anos 1830-1840 –, como cooptação de membros, direito de instituir regras, "de acordo com sua consciência", sem consultar as bases, privilégios que lhe eram garantidos nos estatutos da Liga dos Justos (§ 27 e 34).

5. Os antigos estatutos não previam nenhuma instância em que as decisões pudessem ser discutidas democraticamente por representantes das diversas comunas locais. Essas decisões deviam ser tomadas em cada comuna, com base em sugestões do Comitê Central – ou em sugestões dos membros, comunicadas pelo Comitê Central – e a maioria das comunas legislaria pela liga (§ 33 e 34). Introduz-se uma novidade essencial nos estatutos dos comunistas: o poder legislativo da organização compete a um congresso proporcionalmente eleito, que deve se reunir anualmente e diante do qual o Comitê Central é responsável. Esse congresso é também a última instância das sanções disciplinares e, *last but not least*, é ele que deve publicar, após cada seção anual, um manifesto em nome do partido... (§ 21, 32, 36 e 39)[38].

Engels descreve essa transformação estatutária como a passagem de uma organização voltada para as "veleidades conspiratórias que exigem uma ditadura" para uma associação "absolutamente democrática, com dirigentes eleitos

---

[38] Ver Gerhard Winkler (ed.), *Dokumente zur Geschichte des Bundes*, cit., p. 57-63 (estatutos da Liga dos Justos) e p. 106-11 (estatutos da Liga dos Comunistas).

e sempre revogáveis", centrada na propaganda – "ao menos nos tempos ordinários de paz"[39].

Qual era o caráter dessa Liga dos Comunistas, fundada em 1847? Quais são os traços distintivos desse primeiro esboço de "partido marxista" em relação às outras organizações comunistas da época – ou assim consideradas?

Antes de mais nada, a liga tenta – sem conseguir de todo – superar a contradição entre os limites nacionais do comunismo alemão e o caráter internacional da luta proletária. Assim, embora a maioria dos membros da organização fosse composta de alemães, a liga já era uma "associação internacional", não só por conta da dispersão dos emigrados comunistas alemães na Europa, mas sobretudo pela ausência de cláusulas restritivas à nacionalidade nos estatutos e pelo caráter internacionalista do *Manifesto* do partido e de sua principal palavra de ordem: "Proletários de todos os países, uni-vos!".

A Liga dos Comunistas procura também superar outra contradição, típica do movimento operário dos anos 1840: a contradição entre as sociedades revolucionárias conspiradoras e as organizações de "propaganda pacífica". A luta para resolver o dilema ideológico entre babouvismo e cabetismo é conduzida agora no terreno da organização: à nova teoria marxista da revolução deve corresponder, evidentemente, um novo tipo de partido.

A liga desejava superar, enfim, a divisão do socialismo alemão entre os "partidos filosóficos" ("socialismo verdadeiro" etc.) e as seitas artesanais limitadas, reunindo numa única organização a vanguarda comunista da *intelligentsia* e da classe operária. Uma análise da composição socioprofissional da Liga dos Comunistas, de 1847 a 1852, sugere que essa fusão foi levada a cabo (ao menos em parte) – ela nos fornece, ao mesmo tempo, indícios da primeira base social do marxismo.

Entre os 65 membros da liga (1847-1852) – não apresentamos aqui uma amostra, mas *todos* os membros, cuja profissão pudemos determinar[40] –,

---

[39] F. Engels, "Quelques mots sur l'histoire de la Ligue des Communistes", cit., p. 85. Mas Engels engana-se sobre a questão da revogabilidade dos dirigentes, que já era prevista pelos estatutos da Liga dos Justos (§ 36).

[40] Esse quadro foi estabelecido com base nas seguintes obras: K. Marx, *Chronik seines Lebens in Einzeldaten*, cit.; Nikolaievski e Maenchen-Helfen, *Karl und Jenny Marx* (Berlim, Verlag Der Bücherkreis, 1933); K. Obermann, *Die deutschen Arbeiter und die Revolution von 1848* (Berlim, Dietz, 1953); F. Mehring, *Geschichte der deutschen Sozial-Demokratie* (Berlim, Dietz, 1960); K. Marx e F. Engels, *Werke*, cit., Band 4 e 5.

havia *33 intelectuais e profissionais liberais*[41], assim como *32 artesãos e operários*[42]:

Esse quadro sugere várias observações.

1) O primeiro grupo – intelectuais e profissões liberais – é "super-representado", visto que constitui mais da metade do total de membros. É verdade que esse fenômeno se deve em parte ao fato de que os nomes e as atividades de escritores e jornalistas passaram mais facilmente para a posteridade do que aqueles da "base operária" anônima da liga. No entanto, também é verdade que se trata aqui de um traço característico de certos grupos de vanguarda dos inícios do movimento operário.

2) O setor socioprofissional mais numeroso da liga é o dos escritores e publicistas: além dos nove escritores mencionados, vários outros membros da organização exerceram esse tipo de atividade, ao menos temporariamente: F. Anneke, K. Bruhn, H. Becker, C. J. Esser, H. Ewerbeck, A. Gottschalk, K. Schramm, S. Seiler, W. Wolff e outros. A provável origem da radicalização desse grupo tem raízes históricas: a falência da imprensa liberal e neo-hegeliana, graças à capitulação da burguesia em 1842-1843. A evolução política de Marx é típica dessa categoria[43].

---

[41] Dos quais nove eram escritores, jornalistas, poetas e publicistas (H. Bürgers, E. Dronke, F. Engels, F. Freiligrath, L. Heilberg, K. Marx, W. Pieper, F. Wolff e G. Weerth), seis eram médicos (R. Daniels, H. Ewerbeck, K. d'Ester, A. Gottschalk, A. Jacoby e J. Klein), cinco eram militares (F. Anneke, K. Bruhn, A. Hentze, J. Weydemeyer e A. Willich), quatro eram juristas (H. Becker, J. Miquel, S. Seiler e V. Tedesco), dois eram professores (P. Imandt e W. Wolff), um era engenheiro (A. Cluss), um era funcionário público (P. Gigot), um era agrimensor (J. Jansen), um era químico (K. Otto), um era comerciante (W. Reiff) e um era estudante (W. Liebknecht).

[42] Dos quais sete eram alfaiates (G. J. Eccarius, Haude, F. Lessner, J. C. Lüchow, C. F. Mentel, Meyer e P. Nothjung), cinco eram sapateiros (H. Bauer, Hatzel, Mulier, Pierre e Wissig), cinco eram marceneiros, ebanistas etc. (Buhring, Hanse, G. Lochner, K. Schramm e J. Weiler), três eram tipógrafos (S. Born, K. Schapper e K. Wallau), dois eram caixeiros-viajantes (J. L. Erhard e W. Haupt), dois eram pintores (K. Pfänder e A. Steingens), dois eram relojoeiros (H. Jung e J. Moll), um era fabricante de escovas (J. P. Becker), um era barbeiro (Bedorf), um era fabricante de cigarros (P. G. Roser), um era ourives (Bisky), um era passamaneiro (R. Riedel) e um era tanoeiro (C. J. Esser).

[43] Por outro lado, o número relativamente elevado de médicos não é um traço específico da liga: durante toda a revolução de 1848, os jovens médicos formaram os quadros da corrente democrática radical. O principal representante da ciência médica da época, Rudolf Virchow, escreveu: "Quem pode se admirar que a democracia não encontre em nenhuma outra parte mais adeptos do que entre os médicos? Que por toda a extrema esquerda, em parte à frente do movimento, encontrem-se médicos? A medicina é uma ciência social, e a política não é nada além da medicina em tamanho grande". Quais são as razões desse "radicalismo médico"? De um lado, a má situação material da profissão médica na Alemanha no século

3) As categorias profissionais predominantes no grupo operário parecem pertencer ao artesanato tradicional: alfaiates, sapateiros, marceneiros. No entanto, o desenvolvimento das manufaturas na Alemanha já provocava nessa época uma profunda crise no artesanato: mestres e oficiais estavam se transformando muito rapidamente em "artesãos proletários despossuídos" (*besitzlosen Handwerksproletariern*)[44]. Ora, as três categorias citadas eram precisamente as mais atingidas por essa crise: o relatório anual da Câmara de Comércio de Colônia – tomamos essa cidade como exemplo porque era o principal reduto alemão da liga – destaca em 1847 a "nítida queda dos salários", o desemprego e a falência dos mestres (forçados a se tornar assalariados, em particular os marceneiros, os sapateiros e os alfaiates...)[45]. Por que a primeira vanguarda comunista na Alemanha surgiu nesse "artesanato proletarizado", e não entre os proletários das grandes indústrias e manufaturas? Provavelmente porque essa camada social possuía um nível cultural e uma tradição de organização e de luta superiores aos dos operários de fábrica, dos quais grande parte era de origem camponesa, recém-emigrada para a cidade. Além disso, o artesão proletário sofrera um verdadeiro processo de "degradação social": de "aristocracia" operária que era o artesanato tradicional, ele caiu mais baixo até do que os operários da indústria moderna por causa do desemprego e da crise dos ofícios. É evidente que o comunismo dessa camada é mais o de Weitling do que o de Marx, e os grupos que se converteram – mais ou menos – ao marxismo eram os que viviam nas grandes cidades industriais e manufatureiras da Europa (Londres e Paris).

Em suma, a Liga dos Comunistas foi, para Marx, uma primeira tentativa prática de resolver a contradição entre a organização nacional e a internacional do proletariado e superar a divisão do movimento comunista entre conspiração e "propaganda pacífica" por meio da criação de um partido que não fosse nem uma

---

XIX, sua opressão pela burocracia do Estado prussiano; de outro, a clara conexão entre as doenças da massa popular, as epidemias de cólera etc. e as más condições de vida, a miséria operária; não é por acaso que os documentos sobre as condições sanitárias do proletariado, os relatórios oficiais dos médicos, forneçam uma parte muito importante das provas contra o regime capitalista em *A situação da classe trabalhadora na Inglaterra* e mesmo em *O capital*. Ver P. Diepgen, *Geschichte der Medizin* (Berlim, Walter de Gruyter and Company, 1951), v. 2, t. 1, p. 221, 222 e 224; ver também R. H. Shryock, *The Development of Modern Medicine* (Nova York, A. A. Knopf, 1947), p. 221.

[44] A expressão foi empregada em 1848 pelo economista Bruno Hildebrand. Ver K. Obermann, *Die deutschen Arbeiter und die Revolution von 1848*, cit., p. 40.

[45] Ibidem, p. 37.

seita artesanal limitada nem um pseudopartido de filósofos pequeno-burgueses. Essa tentativa teve êxito apenas parcial; no entanto, preparou o caminho para o surgimento, doze anos depois da dissolução da Liga dos Comunistas, da Associação Internacional dos Trabalhadores.

Os comunistas e o movimento proletário (1847-1848)

Se é verdade que a *Miséria da filosofia* e o *Manifesto Comunista* iniciam uma nova fase na obra de Marx – uma fase qualitativamente diferente da que levou a *A ideologia alemã*, visto que os temas econômicos e históricos tomam o lugar da crítica aos filósofos neo-hegelianos –, não é menos verdade que a "teoria do partido comunista", desenvolvida nesses dois escritos, é coerente com as premissas filosófico-políticas esboçadas em 1845-1846. Em outros termos, as concepções de Marx sobre a relação entre os comunistas e o movimento operário e entre o partido comunista e o partido proletário, elaboradas em 1847-1848, somente são inteiramente compreensíveis se estiverem inseridas no todo mais amplo constituído pela teoria da revolução das Teses sobre Feuerbach e de *A ideologia alemã*.

De fato, como a revolução comunista só pode ser obra das próprias massas operárias, a relação entre os comunistas e o proletariado não pode ser aquela que as seitas utópicas ou jacobino-babouvistas praticam.

Por um lado, ao contrário dos "icarianos", o papel dos comunistas não é permanecer à margem do movimento operário, pregando a verdade ao povo pela pura "propaganda pacífica", mas participar de maneira incisiva do processo da luta de classes, ajudando o proletariado a encontrar, no curso de sua própria prática histórica, o caminho da revolução comunista.

Por outro lado, o partido comunista não pode desempenhar o papel do chefe jacobino ou da sociedade conspirativa babouvista. Dito de outro modo, ele não pode se erigir acima das massas e "fazer a revolução" por elas.

Como já frisamos em nossa introdução, o "interesse geral", a totalidade é alienada pelos jacobinos e por Buonarroti na pessoa de um "ditador incorruptível" ou de uma "minoria esclarecida", situados acima das massas, que, quanto a elas, estão condenadas ao interesse privado e ao particularismo. Para Marx, ao contrário, o proletariado tende à totalidade por sua prática da luta de classes, graças ao papel de *mediador* que sua vanguarda comunista desempenha. O partido comunista, tal como definido pelo *Manifesto*, não é a cristalização alienada da totalidade, é a mediação teórica e prática entre essa totalidade (a finalidade última do movimento operário) e cada momento parcial do processo histórico da luta de classes.

Em suma, o partido comunista de Marx não é herdeiro do "salvador supremo" burguês e utopista; ele é a *vanguarda* do proletariado que luta para se emancipar, é o *instrumento* da tomada de consciência e da ação revolucionária das massas. Seu papel não é agir no lugar ou "acima" da classe operária, mas *orientá-la* para o caminho de sua autolibertação, para a revolução comunista "de massas".

Miséria da filosofia[46]

Vimos o interesse que Marx tinha, desde o período do Comitê de Correspondência Comunista (1846), pelos novos partidos operários que se formavam na Inglaterra e nos Estados Unidos. Na *Miséria da filosofia* (1847) encontramos uma primeira análise do processo de organização política do proletariado, inspirada sobretudo no exemplo do movimento operário inglês.

Essa análise começa pelas *coalizões*, "primeiras tentativas dos trabalhadores de se *associar* entre si"[47], que são condenadas não apenas pelos economistas burgueses, mas também pelos "socialistas" — Marx refere-se provavelmente por esse termo tanto aos socialistas utópicos quanto a Proudhon e aos "socialistas verdadeiros" —, que "querem que os operários deixem de lado a sociedade antiga, para poder entrar melhor na sociedade nova que eles lhes prepararam com tanta previdência". E Marx acrescenta: "Apesar de uns e outros, apesar dos manuais e das utopias, as coalizões não pararam de funcionar e crescer com o desenvolvimento e a ampliação da indústria moderna"[48]. Em suma, "quando se trata de dar conta exata das greves, das coalizões e das outras formas com que os proletários efetuam diante de nossos olhos sua organização como classe, uns [os burgueses] são tomados de um temor real, outros [os utópicos] exibem um desdém *transcendental*"[49].

Para Marx, o exemplo significativo desse processo de "organização do proletariado como classe" — expressão que tem o mesmo sentido que a "constituição do

---

[46] Limitamo-nos aqui ao estudo dos dois textos principais desse período: *Miséria da filosofia* e *Manifesto Comunista*. Ocasionalmente, faremos referência a alguns dos artigos escritos por Marx em 1847 para esclarecer os problemas apresentados por essas duas obras centrais.

[47] K. Marx, *Misère de la philosophie* (Paris, Éd. Sociales, 1947), p. 134. [Ed. bras.: *Miséria da filosofia*, São Paulo, Expressão Popular, 2009.]

[48] Ibidem, p. 133.

[49] Ibidem, p. 135.

proletariado como classe" de Flora Tristan, isto é, uma organização centralizada e permanente da classe operária em escala nacional – é o movimento operário inglês.

Na Inglaterra, eles não se ativeram a coalizões parciais, que tinham como objetivo apenas uma greve passageira e desapareceriam com ela. Formaram coalizões permanentes, *trade unions*, que servem de proteção aos operários em suas lutas contra os empresários. E, atualmente, todas essas *trade unions* locais encontram um ponto de união na National Association of United Trades, cujo comitê central fica em Londres e já conta com 80 mil membros. O desenvolvimento dessas greves, coalizões e *trade unions* deu-se simultaneamente às lutas políticas dos operários, que agora constituem um grande partido político com o nome de *cartistas*.[50]

Eis a conclusão geral que Marx extrai dessa experiência histórica: *não há necessariamente solução de continuidade* entre a resistência local contra o capitalista e a luta política, entre a coalizão e o partido operário. O processo da luta de classe eleva constantemente as formas de organização a níveis mais altos, a conjuntos mais amplos[51].

Em outros termos, "a dominação do capital criou nessa massa [de trabalhadores] uma situação comum, interesses comuns. Assim, essa massa já é uma classe perante o capital, mas não ainda por si mesma. Na luta, da qual assinalamos apenas algumas fases, essa massa se reúne, constitui-se como classe para si mesma"[52]. A expressão "na luta" é a chave dessa frase célebre, que nos leva aos temas de *A ideologia alemã*: é por sua própria prática, no decorrer de sua luta histórica contra a burguesia, que o proletariado se torna consciente e organizado, que de massa unida por uma situação comum ele se torna *classe para si*.

O grande erro dos utopistas – e sobretudo de seus discípulos em 1847 – foi a ignorância ou o "desdém transcendental" dessa práxis autônoma do proletariado. Esses socialistas utópicos, que "para obviar às necessidades das classes oprimidas improvisam sistemas e depois perseguem uma ciência regeneradora", "veem na

---

[50] Ibidem, p. 134.

[51] "Se o objetivo primeiro da resistência foi apenas a preservação dos salários, à medida que os capitalistas se reúnem, por sua vez, num pensamento de repressão, as coalizões, antes isoladas, formam-se em grupos e, perante o capital sempre reunido, a preservação da associação torna-se mais necessária para eles do que a do salário [...]. Nessa luta – verdadeira guerra civil – reúnem-se e desenvolvem-se todos os elementos necessários para uma batalha futura. Uma vez chegada a esse ponto, a associação adquire um caráter político" (ibidem, p. 134).

[52] Idem.

miséria apenas a miséria, sem ver nela o lado revolucionário, subversivo, que derrubará a sociedade antiga"[53]. Esse erro é compreensível numa época em que "a própria luta do proletariado contra a burguesia não tem ainda um caráter político". Mas "à medida que a história caminha e, com ela, a luta do proletariado desenha-se mais nitidamente, eles não precisam mais buscar ciência em seu espírito, apenas devem dar-se conta daquilo que acontece diante de seus olhos e tornar-se o órgão disso". Assim, constitui-se uma nova ciência que, "produzida pelo movimento histórico e a ele associando-se com pleno conhecimento de causa, deixou de ser doutrinária, ela tornou-se revolucionária"[54].

Esses textos mostram que, para Marx, o papel do teórico comunista é tornar-se "o órgão daquilo que acontece". Num artigo contra Karl Heinzen na *Deutsche Brüsseler Zeitung* de 28 de outubro de 1847, Marx retoma essa ideia numa fórmula lapidar: "O escritor pode servir de órgão a um movimento histórico, mas é evidente que não poderia criá-lo"[55]. Por essa razão, a *ciência revolucionária* desse teórico difere radicalmente da ciência doutrinária dos utopistas – elaborada à margem do movimento operário – e da "filosofia revolucionária" preconizada pela "Introdução à crítica da filosofia do Estado de Hegel". Ela é uma *atividade crítico-prática*, no sentido das Teses sobre Feuerbach. Produzida com base numa prática histórica, ela se torna a expressão crítica, coerente e consequente dessa prática e associa-se a ela de modo consciente, enquanto instrumento e guia da ação revolucionária.

Manifesto do Partido Comunista

Os dois temas de *Miséria da filosofia* que analisamos – constituição do partido operário e papel dos escritores comunistas – são retomados e desenvolvidos no *Manifesto*.

O célebre esboço histórico do processo que leva do luddismo à organização política[56] – inspirado sobretudo na experiência do movimento inglês (e talvez em

---

[53] Ibidem, p. 100.
[54] Idem.
[55] K. Marx, "La critique moralisante ou la morale critique", em *Oeuvres philsophiques*, cit., v. 3, p. 162; ver K. Marx e F. Engels, *Werke*, cit., Band 4, p. 357.
[56] "No começo, empenham-se na luta operários isolados, mais tarde, operários de uma mesma fábrica, finalmente operários de um mesmo ramo de indústria, de uma mesma localidade, contra o burguês que os explora diretamente. Dirigem os seus ataques não só contra as

Flora Tristan) – mostra a importância decisiva que Marx atribuía ao processo de *auto-organização* do proletariado e ao papel da luta de classes na constituição do partido político operário – processo e papel ignorados ou menosprezados pelas seitas utopistas e conspiratórias.

A nova teoria comunista, que parte dessa práxis proletária real, é qualitativamente diferente das doutrinas dogmáticas do socialismo "crítico-utópico":

> As proposições teóricas dos comunistas não se baseiam, de modo algum, em ideias ou princípios inventados ou descobertos por este ou aquele reformador do mundo.
> São apenas a expressão geral das condições efetivas de uma luta de classes que existe, de um movimento histórico que se desenvolve diante dos olhos.[57]

Quanto aos escritores comunistas de origem burguesa, Marx coloca o problema não em termos de uma *aliança entre dois grupos* – os que pensam e os que sofrem – como fazia em 1843, mas em termos de *alguns indivíduos que se unem à classe revolucionária*:

> Finalmente, nos períodos em que a luta de classes se aproxima da hora decisiva [...] uma pequena fração da classe dominante se desliga desta, ligando-se à classe revolucionária, à classe que traz nas mãos o futuro. Do mesmo modo que outrora uma parte da nobreza passou para a burguesia, em nossos dias uma parte da burguesia passa para o proletariado, especialmente a parte dos ideólogos burgueses que chegaram à compreensão teórica do movimento histórico em seu conjunto.[58]

---

relações burguesas de produção, mas também contra os instrumentos de produção; destroem as mercadorias estrangeiras que lhes fazem concorrência, quebram as máquinas, queimam as fábricas e esforçam-se para reconquistar a posição perdida do trabalhador da Idade Média. [...] Mas, com o desenvolvimento da indústria, o proletariado não apenas se multiplica; comprime-se em massas cada vez maiores, sua força cresce e ele adquire maior consciência dela. [...] os choques individuais entre o operário singular e o burguês singular tomam cada vez mais o caráter de confrontos entre duas classes. Os operários começam a formar coalisões contra os burgueses e atuam em comum na defesa de seus salários; chegam a fundar associações permanentes a fim de se precaverem de insurreições eventuais. Aqui e ali a luta irrompe em motim. De tempos em tempos os operários triunfam, mas é um triunfo efêmero. O verdadeiro resultado de suas lutas não é o êxito imediato, mas a união cada vez mais ampla dos trabalhadores. Esta união é facilitada pelo crescimento dos meios de comunicação criados pela grande indústria e que permitem o contato entre operários de diferentes localidades. Basta, porém, este contato para concentrar as numerosas lutas locais, que têm o mesmo caráter em toda parte, em uma luta nacional, uma luta de classes. Mas toda luta de classes é uma luta política. E a união que os burgueses da Idade Média, com seus caminhos vicinais, levaram séculos a realizar os proletários modernos realizam em poucos anos por meio das ferrovias" (K. Marx e F. Engels, *Manifesto Comunista*, cit., p. 47-8).

[57] Ibidem, p. 51-2.
[58] Ibidem, p. 49.

Mas o *Manifesto Comunista* não se limita a desenvolver os temas da *Miséria da filosofia*; ele introduz precisões fundamentais sobre um problema novo: o *partido comunista* e suas relações com o movimento proletário[59].

O ponto de partida do conceito marxista de partido comunista é a crítica radical dos socialistas utópicos, de sua atitude diante do movimento operário autônomo e das organizações políticas do proletariado.

1. Os inventores dos sistemas crítico-utópicos, bem como seus discípulos, "não percebem no proletariado *nenhuma iniciativa histórica*, nenhum movimento político que lhe seja próprio"; "a classe operária só existe para eles sob esse aspecto, o de classe mais sofredora"[60] – como para Marx em 1842-1843...

2. Eles substituem "a organização gradual e espontânea do proletariado em classe por uma organização da sociedade pré-fabricada por eles"[61].

3. Eles "não cessam de apelar indistintamente à sociedade inteira, *e de preferência à classe dominante*"[62].

4. "Rejeitam, portanto, toda ação política *e, sobretudo, toda ação revolucionária*; procuram atingir seu objetivo por meios pacíficos e tentam abrir um caminho ao novo evangelho social pela força do exemplo, com experiências em pequena escala e que naturalmente sempre fracassam"[63].

---

[59] Deixaremos de lado o problema das relações entre o partido comunista e os partidos burgueses; esse tema é o da "revolução permanente" na Alemanha, que merece um estudo à parte. Observemos somente que, embora o *Manifesto Comunista* não tenha as mesmas posições táticas que a "Introdução à crítica da filosofia do Estado de Hegel" (1844) sobre a revolução alemã – visto que propõe que os comunistas "lutem junto com a burguesia todas as vezes que esta agir revolucionariamente" (*Manifesto Comunista*, cit., p. 69), mantém a mesma concepção estratégica, isto é, continua a acreditar na possibilidade de "pular", num país atrasado como a Alemanha, a etapa histórica burguesa por que a França e a Inglaterra passaram. Como em 1844, Marx destaca no *Manifesto Comunista* o atraso histórico da burguesia alemã e daí conclui não a impossibilidade de revolução burguesa na Alemanha (como na "Introdução à crítica da filosofia do Estado de Hegel', de 1844), mas o caráter efêmero de tal revolução, simples "prelúdio imediato de uma revolução proletária": "É sobretudo para a Alemanha que se volta a atenção dos comunistas, porque a Alemanha se encontra às vésperas de uma revolução burguesa e porque realizará essa revolução nas condições mais avançadas da civilização europeia e com um proletariado infinitamente mais desenvolvido que o da Inglaterra no século XVII e o da França no século XVIII; e porque a revolução burguesa alemã só poderá ser, portanto, o prelúdio imediato de uma revolução proletária" (*Manifesto Comunista*, cit., p. 69).

[60] Ibidem, p. 66; grifo nosso.

[61] Idem.

[62] Idem; grifo nosso.

[63] Ibidem, p. 67; grifo nosso.

5. Consequência organizacional dessa tendência sectária: os utopistas "se opõem com exasperação a qualquer ação política da classe operária, porque, em sua opinião, tal ação só poderia decorrer de uma descrença cega no novo evangelho"; assim, por exemplo, os owenistas na Inglaterra rejeitam o cartismo[64].

Por trás dessa crítica, vemos delinear-se nas entrelinhas a concepção de Marx, que é precisamente o oposto do sectarismo utópico. Para ele, a ação do partido comunista deve se fundar justamente na *Selbsttätigkeit* histórica do proletariado, em sua organização progressiva como classe; deve se integrar no movimento político operário para orientá-lo rumo à ação revolucionária.

É com base nessas premissas que devemos interpretar as duas frases enigmáticas do *Manifesto* que definem a relação organizacional entre os comunistas e o partido operário:

> Os comunistas não formam um partido à parte, oposto aos outros partidos operários.[65] Na prática, os comunistas constituem a fração mais resoluta dos partidos operários de cada país, a fração que impulsiona as demais; teoricamente têm sobre o resto do proletariado a vantagem de uma compreensão nítida das condições, do curso e dos fins gerais do movimento proletário.[66]

Isso significa que os comunistas não constituem um partido? É claro que não, uma vez que:

- O texto intitula-se: *Manifesto do Partido Comunista* e, na introdução, fala-se em opor "um manifesto do próprio *partido* à lenda do espectro do comunismo"[67].
- No mesmo capítulo, encontramos esta expressão: "Os comunistas se distinguem dos outros partidos operários somente em dois pontos"[68]; o partido comunista, portanto, é um *partido operário* entre *outros* partidos operários.
- A Liga dos Comunistas, da qual Marx era membro e para a qual o *Manifesto* foi escrito, constituía efetivamente um *partido* comunista.

Como resolver essa contradição? Rubel, que é um dos raros autores a examinar abertamente o problema, propõe a seguinte hipótese: os comunistas não são um

---

[64] Ibidem, p. 68.
[65] Ibidem, p. 51.
[66] Idem.
[67] Ibidem, p. 39; grifo nosso.
[68] Ibidem, p. 51. Ver também p. 82: "O objetivo imediato dos comunistas é o mesmo que o de todos os demais partidos proletários".

partido operário, mas uma *elite intelectual*. "Os comunistas, segundo Marx, são uma espécie de elite intelectual: 'No plano da teoria, eles têm sobre o resto da massa proletária a vantagem de compreender as condições, a marcha e os resultados gerais do movimento proletário' (*Manifesto Comunista*)"[69].

Ora, essa concepção contradiz não só as Teses sobre Feuerbach e "a filosofia da práxis" – e não é por acaso que Rubel cita em apoio a sua hipótese uma frase de Marx na "Introdução à crítica da filosofia do Estado de Hegel" (1844): "A teoria se modifica como força material quando se apodera das massas"[70] –, como também o próprio texto do *Manifesto*. Na verdade, Rubel cita apenas a segunda metade de um parágrafo do *Manifesto*, "deixando de lado" a primeira parte: "Na prática, os comunistas constituem a fração mais resoluta dos partidos operários de cada país, a fração que impulsiona as demais"[71]. A leitura do parágrafo inteiro mostra claramente que, para Marx, os comunistas são uma vanguarda *teórica e prática*, duas coisas, aliás, inseparáveis de seu ponto de vista.

Em nosso entender, a solução do problema só pode resultar de uma análise concreta da relação entre os comunistas próximos a Marx e o movimento operário em 1847-1848. O "partido comunista" de que fala o *Manifesto* é um partido internacional, cujos embriões eram a Liga dos Comunistas e os Fraternal Democrats. Ou seja, de um lado, uma organização composta, sobretudo, de alemães, porém dispersa por toda a Europa; de outro, uma organização concentrada em Londres, mas composta de representantes exilados de grupos operários e comunistas de vários países do continente. Como não existia partido operário na Alemanha, o problema se coloca sobretudo na Inglaterra, da seguinte forma prática: quais devem ser os laços entre os Fraternal Democrats, organização comunista cuja seção londrina fazia parte da Liga Comunista, e o grande partido proletário cartista? Sabemos que em 13 de dezembro de 1847 – isto é, precisamente no momento em que Marx se encontrava em Londres – os Fraternal Democrats haviam decidido, depois de quase dois anos de hesitação, organizar-se formalmente, adotando estatutos e elegendo um secretariado formado por Harney (Inglaterra), Schapper (Alemanha), Jean Michelot (França), Peter Holm (Escandinávia), Nemetz (Hun-

---

[69] M. Rubel, "Remarques sur le concept de parti prolétarien chez Marx", *Revue Française de Sociologie*, ano 2, n. 3, jul.-set. 1961, p. 176.
[70] Ibidem, p. 169.
[71] K. Marx e F. Engels, *Manifesto Comunista*, cit., p. 51.

gria), A. Schabelitz (Suíça) e Oborski (Polônia)[72]. A partir desse momento, os Fratenal Democrats se tornaram na prática um "partido dentro do partido" cartista.

Chegamos à mesma conclusão a partir da análise das declarações de Harney e Jones, que já mencionamos. Ao escrever sobre os Fraternal Democrats, Harney afirmou: "Rejeitamos a ideia de organização de um partido qualquer, *ao lado* desses já existentes na Inglaterra". Jones, o outro dirigente "marxista" do cartismo, escreveu em fevereiro de 1848: "Supunha-se que era [a União dos Fraternal Democrats] uma tentativa de *substituir o movimento cartista por outro, de criar um partido dentro do partido*"[73]. É evidente que "substituir o movimento cartista por outro" e "criar um partido dentro do partido" são duas políticas não só diferentes, mas radicalmente opostas. Aliás, a descrição que Jones faz (no mesmo texto) da união dos Fraternal Democrats é claramente a de um "partido dentro do partido" cartista: "Hoje, sabe-se que todo membro dessa união deve ser, antes de tudo, cartista, e ser cartista é uma condição para ser admitido na união"[74].

Retomemos agora as frases do *Manifesto*: "os comunistas não formam um partido à parte, oposto aos outros partidos operários"; "na prática, os comunistas constituem a fração mais resoluta dos partidos operários" etc. Vemos agora que essas frases resumem a tática organizacional que Marx elaborou de comum acordo com a seção londrina da Liga dos Comunistas e com a ala "marxista" do cartismo: o partido comunista não deve se organizar *ao lado* ou *no lugar*, mas dentro do partido proletário, como "fração" mais decidida e mais consciente. Em outras palavras, os comunistas devem constituir um partido dentro do partido operário, o que nos permite compreender porque o *Manifesto* fala de *partido comunista*, ao passo que nega ser um "partido distinto em oposição a outros partidos operários"...

Essa era a situação não só dos Fraternal Democrats no cartismo, mas também a dos comunistas alemães emigrados para a América na National Reform Association – a segunda organização considerada um "partido proletário" no *Manifesto*.

---

[72] T. A. Rothstein, *Une époque du mouvement ouvrier anglais*, cit., p. 138. Muito provavelmente Marx assistiu a essa reunião. Em *Chronik* (cit., p. 42), ele dá como "por volta de 13 de dezembro" a data de sua partida de Londres. Seria no mínimo estranho que ele tivesse partido no mesmo dia de uma reunião tão importante. Ao contrário, poderíamos avançar a hipótese de uma ligação entre sua presença em Londres e a decisão de organizar formalmente os Fraternal Democrats.

[73] Ibidem, p. 136, 137; grifo nosso.

[74] Ibidem, p. 137.

De fato, ao constituir uma Social Reform Association filiada à National Reform Association, os comunistas alemães de Nova York formaram precisamente um "partido dentro do partido"[75].

Ao propor a organização da vanguarda no interior do movimento de massas, a constituição do partido comunista no interior do partido operário, Marx queria evitar tanto os perigos do sectarismo utópico, isolado e à margem das lutas operárias, quanto os da dissolução pura e simples dos comunistas na massa proletária.

Na análise dessas fórmulas do *Manifesto*, convém distinguir, portanto, a ideia essencial – a organização da vanguarda comunista a fim de escapar tanto do sectarismo estéril quanto do "reboquismo" oportunista, da forma conjuntural e adaptada às condições históricas do momento que ela assumiu em 1848: estruturação do partido comunista como fração dentro do partido proletário de massas.

No século XX, durante os anos que precederam e seguiram a formação da Terceira Internacional, houve uma situação semelhante em alguns países: na Alemanha, de 1917 a 1919, a Liga Spartacus (comunista) permaneceu no interior do partido social-democrata independente ("centrista"); na Inglaterra, por volta de 1919-1920, Lenin propôs a adesão do partido comunista ao Labor Party.

Resta determinar o que aproxima e o que distingue, segundo Marx, em 1848, o partido comunista do partido operário.

O *Manifesto* define da seguinte maneira o terreno comum aos dois partidos: "O objetivo imediato dos comunistas é o mesmo que o de todos os demais partidos proletários: constituição do proletariado em classe, derrubada da supremacia burguesa, conquista do poder político pelo proletariado"[76]. Os dois únicos partidos considerados "operários" no *Manifesto* são os cartistas e os National Reformers[77]. Em seu artigo de outubro de 1847 contra Heizen, Marx apresenta esses partidos nos seguintes termos:

> Do mesmo modo que na Inglaterra, os operários constituem um partido político com o nome de cartistas, os operários na América do Norte constituem um partido político

---

[75] Ver K. Obermann, "Die amerikanische Arbeiterbewegung vor dem Bürgerkrieg im Kampf für Demokratie und gegen die Herrschaft der Sklavenhalter", *Zeitschrift für Geschichtswissenschaft*, Heft 1, X Jahrgang, 1962, p. 113.

[76] K. Marx e F. Engels, *Manifesto Comunista*, cit., p. 51.

[77] "O que já dissemos no capítulo II basta para determinar a relação dos comunistas com os partidos operários já constituídos e, por conseguinte, sua relação com os cartistas na Inglaterra e os reformadores agrários na América do Norte" (ibidem, p. 68).

com o nome de National Reformer, e o seu brado de guerra não é de modo algum "monarquia ou república", mas "dominação da classe operária".[78]

O julgamento de Marx não era falso: tanto os cartistas quanto os National Reformers lutavam abertamente para conquistar o poder político para o proletariado – já vimos isso em relação aos cartistas. Quanto à National Reform Association, seu congresso de fundação (em outubro de 1845) propunha-se "dirigir a organização das massas, para que os operários possam enfim opor-se ao capital e fazer eles mesmos as leis"[79].

Contudo, Marx tinha plena consciência das limitações ideológicas desses dois movimentos, limitações cujo sintoma mais flagrante era o "programa agrário", que cogitava o retorno dos operários à terra por meio da compra de pequenas propriedades[80]. Além do mais, apenas a ala esquerda desses partidos compreendia a importância da união internacional do proletariado. Consequentemente, a diferenciação da vanguarda comunista no interior do partido operário era tão necessária quanto sua participação na organização política do proletariado.

O que distingue o partido comunista dos partidos operários? Marx responde a essa pergunta numa passagem decisiva do *Manifesto*, retomada quase palavra por palavra no programa da Terceira Internacional:

[Os comunistas] não têm interesses diferentes dos interesses do proletariado em geral. Não proclamam princípios particulares, segundo os quais pretendam moldar o movimento operário.
Os comunistas se distinguem dos outros partidos operários somente em dois pontos: 1) Nas diversas lutas nacionais dos proletários, destacam e fazem prevalecer os interesses comuns do proletariado, independentemente da nacionalidade; 2) Nas diferentes fases de desenvolvimentos por que passa a luta entre proletários e burgueses, representam, sempre e em toda parte, os interesses do movimento em seu conjunto.[81]

Destaca-se claramente desse texto que a distinção entre o partido comunista e o partido proletário não é em absoluto da mesma natureza daquela que opõe as

---

[78] K. Marx, "La critique moralisante ou la morale critique", cit., v. 3, p. 138; K. Marx e F. Engels, *Werke*, cit. Band 4, p. 343.
[79] K. Obermann, "Die amerikanische Arbeiterbewegung", cit., p. 113.
[80] Sobre o *Land Scheme* de Feargus O'Connor, ver E. Dolléans, *Le chartisme* (Paris, Marcel Rivière, 1949), p. 283. Quanto à "reforma agrária" preconizada pelo grupo norte-americano, ver a circular de Marx contra Kriege, em K. Marx e F. Engels, *Werke*, cit., Band 4, p. 8-10.
[81] K. Marx e F. Engels, *Manifesto Comunista*, cit., p. 51.

seitas utópicas ao movimento operário. É a tais seitas que Marx se refere quando fala em moldar o movimento proletário por "princípios particulares"; aliás, Engels, na edição de 1888, substitui a palavra "particulares" por "sectários"[82]. Ora, os comunistas situam-se, em relação ao movimento de massas, precisamente no polo oposto das seitas: eles representam nesse movimento não um princípio *particular*, mas seus objetivos mais gerais e *universais*. A estrutura dessa passagem do *Manifesto* é a mesma do texto da "Crítica da filosofia do direito de Hegel – Introdução", em que o proletariado é definido não como uma classe *particular* da sociedade burguesa, reclamando direitos particulares, mas como uma esfera que tem um caráter *universal* por causa de seu sofrimento etc.

O partido comunista é, portanto, o representante dos interesses históricos do proletariado internacional, isto é, da *totalidade*. Perante cada movimento parcial, puramente local ou nacional, ideologicamente confuso, estritamente reivindicativo, não consciente das finalidades últimas da luta de classes, ele desempenha o papel decisivo de *mediador dessa totalidade*.

O partido comunista é a vanguarda do movimento operário, a fração do proletariado consciente de sua missão histórica. Mas ele não é uma "minoria esclarecida", encarregada de realizar essa missão no lugar das massas proletárias: "Todos os movimentos históricos têm sido, até hoje, movimentos de minorias ou em proveito de minorias. *O movimento proletário é o movimento autônomo da imensa maioria em proveito da imensa maioria*"[83].

---

[82] K. Marx e F. Engels, *Werke*, cit., Band 4, p. 474.
[83] K. Marx e F. Engels, *Manifesto Comunista*, cit., p. 50; grifo nosso.

4. PARTIDO, MASSAS E REVOLUÇÃO: MARX DEPOIS DE 1848

A teoria da autoemancipação revolucionária do proletariado não é um "episódio de juventude", um momento transitório, abandonado pelo Marx da "maturidade". Durante todo o período que vai de 1848 à morte de Marx, ela permanece um dos pressupostos fundamentais de sua atividade política. Ilumina e contribui para dar aos grandes combates políticos e político-ideológicos de Marx seu verdadeiro significado: a revolução alemã de 1848-1850, a luta contra Lassalle e Bakunin, a Comuna de Paris, a crítica do oportunismo na social-democracia alemã.

Naturalmente, não se trata de modo algum de empreender aqui o estudo detalhado e preciso do período de 1848 a 1883, mas apenas esboçar o programa de tal estudo, chamando a atenção para alguns textos-chave, em que a teoria da revolução autoemancipadora está claramente implicada.

Mensagem do Comitê Central à Liga dos Comunistas (março de 1850)

Já assinalamos (capítulo 1) o espantoso paralelismo entre a evolução de Marx desde a *Gazeta Renana* (1842-1843) até a "Crítica da filosofia do direito de Hegel – Introdução" (1844) e a evolução que o conduz da *Nova Gazeta Renana* (1848-1849) até a mensagem do Comitê Central à Liga dos Comunistas (1850). Nos dois casos, a capitulação da burguesia liberal diante do poder feudal leva Marx à ideia da revolução permanente, ainda abstrata e "filosófica" em 1844, porém rigorosa e concreta em 1850. E, tanto em 1850 quanto em 1844, Marx acredita que o sinal da revolução proletária será dado pelo "canto do galo gaulês", ou seja, pela classe operária francesa[1].

---

[1] Ver "Adresse du Conseil Central à la Ligue", em K. Marx, *Révélations sur le procès des communistes* (Paris, Costes, 1939), p. 249: "Pelo menos dessa vez, eles [os operários

A ideia central da mensagem é "tornar a revolução permanente" até a tomada do poder pelo proletariado, cassando do poder as classes possuidoras, uma a uma[2]. Esse tema não contradiz o *Manifesto*, que também sugere uma continuidade do processo revolucionário – a revolução burguesa como prelúdio imediato de uma revolução socialista. Com relação a 1848, a diferença essencial é que, agora, Marx não fala mais de lutar "junto com a burguesia" desde que ela aja "revolucionariamente" simplesmente porque não acredita mais que a burguesia seja capaz de "agir revolucionariamente".

A mensagem é, sem dúvida nenhuma, uma previsão genial das revoluções socialistas do século XX, a começar pela de 1917, e entra em contradição flagrante com o mito arraigado de que Marx nunca cogitaria uma revolução proletária num país capitalista atrasado e semifeudal.

Um dos críticos burgueses do marxismo, George Lichtheim, sugere que esse esquema de "revolução ininterrupta" de Marx inspira-se no desenrolar da Revolução Francesa de 1789 a 1794 e, por consequência, é essencialmente *jacobino*. Lichtheim chama a mensagem de março de 1850 de "breve aberração jacobino-blanquista" de Marx[3]...

Ora, se é verdade que a teoria da revolução esboçada na mensagem é extraída, entre outros, da experiência da Grande Revolução, é inteiramente falso caracterizá-la como "jacobina" ou "jacobino-blanquista". E isso por duas razões fundamentais:

1) o objetivo do processo revolucionário preconizada pela mensagem – a tomada do poder pelo proletariado – situa-se precisamente *além* da "democracia pequeno-burguesa", isto é, do jacobinismo;

2) o caráter desse processo não é jacobino nem jacobino-blanquista, mas essencialmente *autoemancipatório*.

Na verdade, basta uma leitura atenta da mensagem para constatar que, em cada momento, o *sujeito* da ação revolucionária não é a Liga dos Comunistas

---

alemães] têm a certeza de que o primeiro ato desse drama revolucionário coincide com a vitória de sua própria classe na França e nisto encontra-se acelerada".

[2] Ibidem, p. 238: "Enquanto os pequeno-burgueses democratas querem terminar a revolução o mais rapidamente possível e, depois, no máximo conseguir a realização das reivindicações acima, é nosso interesse e nosso dever tornar a revolução permanente, até que todas as classes mais ou menos possuidoras tenham sido cassadas do poder, até que o proletariado tenha conquistado o poder público...".

[3] G. Lichtheim, *Marxism: An Historical and Critical Study* (Nova York, F. Praeger, 1962), p. 125.

ou uma minoria de estilo jacobino, mas *os operários*. Isso não significa, naturalmente, que a liga não tenha um papel para desempenhar enquanto vanguarda comunista, nem que o proletariado não precise se organizar num partido. O papel da liga é precisamente o de lutar pela organização do partido operário de massas, no interior do qual ela será a fração mais consciente e mais ativa, conforme as concepções organizacionais do *Manifesto*:

> Em vez de aviltar-se mais uma vez para servir de claque para os democratas burgueses, os operários, e principalmente a liga, devem trabalhar para constituir, ao lado dos democratas oficiais, uma organização autônoma, secreta e pública, do partido operário e fazer de cada comuna o centro e o núcleo de agrupamentos operários em que a posição e os interesses do proletariado serão discutidos independentemente de influências burguesas.[4]

Quais formas a luta revolucionária e autolibertadora das massas proletárias deve assumir? Segundo a mensagem, os proletários devem constituir seu próprio poder, em oposição ao poder burguês, pela constituição de conselhos operários:

> É preciso que, ao lado dos novos governos oficiais, eles estabeleçam ao mesmo tempo seus próprios governos operários revolucionários, seja na forma de municipalidades ou conselhos municipais, seja por meio de clubes ou comitês operários, de tal modo que os governos democráticos burgueses não só logo percam o apoio dos operários, mas sintam-se de saída vigiados e ameaçados por autoridades que tenham atrás delas toda a massa dos operários.[5]

Devemos frisar de passagem a extraordinária semelhança entre esse programa e os acontecimentos de 1917: organização dos sovietes, dualidade de poder etc. É evidente que o poder desses conselhos não pode ser exercido sem o armamento dos operários, sem a formação de uma "guarda vermelha". Logo:

> é preciso fazer imediatamente o necessário para que todo o proletariado esteja armado com fuzis, carabinas, canhões, e que tenham munições; em compensação, é preciso opor-se ao restabelecimento da antiga guarda nacional, voltada contra os operários. Lá onde não se puder impedir esse restabelecimento, os operários devem tentar organizar-se como guarda proletária autônoma, com chefes eleitos por eles mesmos e seu

---

[4] K. Marx, "Adresse", cit., p. 240. Ver R. Schlesinger, *Marx, his Time and Ours* (Londres, Routledge and Kegan Paul, 1951), p. 270.

[5] K. Marx, "Adresse", cit., p. 242; na p. 244, fala-se da centralização dos clubes operários.

próprio estado-maior, igualmente eleito por eles e sob as ordens não do poder público, mas dos conselhos revolucionários formados pelos operários.[6]

Em conclusão:

[os próprios operários alemães] devem contribuir para sua vitória final, tomando consciência de seus interesses de classe, colocando-se logo que possível como partido independente e, a despeito das tiradas hipócritas dos pequeno-burgueses democráticos, não perdendo de vista um só instante a organização autônoma do partido do proletariado. Seu grito de guerra deve ser: a revolução permanente![7]

No fundo, a mensagem retoma, numa forma *prática*, *precisa* e *concreta*, os principais temas revolucionários das obras de juventude de Marx: a teoria da revolução permanente de 1844, a teoria da revolução comunista proletária de 1845-1846, a teoria do partido operário de 1847-1848. Retoma-os à luz de uma experiência histórica real (a revolução alemã de 1848-1850), e o conjunto, com seus desenvolvimentos estratégicos e táticos, constitui a mais extraordinária prefiguração das revoluções socialistas do século XX.

Contra o "socialismo de Estado" de Lassalle

Os historiadores burgueses ou sociais-democratas apresentam com frequência o conflito entre Marx e Lassalle como uma zanga pessoal ou simples divergência tática. Uma análise mais profunda do problema mostra, ao contrário, que essa divergência é fundamental e situa-se no nível dos pressupostos essenciais da atividade política de ambos[8].

De fato, a estrutura do pensamento político de Lassalle é a estrutura típica do socialismo "vindo de cima", pela graça de um salvador; consequentemente, situa-se em radical oposição à teoria marxista da revolução autoemancipadora[9].

---

[6] Ibidem, p. 243.

[7] Ibidem, p. 249.

[8] Após a visita de Lassalle a Londres, entre julho e dezembro de 1862, Marx conhece de modo mais preciso os planos dele e afirma numa carta a Engels, em 7 de agosto de 1862: "Do ponto de vista político, não estamos de acordo com nada, exceto com alguns objetivos muito distantes" (K. Marx e F. Engels, *Correspondance K. Marx-F. Engels*, Paris, Costes, 1933, t. 7, p. 141).

[9] Não é por acaso que as tendências que explícita ou implicitamente abandonaram a teoria marxista da autoemancipação revolucionária do proletariado tenham retomado Lassalle (de modo consciente ou não). Sobre o "lassallismo" da moderna social-democracia alemã,

O ponto de partida desse pensamento é a filosofia de Hegel, que o jovem Lassalle estudou em Berlim e da qual reteve sobretudo a concepção do Estado e do papel decisivo dos *welthistorische Individuen*. Uma de suas primeiras obras, o drama histórico *Franz von Sickingen*, vê as grandes lutas político-religiosas da Reforma do ângulo da ação dos "grandes homens".

Mas, ao longo de sua atividade de agitação política nos anos 1862-1864, suas ideias sobre a libertação dos trabalhadores pela intervenção do Estado ou de um "indivíduo histórico" passaram para o terreno prático. Chamado a assumir a direção da Associação Geral dos Trabalhadores Alemães, Lassalle lança a palavra de ordem "constituição de cooperativas de produção com a ajuda do Estado". Para ele, esse processo é capaz de levar à instauração do socialismo. Ao mesmo tempo, "flerta" publicamente com o governo monárquico e mantém conversações secretas com Bismarck, ao qual promete o apoio da Associação dos Trabalhadores em troca de uma intervenção "social" do Estado prussiano.

Além do mais, intimamente convencido de seu papel messiânico de "grande libertador" dos operários, Lassalle concentra em suas mãos todos os poderes da associação. Impõe uma estrutural organizacional ultracentralista, autoritária, antidemocrática e mesmo ditatorial, que furta qualquer iniciativa, qualquer atividade, qualquer autonomia dos membros e das seções locais[10].

A ligação íntima entre o messianismo de Lassalle, a organização autoritária da Associação Geral dos Trabalhadores Alemães e o apelo a Bismarck – três elementos que se articulam numa estrutura coerente de "socialismo vindo de cima" – aparece claramente na carta que ele enviou ao "Chanceler de Ferro", em 8 de junho de 1863. Nessa missiva, Lassalle manda anexados os estatutos da Associação Geral, que chama de "constituição do meu reino" e apresenta a Bismarck como uma prova da "tendência instintiva da classe operária à ditadura" e da possibilidade de os trabalhadores aceitarem a monarquia como "portador natural da ditadura social"[11].

---

ver o artigo de Carlo Schmid (membro do comitê diretor da Partido Social-Democrata Alemão) sobre o centenário do partido no jornal *Le Monde* (29 de maio de 1963). Quanto ao paralelismo entre Lassalle e Stalin, ver L. Goldmann, "Pour une approche marxiste des études sur le marxisme", *Annales*, jan./fev. 1963, p. 116.

[10] A. K. Worobjowa, "Aus der Geschichte der Arbeiterbewegung in Deutschland und des Kampfes von Karl Marx un Friedrich Engels gegen Lassalle und das Lassaleanertum 1862--1864", em *Aus der Geschichte des Kampfes von Marx und Engels für die Proletarische Partei* (Berlim, Dietz, 1961), p. 264-5.

[11] Ibidem, p. 268.

A crítica de Marx, cujas concepções essenciais são rigorosamente contraditórias com as tendências de Lassalle, dirige-se não só contra a tática deste último, mas também contra os próprios fundamentos de sua atividade política.

Parece que a primeira polêmica entre eles aconteceu em 1859, a propósito do drama de Lassalle *Franz von Sickingen*. Numa carta de 19 de abril de 1859, Marx acusa Lassalle de ter se identificado com seu herói e de ter "posto a oposição nobre luterana acima da plebeia *münzeriana*"[12]. Alguns anos depois, Marx compara o papel de Lassalle, querendo "obrigar" Bismarck a anexar Schleswig-Holstein, ao de "seu próprio Sickingen, que quer obrigar Carlos V a colocar-se à frente do movimento"[13].

Numa carta a Kugelmann, em 23 de fevereiro de 1865, Marx compara Lassalle ao marquês Posa, personagem de Schiller que "defende o povo" diante de Sua Majestade Filipe II: "Lassalle queria bancar o marquês Posa do proletariado com Filipe II de Uckermark [rei da Prússia], e Bismarck devia servir de alcoviteiro entre a realeza prussiana e ele"[14]. Lassalle e Bismarck, Von Sickingen e Carlos V, marquês Posa e Filipe II: o "grande chefe" que quer persuadir o rei a libertar o povo, essa é a atitude que a ironia corrosiva de Marx condena.

Para Marx, não é a intervenção "socialista" da monarquia prussiana nem "a ajuda do Estado" que poderão emancipar os trabalhadores, mas a ação autônoma e revolucionária do movimento operário. Numa carta a Schweitzer (discípulo de Lassalle, dirigente da Associação Geral dos Trabalhadores Alemães), Marx observa que o "ponto central da agitação" de Lassalle era "auxílio do Estado contra ação autônoma", ou seja, a mesma palavra de ordem que "Buchez, líder do socialismo francês *católico*, lançou em 1843 e nos anos seguintes contra o movimento operário real na França"[15]. Na *Crítica do Programa de Gotha* (1875), escreve Marx:

> A organização socialista do trabalho total, em vez de surgir do processo revolucionário de transformação da sociedade, surge da "subvenção estatal", subvenção que o Estado concede às cooperativas de produção "criadas" por *ele*, e não pelos trabalhadores. É algo digno da presunção de Lassalle imaginar que, por meio de subvenção estatal, seja

---

[12] Ibidem, p. 299.

[13] Carta a Engels, de 25 de janeiro de 1865, em K. Marx e F. Engels, *Correspondance*, cit., t. 8, p. 126; ver A. K. Worobjowa, "Aus der Geschichte der Arbeiterbewegung", cit., p. 339.

[14] K. Marx e F. Engels, *Critique des Programmes de Gotha et d'Erfurt* (1891) (Paris, Éd. Sociales, 1950), p. 97.

[15] Carta a J. B. Schweitzer, de 13 de outubro de 1868, em K. Marx, *Pages choisies pour une éthique socialiste* (Paris, Marcel Rivière, 1948), p. 222.

possível construir uma nova sociedade da mesma forma que se constrói uma nova ferrovia![16]

Esses textos situam o que verdadeiramente está em jogo no conflito entre Marx e o "lassallismo" : de um lado, *a ajuda do Estado, a intervenção da realeza* prussiana; de outro, a *ação autônoma* do movimento operário real e a *transformação revolucionária* da sociedade.

Na carta a Kugelmann mencionada anteriormente, Marx compara as manobras de Lassalle à *Realpolitik* de Miquel e dos outros dirigentes do National Verein, partido burguês alinhado à monarquia prussiana. Mas mostra ao mesmo tempo que, se é normal para a burguesia, esse compromisso não tem sentido para o proletariado, que "pela natureza mesma das coisas deve ser sinceramente revolucionária"[17]. Esse mesmo tema é encontrado numa carta de 13 de fevereiro de 1865 a Schweitzer. Marx constata ali que "o partido burguês se desacreditou de maneira lamentável, confiando que com 'a nova era' de Bismarck o governo, pela graça do príncipe regente, lhe caiu do céu"; no entanto, acrescenta ele, "o partido operário se dará *muito mais ainda* ao descrédito imaginando que, graças à era bismarckiana ou a uma era prussiana qualquer, as coisas, pela graça do rei, lhe virão de mão beijada", porque – ao contrário da burguesia – "a classe operária é *revolucionária* ou não é nada"[18].

Essas tomadas de posição de Marx não foram manifestadas apenas em sua correspondência. Em duas declarações públicas em fevereiro de 1865, publicadas no *Sozialdemokrat*, órgão da Associação Geral dos Trabalhadores Alemães, e assinadas por Marx e Engels, as manobras dos discípulos de Lassalle que dirigiam a associação são condenadas. Na primeira, a crítica ainda é indireta: Marx fala do proletariado parisiense, "sempre irreconciliável em face do bonapartismo" e que se recusa a vender por um prato de lentilhas "seu direito histórico de morgado como representante da revolução", e acrescenta: "Recomendamos esse modelo aos operários alemães"[19]. A segunda declaração consagra a ruptura formal entre Marx, Engels e a redação do *Sozialdemokrat*: ela rejeita firmemente o "socialismo gover-

---

[16] K. Marx, *Crítica do Programa de Gotha* (São Paulo, Boitempo, 2012), p. 40.
[17] Ver K. Marx, *Briefe an Kugelmann* (Berlim, Dietz, 1952), p. 22-3.
[18] Citado na carta a Engels, de 18 de fevereiro de 1865; ver K. Marx e F. Engels, *Correspondance*, cit., v. 8, p. 165; grifo nosso.
[19] Citado na carta a Engels, de 6 de fevereiro de 1865; ver K. Marx e F. Engels, *Correspondance*, cit., v. 8, p. 144-5.

namental da realeza prussiana". O artigo de Marx na *Deutsche Brüsseler Zeitung* sobre o comunismo do *Rheinischen Beobachter*, em 12 de setembro de 1847, é citado como expressão da "opinião dos abaixo assinados" acerca da aliança do proletariado com o governo[20]. Nesse artigo, Marx afirma que "os comunistas não podem se aliar com o governo pela simples razão de que os comunistas são os mais revolucionários entre os partidos revolucionários da Alemanha"; e acrescenta: "Imaginam que o proletariado deseja ser ajudado, não pensam que ele espera ajuda apenas de si mesmo"[21].

Marx, por fim, critica dois aspectos da atividade de Lassalle que o aproximam do socialismo utópico pré-marxista: o messianismo e o sectarismo. Na carta a Kugelmann, Marx escreve que Lassalle se apresentava aos operários como um "salvador charlatanesco que prometia mandá-los num pulo só para a terra santa"[22] e, numa carta a Schweitzer de 13 de outubro de 1868, mostra:

> como todo indivíduo que diz ter no bolso uma panaceia para os sofrimentos dos operários, ele [Lassalle] deu de saída a sua agitação um caráter sectário religioso. [...] Caiu no erro de Proudhon, buscando a base real de sua agitação não nos elementos reais do movimento de classe, mas querendo ditar a marcha deste último segundo certa receita doutrinal...[23]

A Primeira Internacional

Marx definiu o sentido que atribuía à Internacional no primeiro considerando do preâmbulo aos estatutos da associação: "A emancipação dos trabalhadores deve ser obra dos próprios trabalhadores". É em nome desse princípio que se opôs com intransigência a todas as tendências que, no interior da Associação In-

---

[20] Citado na carta a Engels, de 18 de fevereiro de 1865; ver K. Marx e F. Engels, *Correspondance*, cit., v. 8, p. 166-7.

[21] K. Marx, "Der Kommunismus des 'Rheinischen Beobachters'", em K. Marx e F. Engels, *Werke*, cit., Band 4, p. 191 e 195.

[22] K. Marx e F. Engels, *Critique des Programmes de Gotha et d'Erfurt*, cit., p. 98.

[23] K. Marx, *Pages choisies*, cit., p. 223. Em seu luminoso estudo de 1925 sobre Lassalle, Lukács mostra que: a relação "dirigentes-massas" cogitada por Lassalle é precisamente o que Marx criticava em Bruno Bauer; o dualismo entre a ciência e o movimento operário, em Lassalle, tem seu fundamento metodológico em seu "neo-hegelianismo fichtiano". Ver G. Lukács, "Die neue Ausgabe von Lassalles Briefen", em C. Grünberg (ed.), *Archiv für die Geschichte des Sozialismus und der Arbeiterbewegung* (Leipzig, C. L. Hirschfeld, 1925), Band 11, p. 411 e 419.

ternacional dos Trabalhadores, procuravam constituir seitas utópicas, dogmáticas ou conspiradoras, à margem do movimento operário real.

Numa carta de 29 de novembro de 1871 a Bolte, Marx resume o significado das lutas internas da Primeira Internacional:

> A Internacional foi fundada para substituir as seitas socialistas ou semissocialistas pela organização efetiva da classe operária para a luta. Os estatutos primitivos, assim como a moção inaugural, mostram isso ao primeiro olhar. Por outro lado, a Internacional poderia ter se afirmado se a marcha da história já não tivesse despedaçado o regime das seitas. O desenvolvimento das seitas socialistas e o do movimento operário real estão constantemente em razão inversa. Enquanto essas seitas se justificarem [historicamente], a classe operária não estará madura para um movimento histórico autônomo. Até que atinja essa maturidade, todas as seitas serão reacionárias por essência. Contudo, na história da Internacional, vimos repetir-se o que a história mostra por toda a parte. O que está velho procura se reconstituir e manter no interior mesmo da forma recém-adquirida. E a história da Internacional foi uma *luta contínua do Conselho Geral* contra as seitas e as tentativas de amadores que, no quadro da Internacional, procuravam se afirmar contra o movimento real da classe operária.

Como exemplos dessas "seitas reacionárias", Marx cita os proudhonianos mutualistas franceses, os lassallianos alemães e a Aliança da Democracia Socialista de Bakunin[24].

O tema é retomado na circular contra Bakunin do Conselho Geral da Associação Internacional dos Trabalhadores, "As pretensas cisões na Internacional" (1872), em que Marx acentua a diferença essencial entre o "movimento sectário" – que Bakunin queria restabelecer por suas múltiplas associações secretas – e "a organização real e militante" do proletariado:

> A primeira fase na luta do proletariado contra a burguesia é marcada pelo movimento sectário. Tem sua razão de ser numa época em que o proletariado não está ainda muito desenvolvido para agir como classe. Pensadores individuais fazem a crítica dos antagonismos sociais e dão soluções fantásticas, que a massa dos operários tem apenas de aceitar, propagar, pôr em prática. Por sua própria natureza, as seitas formadas por esses iniciadores são absenteístas, estranhas a qualquer ação real, à política, às greves, às coalizões, numa palavra, a todo o movimento de conjunto. A massa do proletariado é sempre indiferente ou mesmo hostil à propaganda delas. [...] Contra as organizações fantasistas e antagonistas das seitas, a Internacional é a organização real e militante da

---

[24] K. Marx e F. Engels, *Critique des Programmes de Gotha et d'Erfurt*, cit., p. 100-1.

classe proletária em todos os países, ligados uns aos outros, em sua luta comum contra os capitalistas, os proprietários fundiários e seu poder de classe organizada no Estado.[25]

Por outro lado, para Marx, autoemancipação e revolução eram duas características inseparáveis da luta proletária. E, se combateu as tendências sectárias que se esquecem do primeiro, rompeu igualmente com as tendências oportunistas que recusavam o segundo, por exemplo: os trade-unionistas ingleses Lucraft e Odger, que não quiseram se solidarizar com a Comuna de Paris.

Os autores burgueses, que, como Lichtheim, querem opor o "realismo" de Marx em 1864 a seu "utopismo" de 1871[26], não compreenderam o verdadeiro sentido da atividade política de Marx. O que chamam de "equívoco" é precisamente a unidade indissolúvel – cujos fundamentos filosóficos encontramos nas obras de juventude – entre a revolução comunista e a autoemancipação dos trabalhadores, tanto na teoria quanto na prática de Marx.

A Comuna de Paris

A Comuna de Paris, para Marx, não foi nada menos do que a primeira manifestação histórica e concreta dessa revolução comunista "de massas" que ele definira, em suas obras de mocidade, como o primeiro momento do processo no qual coincidem a mudança dos homens e a das circunstâncias:

> A classe operária não esperava milagres da Comuna. Ela não tem utopias prontas para introduzir por decreto do povo. Sabe que, para realizar sua própria emancipação e, com ela, essa forma de vida mais elevada a que tende irresistivelmente a sociedade atual por seu próprio desenvolvimento econômico, terá de passar por longas lutas, por toda uma série de processos históricos que transformarão completamente as circunstâncias e os homens.[27]

A Comuna fora obra não de uma minoria "esclarecida" ou de uma seita secreta, mas das *massas operárias* de Paris: "Não era mais possível aos homens da defesa reduzi-la a uns poucos esforços isolados das frações revolucionárias mais conscientes da classe operária de Paris"[28]. Em resposta às calúnias da reação, que apre-

---

[25] K. Marx, *Pages choisies*, cit., p. 226.
[26] G. Lichtheim, *Marxism*, cit., p. 105.
[27] K. Marx, *La guerre civile en France (1871)* (Paris, Éd. Sociales, 1952), p. 53.
[28] K. Marx, "Premier essai de rédaction", em *La guerre civile en France (1871)* (Paris, Éd. Sociales, 1953), p. 208.

sentavam a Comuna como uma conspiração tramada pela Internacional, Marx escreveu:

> O entendimento burguês, completamente impregnado do espírito policial, naturalmente imagina a Associação Internacional dos Trabalhadores como uma espécie de conjuração secreta, cuja autoridade central comanda, de tempos em tempos, explosões em diferentes países. De fato, nossa associação não é mais que a ligação internacional que une os operários mais avançados dos diversos países do mundo civilizado. Em qualquer lugar, de qualquer forma e em quaisquer condições que a luta de classes ganhe consistência, é muito natural que os membros de nossa associação encontrem-se na primeira fila.[29]

A Comuna não era uma conspiração, tampouco um "golpe". Era "o povo agindo para si mesmo e por si mesmo"[30]. O correspondente do *Daily News* em Paris não encontrou nenhum chefe no posto de "autoridade suprema", o que provoca um comentário irônico de Marx: "Isso choca o burguês que tem uma imensa carência de ídolos políticos e de 'grandes homens'"[31].

De fato, o poder instalado por essa revolução autoemancipadora não podia ser um poder de tipo jacobino. Era e só podia ser "essencialmente um *governo da classe operária*", um "governo do povo pelo povo"[32], "a retomada pelo povo e para o povo de sua própria vida social"[33]. E isso era evidente desde seu primeiro decreto: a supressão do exército permanente e sua substituição pelo povo armado. E enquanto jacobino-blanquistas concebiam a tomada do poder como simples conquista do aparelho de Estado, Marx mostra, com base na experiência da Comuna, que a revolução comunista, obra dos próprios trabalhadores, só pode *quebrar* esse aparelho – adequado à dominação parasitária *sobre* o povo – e substituí-lo por instituições adequadas ao autogoverno popular. Isso aparece claramente na célebre carta a Kugelmann, de 12 de março de 1871, em que ele fala em destruir a "máquina burocrática e militar" como "condição primeira de toda revolução popular no continente"[34], assim como na primeira tentativa de redação de *A guerra civil na França*, em escreve: "A Comuna livrou-se totalmente da hierarquia políti-

---

[29] K. Marx, *La guerre civile en France*, cit., p. 68-9.
[30] K. Marx, "Premier essai de rédaction", cit., p. 192.
[31] Ibidem, p. 206.
[32] K. Marx, *La guerre civile en France*, cit., p. 51 e 56.
[33] K. Marx, "Premier essai de rédaction", cit., p. 212.
[34] K. Marx, *La guerre civile en France*, cit., p. 77.

ca e substitui os altivos mestres do povo por servidores sempre revogáveis [...] constantemente sob o controle do povo"[35]. O texto definitivo da circular também fala dessa "nova Comuna, que quebra o poder do Estado moderno" e dos "simples operários", que "pela primeira vez ousaram tocar no privilégio governamental de seus 'superiores naturais', os possuidores"[36].

Se Marx sustentou, ajudou e defendeu a Comuna, apesar de sua convicção de que ela estava fadada ao fracasso, apesar de suas divergências ideológicas com as correntes predominantes (proudhonianos, blanquistas etc.), e apesar da oposição dos sindicalistas ingleses que faziam parte da Internacional, é porque ele via nela a primeira manifestação real dessa autoemancipação revolucionária e comunista do proletariado, cuja forma ele havia prefigurado já em 1846[37].

---

[35] K. Marx, "Premier essai de rédaction", cit., p. 214.
[36] K. Marx, *La guerre civile en France*, cit., p. 50 e 53
[37] Shlomo Avineri, em sua brilhante obra (mas às vezes muito neo-kautskiana) sobre o pensamento político de Marx, levanta a hipótese bizarra de que os rascunhos da *Guerra civil na França* "oferecem claras indicações de que Marx considerava a Comuna não um conflito da classe operária, mas um motim pequeno-burguês e democrático-radical", opinião que ele não teria manifestado na versão final (publicada) do *Manifesto* porque "afinal uma elegia não é o momento apropriado para uma autópsia" (S. Avineri, *The Social & Political Thought of Karl Marx*, Cambridge, Cambridge University Press, 1969, p. 247). Ora, os rascunhos de *A guerra civil na França* mostram que, para Marx, a Comuna era não um "motim pequeno-burguês", mas, muito pelo contrário, "a maior revolução do século" (K. Marx, "Entwürfe zum 'Bürgerkrieg in Frankreich'", em K. Marx e F. Engels, *Werke*, cit., Band 17, p. 538), cujo caráter *operário* é explicitamente afirmado: "A bandeira vermelha hasteada pela Comuna coroa, na verdade, apenas o governo dos operários de Paris! Eles declararam a emancipação do trabalho e a subversão da sociedade como objetivo deles! Mas o verdadeiro caráter 'social' dessa república consiste apenas no fato de que operários governaram a Comuna!" (K. Marx e F. Engels, *Werke*, cit., Band 17, p. 556). Ainda segundo Avineri, "com efeito, não há nada de proletário na legislação social da Comuna, exceto a abolição do trabalho noturno nas padarias. Na seção do rascunho em que se fala da legislação referente à classe operária, Marx não pode mostrar mais do que algumas leis contra a prostituição e a abolição de certos pagamentos, que eram vestígios da legislação feudal. Em compensação, dedica mais espaço ao subcapítulo intitulado "Medidas para a classe operária, mas principalmente para as classes médias" (S. Avineri, *The Social & Political Thought of Karl Marx*, cit., p. 248). Isso exige algumas observações: antes de mais nada, o espaço dedicado aos subcapítulos dificilmente pode ser usado como um argumento conclusivo, mas, de todo modo, o subcapítulo "Medidas para a classe operária" tem 51 linhas (na edição alemã *Werke*), ao passo que o das "Medidas para a classe operária, mas principalmente para as classes médias" tem apenas 31; uma das medidas mencionadas por Marx na seção sobre a legislação referente à classe operária (medida que é muito mais significativa que os decretos sobre os padeiros e outros citados por Avineri) é a criação, pela Comuna, de um comitê encarregado de estudar os melhores meios para "transferir as oficinas e as fábricas abandonadas para

Marx, Engels e a social-democracia alemã

A interpretação corrente que identifica Marx e Engels à direção do partido social-democrata alemão dos anos 1875 a 1883 não resiste a uma análise minimamente aprofundada dos acontecimentos.

De fato, desde a fundação do Partido, em 1875, pela fusão do grupo de Eisenach (Liebknecht, Bebel etc.) com os lassallianos, Marx e Engels conduziram juntos uma luta política vigorosa e intransigente contra as tendências oportunistas, reformistas e pequeno-burguesas que se manifestaram na social-democracia alemã, tendências às quais seus próprios colaboradores mais próximos (Liebknecht e Bebel) faziam graves concessões.

Se deixarmos de lado o caso do Programa de Gotha, que ainda se refere à luta contra o lassallismo, o episódio mais representativo das divergências entre Marx, Engels e os setores reformistas do partido é o combate empreendido por volta de 1877-1880 contra os intelectuais "contrarrevolucionários" (grupo de Zurique) e a ala direita da fração parlamentar, um combate que por pouco não levou à ruptura formal e pública com a direção do Partido da Social-Democrata Alemão.

Numa carta de 19 de outubro de 1877 a F. A. Sorge, Marx queixa-se de que, "na Alemanha, um espírito 'podre' prevaleceu em nosso partido, não tanto nas massas, mas entre os chefes". Ele critica em particular o compromisso dos "chefes" com "todo um bando de estudantes imaturos e doutores muito sábios que querem dar ao socialismo uma feição 'ideal mais elevada'". O representante típico do "bando" é, segundo Marx, o doutor Höchberg, que edita em Zurique o periódico *Zukunft* (Futuro) – que Marx qualifica de "miserável"[38].

O mesmo Höchberg publica, em 1879, no *Jahrbuch für Sozialwissenschaft und Socialpolitik* – com o pseudônimo de "dr. Ludwig Richter" – um artigo escrito por ele, C. A. Schramm e E. Bernstein (já...). Esse artigo propõe uma "revisão" da política do partido, o abandono do caráter "estritamente operário", das tendências demasiado revolucionárias etc.

Por volta dessa mesma época, um deputado social-democrata, Max Kayser, fez no Reichstag um discurso favorável às leis protecionistas de Bismarck. Esse

---

cooperativas de operários" (K. Marx e F. Engels, *Werke*, cit., Band 17, p. 528); Marx insistiu diversas vezes que não foi tanto a legislação social que deu seu caráter de classe à Comuna, mas a natureza operária do poder.

[38] Em K. Marx e F. Engels, *Critique des Programmes de Gotha et d'Erfurt*, cit., p. 107.

discurso foi severamente criticado por Hirsch, um amigo de Marx e Engels, em seu periódico a *Lanterna*, o que levou a fração parlamentar e a direção do partido a se declarar solidários com Kayser.

Diante desses dois graves sintomas do "espírito podre" da direção do partido, Marx e Engels decidiram que era hora de se pronunciar, exigindo do grupo de Leipzig (Bebel, Liebknecht, Bracke etc.) a condenação das tendências reformistas – e em particular do *Jahrbuch* de Höchberg – ou, se fosse o caso, desaprovando publicamente a direção do partido. Numa carta a Engels de 10 de setembro de 1879, Marx escreveu:

> Partilho inteiramente de seu ponto de vista de que não podemos mais perder tempo para manifestar, brutalmente e sem respeito, nossa opinião sobre a patacoada do *Jahrbuch*, isto é, *pro nunc* "notificar", preto no branco, o pessoal de Leipzig. Se continuarem da mesma forma com seu "órgão do partido", deveremos desautorizá-los publicamente. Nessas coisas acaba toda bonomia.[39]

Uma semana mais tarde, Marx e Engels enviaram a Bebel e aos outros dirigentes de Leipzig uma carta-circular que expõe, "preto no branco", seu ponto de vista. Esse escrito, que pertence à categoria dos documentos esquecidos do marxismo[40], tem um interesse considerável: as tendências criticadas ali são precisamente as que caracterizarão a social-democracia reformista do século XX – e, por acaso, Bernstein, o pioneiro do revisionismo, é nomeadamente posto em questão... De nosso ponto de vista, a circular de setembro de 1879 é decisiva: ali, vemos Marx defender com clareza e intransigência, numa das últimas batalhas políticas de sua vida, os mesmos princípios políticos que evidenciamos em suas obras de juventude, isto é, revolução socialista e autoemancipação do proletariado.

Antes de tudo, a carta circular aborda o caso Kayser. Depois de manifestar seu acordo com as críticas de Hirsch, Marx e Engels afirmam que essas críticas não perderam nada de seu valor porque a fração parlamentar se solidarizou com Kayser, muito pelo contrário. E perguntam a seus amigos de Leipzig: "A social-democracia alemã está realmente infectada da doença parlamentar e acredita que, graças ao sufrágio universal, o Espírito Santo se derrama sobre os eleitos, trans-

---

[39] K. Marx e F. Engels, *Briefwechsel 1868-1883*, em *Marx-Engels-Gesamtausgabe* (MEGA) (Marx-Engels Verlag, Berlim, 1931), Band 3/4, p. 497.

[40] Foi publicado pela primeira vez em 1931 na revista *Die Kommunistische Internationale*. Não há tradução francesa, salvo alguns trechos publicados por Rubel em K. Marx, *Pages choisies*, cit.

formando as seções das frações em concílios infalíveis e as resoluções das frações em dogmas invioláveis?"[41].

Mas, sem dúvida, a parte mais significativa do documento é a que trata do caso Höchberg-Bernstein-Schramm. Resumindo com ironia as teses do artigo do *Jahrbuch*, Marx e Engels escrevem:

> Se acreditarmos nesses senhores, o partido social-democrata não deve ser um partido exclusivamente operário, mas um partido universal, aberto a "todos os homens cheios de um amor verdadeiro pela humanidade". Ele o provará, antes de tudo, abandonando as vulgares paixões proletárias e colocando-se sob a direção de burgueses instruídos e filantropos "para propagar o bom gosto" e "aprender o bom-tom" [...].
> O socialismo alemão "preocupou-se em demasia em ganhar as *massas*, descuidando de fazer uma propaganda enérgica (!) nas camadas ditas superiores da sociedade". Pois o partido "carece ainda de homens capazes de representá-lo no Parlamento". É todavia "desejável e necessário confiar os mandatos a homens que disponham de tempo suficiente para familiarizar-se plenamente com os principais assuntos. O simples operário e o pequeno artesão [...] só muito raramente têm o ócio necessário para isso".
> Portanto, votem nos burgueses!
> Em suma, a classe operária, por si mesma, é incapaz de se libertar. Logo, deve passar à direção de burgueses "instruídos e abastados", que são os únicos a "ter ocasião e tempo" de se familiarizar com os interesses dos operários. De resto, não se deve combater a todo custo a burguesia, mas, ao contrário, *ganhá-la* por meio de uma propaganda enérgica.
> Se queremos ganhar as camadas superiores da sociedade ou pelo menos seus elementos bem-intencionados, de modo algum devemos assustá-los. Os três de Zurique acreditam ter feito uma descoberta tranquilizante: "O Partido agora mostra precisamente, sob o peso da lei antissocialista, que *não está disposto* a seguir o caminho da revolução violenta, sangrenta, mas [...] o caminho da legalidade, isto é, da *reforma*". [...]
> Se Berlim foi mais uma vez tão inculta para fazer um 18 de Março (1848), os sociais-democratas, em vez de tomar parte da luta como "mendigos apaixonados por barricadas" (p. 88), deveriam antes tomar o "caminho da legalidade", enfileirar as barricadas e, se necessário, marchar com o magnífico chefe supremo do Exército contra as massas limitadas, rudes, incultas. Ou, se esses senhores afirmam que não quiseram dizer isso, o que quiseram dizer? [...]
> O programa não será *abandonado*, mas simplesmente adiado – por tempo indeterminado. Adotamo-lo não por si mesmo e para o presente, mas na qualidade de póstumo,

---

[41] K. Marx, *Pages choisies*, p. 231-2; ver K. Marx e F. Engels, *Werke*, cit., Band 19, p. 157.

como um legado destinado às gerações futuras. Enquanto isso, empregamos toda a força e "toda a energia" em todas as espécies de biscates e remendos da sociedade capitalista para que acreditem que alguma coisa está acontecendo e para que a burguesia não tenha medo.[42]

A circular termina com uma verdadeira profissão de fé de Marx e Engels e uma ameaça não velada de ruptura:

> Quanto a nós, dado todo o nosso passado, um único caminho nos resta. Há quase quarenta anos, assinalamos a luta de classe como o motor mais decisivo da história e designamos especialmente a luta social entre a burguesia e o proletariado como a grande alavanca da revolução social moderna. De modo algum, portanto, podemos nos associar a pessoas que gostariam de eliminar o movimento dessa luta de classes. Quando da criação da Internacional, formulamos a divisa de nosso combate: a emancipação da classe operária será obra da própria classe operária. Consequentemente, não podemos caminhar ao lado de pessoas que declaram abertamente que os operários são incultos demais para eles mesmos se libertarem e devem ser libertados de cima, isto é, por grandes e pequenos burgueses filantropos. Se o novo órgão do partido toma uma atitude que corresponde à opinião desses senhores (Höchberg e companhia), torna-se burguês e não proletário; por penoso que possa ser, só nos resta nos declararmos publicamente contra e romper a solidariedade, graças à qual representamos o partido alemão no exterior.[43]

Observemos de passagem que o parlamentarismo reformista de Höchberg e Bernstein, ainda que parecesse o exato oposto do jacobino-babouvismo, partilha com ele um traço decisivo: emancipação dos trabalhadores não por eles mesmos, mas "de cima", graças a uma minoria esclarecida. Para os discípulos de Buonarroti, essa minoria é a seita conspirativa e os "ditadores sociais", para os pré-revisionistas de 1879, são os "burgueses cultivados" e os deputados do Reichstag...

Contra o "bando" de Höchberg e Bernstein, Marx e Engels afirmam-se, na circular de 1879, resolutamente revolucionários (não dispensam nem mesmo as tradicionais barricadas...) e irredutivelmente fiéis à divisa da Internacional – que chamam em termos claros de "a divisa de nosso combate" –, ou seja, ao princípio da autoemancipação proletária. Essa resolução e essa fidelidade são manifestadas "brutalmente e sem respeito", mesmo com o risco de uma ruptura com seus melhores amigos e discípulos na Alemanha.

---

[42] K. Marx, *Pages choisies*, cit., p. 232-5; K. Marx e F. Engels, *Werke*, cit., Band 19, p. 157-62.
[43] K. Marx, *Pages choisies*, cit., p. 235; K. Marx e F. Engels, *Werke*, cit., Band 19, p. 165-6.

Numa carta a Sorge, escrita dois dias depois da circular, Marx retoma suas ideias essenciais. A propósito da atitude da direção do partido no caso Kayser, escreve em particular:

> Até que ponto o parlamentarismo já os engoliu, você pode ver por isso, entre outros: acusaram Hirsch de um grande crime – qual? Ter puxado a orelha de Kayser em sua *Lanterna* – por causa de seu discurso sobre a lei alfandegária de Bismarck [...]. Seja como for, eles estão desde já acometidos de um tal idiotismo parlamentar que acreditam estar *acima da crítica*, que fulminam a crítica como um crime de lesa-majestade.[44]

Quanto ao grupo de Zurique (Höchberg, Bernstein, Schramm, Viereck e Singer), ele os define como:

> em teoria, zero, em prática, uns inúteis, querem arrancar os dentes do socialismo (que acomodam ao uso deles, segundo as receitas da universidade) e, sobretudo, do partido social-democrata, esclarecer os operários ou, como eles dizem, fornecer "elementos de educação" por meio de sua confusa semiciência e, acima de tudo, tornar o partido respeitável aos olhos dos burgueses conformistas [*Spiessbürger*]. São pobres tagarelas contrarrevolucionários.[45]

O chefe do "bando", Höchberg, é apresentado por Marx como "um homem de evolução 'pacífica'", que "espera a emancipação proletária propriamente dita apenas dos 'burgueses cultivados', isto é, de seus semelhantes". Quanto a seu artigo no *Jahrbuch*, Marx considera que "nunca se imprimiu nada mais desonroso para o partido"[46]. Em conclusão, "pode acontecer de Engels e eu sermos obrigados a lançar uma 'declaração pública' contra o pessoal de Leipzig e de Zurique, seus aliados"[47].

O conflito prolongou-se até 1880: Marx e Engels recusavam-se a colaborar com o novo órgão central do partido, o *Sozialdemokrat*, enquanto as tendências oportunistas fizessem parte dele, apesar dos apelos repetidos e insistentes de Bebel e Liebknecht. Ainda em novembro de 1880, Marx escreveu a Sorge para lamentar o "'modo miserável' como era conduzido o suposto órgão do partido, o *Sozialdemokrat* de Zurique"[48].

---

[44] Carta de Marx a Sorge, de 19 de setembro de 1871, em K. Marx e F. Engels, *Correspondance, F. Engels, K. Marx et divers* (Paris, Costes, 1950), t. 1, p. 247.

[45] Ibidem, p. 245; ver o original em *Briefe und Auszüge aus Briefen von J. P. Becker, J. Dietzgen, F. Engels, K. Marx, u.a. an F. A. Sorge u.a.* (Stuttgart, Dietz, 1960), p. 162-6.

[46] Ibidem, p. 246.

[47] Ibidem, p. 244.

[48] Ibidem, p. 250.

APÊNDICE

A REDUÇÃO DA JORNADA DE TRABALHO É A CONDIÇÃO DO REINO DA LIBERDADE

O capital, I, VIII, "A jornada de trabalho"

Um dos capítulos mais interessantes de *O capital*, de Marx é aquele que trata da jornada de trabalho. Não há nada de ciência "axiologicamente neutra" ali: o "ponto de vista de classe" de Marx é claramente afirmado e seus julgamentos de valor são parte integral do argumento. Mas nem por isso sua análise é menos científica... É um exemplo interessante da força cognitiva da indignação moral.

Segundo Marx, a tendência inerente ao capitalismo é buscar, por todos os meios, a extensão ilimitada da jornada de trabalho, transgredindo sem escrúpulos tanto seus limites morais, isto é, as necessidades sociais e intelectuais do trabalhador, quanto seus limites naturais, fisiológicos[1]. Antes do advento da grande indústria, o operário podia limitar-se muitas vezes a trabalhar apenas quatro dias por semana. Com a industrialização capitalista moderna, isso se tornou impossível: os baixos salários e as condições de trabalho não mais o permitem[2]. Essa é mais uma ilustração do caráter socialmente regressivo do progresso capitalista...

Tentando representar com uma imagem, ou uma alegoria, o caráter insaciável e impiedoso do capital, Marx o compara a um vampiro. Obviamente, ele faz um juízo moral, mas a imagem tem um sentido preciso: o capital é um trabalho morto (em forma de máquinas, edifícios, dinheiro etc.) que suga o trabalho vivo do operário ou, como ele mesmo diz, é a "sede de vampiro do capital por sangue vivo do trabalho"[3]. Não se trata de uma acusação ao capitalista como pessoa, mas ao

---

[1] K. Marx, *Le capital* (Paris, Garnier-Flammarion, 1969), v. 1, p. 178-200.
[2] Ibidem, p. 205-6.
[3] Ibidem, p. 195.

capital como *sistema*, a sua lógica implacável. Já no prefácio à primeira edição de *O capital*, Marx insistia:

> Para evitar possíveis mal-entendidos, ainda uma palavra. Não pintei o capitalista e o proprietário fundiário com cores rosadas. Mas trata-se aqui unicamente das pessoas enquanto *personificação de categorias econômicas* [...]. Meu ponto de vista [...] permite, menos do que qualquer outro, tornar o indivíduo responsável pelas relações das quais ele é socialmente a criatura, sejam quais forem suas tentativas de se libertar dessa dependência.[4]

Portanto, pouco importa, acrescenta Marx com certa ironia no capítulo sobre a jornada de trabalho, que o capitalista seja "um burguês modelo, quem sabe membro da Sociedade de Proteção dos Animais e, ainda por cima, em odor de santidade", pois nos negócios do capital "não há lugar para o sentimento"[5].

Em busca de precedentes históricos para o tratamento brutal dos trabalhadores pelo capital, Marx se refere à conquista ibérica das Américas: "as monstruosas exações do capital são comparáveis às crueldades dos espanhóis contra os peles-vermelhas da América"[6]. Provavelmente a comparação visa menos o extermínio do que a terrível exploração do trabalho escravo dos indígenas pela oligarquia colonial, denunciada por Bartolomeu de las Casas. Mas a que aparece com mais frequência é literária: referindo-se às condições de trabalho na indústria dos fósforos químicos, Marx observa que elas superam as torturas do Inferno de Dante[7]. Aliás, segundo Marx, na porta de toda empresa capitalista deveria estar gravada a célebre inscrição que Dante, em sua *Divina comédia*, colocava no portão do Inferno: "Voi che entrate, lasciate qui ogni speranza"*.

De todos os aspectos da exploração capitalista, o mais terrível, aos olhos de Marx, são as horas desumanas de trabalho: quatorze, dezesseis, dezoito horas diárias de trabalho, ou até mais, são comuns e correntes na indústria capitalista do século XIX. Trata-se de uma agressão às próprias raízes da vida e da saúde do trabalhador. Estudando atentamente os relatórios dos inspetores de fábrica, ele descreve de modo concreto e detalhado inúmeros exemplos desse tratamento impiedoso e degradante. Não se trata de alinhar estatísticas, mas mostrar seres humanos

---

[4] Ibidem, p. 37.
[5] Ibidem, p. 180.
[6] Ibidem, p. 186.
[7] Ibidem, p. 188.
* "Vós que entrais, deixai aqui toda esperança." (N. E.)

vivos, de carne e osso, com nome e sobrenome, sacrificados no altar do capital. Um dos casos citados por Marx, e que visivelmente o comove, é o de uma humilde costureirinha inglesa, Mary Anne Walkley, de vinte anos de idade, cujo destino foi registrado na primeira página dos jornais de Londres, em junho de 1863: "Death by simple overwork", ou morte por simples excesso de trabalho. Mary Anne trabalhava com sessenta outras moças num ateliê de costura que preparava, às pressas, a *toilette* das grandes damas convidadas para o baile em honra da princesa de Gales; obrigada por seus patrões a trabalhar 26 horas e meia sem descanso, num cubículo asfixiante, a moça adoeceu e morreu dois dias depois. Mesmo um jornal burguês como o *Morning Star* foi obrigado a reconhecer que "nossos escravos brancos [...] são vítimas de um trabalho que os leva ao túmulo"[8].

Mas, de todas as vítimas das horas desumanas de trabalho impostas pelo capital, são as *crianças* que mais suscitam a compaixão e a indignação de Marx. Os exemplos de trabalho infantil ocupam várias páginas desse capítulo. Um relatório de inspetores de fábrica cita o testemunho de Wilhelm Wood, de nove anos, que, desde os oito, era obrigado a trabalhar numa fábrica de cerâmica das seis da manhã até as nove da noite, ou seja, quinze horas por dia. Essas crianças, escreve Marx, são "jogadas debaixo das rodas do Juggernaut capitalista"[9]. Na Índia, Juggernaut, encarnação do deus hindu Vishnu, o Senhor do Universo, era levado em procissão numa carruagem com imensas e pesadíssimas rodas; segundo certos relatos, o ídolo de madeira, pintado de branco, preto e amarelo, exigia sacrifícios humanos na forma de vítimas – muitas vezes crianças – jogadas debaixo das rodas da carruagem. Em *O capital*, Marx utiliza com frequência essa alegoria oriental para denunciar o caráter impiedoso e mortífero do capital, espécie de culto idólatra que também impõe sacrifícios humanos. A Teologia da Libertação retoma esse tema em sua crítica da idolatria do mercado.

A luta de classes e a redução da jornada de trabalho

Marx não descreve os trabalhadores apenas como vítimas. Seu ponto de vista não é o da compaixão filantrópica, mas o da *luta de classes*. O conflito em torno da regulação da jornada de trabalho é "uma luta de vários séculos entre o capital e o trabalho". Entre os dois direitos que se enfrentam – o do proprietário dos meios

---

[8] K. Marx, *Le capital*, cit., p. 193-4.
[9] Ibidem, p. 210.

de produção e o dos que possuem apenas seus braços – "é a força que decide"[10]. Uma parte importante desse capítulo é dedicada à luta dos trabalhadores por uma "jornada normal", uma verdadeira "guerra civil obstinada, mais ou menos dissimulada, entre a classe capitalista e a classe operária"[11].

Uma das principais formas desse confronto são as batalhas jurídicas e legislativas em torno da regulação da jornada, os famosos *Factory Acts* de 1833, 1844, 1847, 1850 e 1853. Depois de vários avanços e recuos – e complexas manobras parlamentares em que os conservadores *tories* favorecem a regulação em represália às medidas de livre-comércio impostas pelos liberais –, o *Bill* (decreto) de dez horas é finalmente adotado, apesar da resistência encarniçada dos industriais. Marx fala de uma espécie de "revolta escravagista", como a dos senhores de escravos do sul dos Estados Unidos[12]. Mas a aprovação do decreto estava longe de significar que seria aplicado: os capitalistas utilizaram toda sorte de subterfúgios para tentar contornar a lei[13].

Nesse combate, além dos trabalhadores em luta, os *inspetores de fábrica* desempenharam um papel importante, denunciando as condições de trabalho nas fábricas – em especial o infantil – e protestando contra as manobras jurídicas dos representantes do capital[14]. Aliás, o essencial da documentação do capítulo VIII de *O capital* é fornecido pelos relatórios detalhados e precisos desses inspetores. Seria interessante estudar algum dia a origem social, a visão de mundo e o comportamento desse grupo social, que se tornou no principal aliado jurídico e político da classe trabalhadora inglesa.

Um dos países onde a luta pela redução da jornada de trabalho era a mais avançada eram os Estados Unidos. Marx cita com entusiasmo as várias manifestações dos trabalhadores norte-americanos – muitos deles imigrantes europeus, alemães, irlandeses ou italianos – pela jornada de *oito horas*. Em agosto de 1866, em Baltimore, um congresso geral dos operários do país proclamou: o primeiro passo para libertar o trabalhador da escravidão capitalista é a obtenção de uma lei que limite a jornada de trabalho a oito horas. Essa bandeira foi retomada logo depois, sob impulso do próprio Marx, pela Associação Internacional dos Traba-

---

[10] Ibidem, p. 180.
[11] Ibidem, p. 222.
[12] Ibidem, p. 214.
[13] Ibidem, p. 208-20.
[14] Ibidem, p. 116-20.

lhadores, a Primeira Internacional. Em seu congresso de Genebra, em setembro de 1866, ela aprovou a luta pela jornada de oito horas como condição preliminar para a emancipação dos trabalhadores (essa resolução é citada por Marx no capítulo VIII)[15]. Como veremos mais adiante, nos Estados Unidos é que teve lugar a grande batalha do 1º de Maio de 1866 pela jornada de oito horas.

O reino da liberdade

Ao estender, sem respeito por qualquer limite, o tempo de trabalho dos operários, o capital reduz dramaticamente o tempo livre, isto é, o tempo que pode ser dedicado à autorrealização humana, o "tempo para a educação, para o desenvolvimento intelectual, para a realização de funções sociais, para as relações com parentes e amigos, *para o livre jogo do corpo e do espírito*"[16]. Mas, para o capital, tudo isso é sem interesse, insignificante, pura... perda de tempo.

A questão do tempo livre volta a ser abordada no volume III de *O capital*, numa passagem célebre, que parece resumir a utopia libertária de Marx, aquilo que ele chama de *reino da liberdade*. Esse reino, escreve Marx, começa lá onde termina o trabalho determinado por necessidades, isto é, por fins externos: encontra-se fora da esfera da produção material. No terreno da produção, a liberdade consiste na regulação racional, isto é, na planificação democrática do intercâmbio material entre a humanidade e a natureza, pelos seres humanos em sociedade. Esse processo produtivo será submetido, portanto, a seu controle coletivo, em vez de exercer uma dominação sobre a sociedade, com um poder cego. Mas essa liberdade – que é de fato o programa econômico do socialismo – é ainda limitada, porque "o reino da necessidade ainda subsiste": "É mais além desse reino que começa o desenvolvimento das capacidades do ser humano como seu próprio fim, isto é, o verdadeiro reino da liberdade". Marx conclui esse argumento com a seguinte afirmação: "a redução da jornada de trabalho é a condição fundamental para esse objetivo". Coloca, portanto, a redução constante da jornada de trabalho como premissa material essencial para a realização do objetivo último do comunismo: a livre disposição do tempo para atividades que não são um meio para a satisfação de necessidades materiais prementes, mas um fim em si: atividades de autorrealização do ser humano. Esse é o "verdadeiro" reino da liberdade.

---

[15] Ibidem, p. 223.
[16] Ibidem, p. 200; grifo nosso.

Nos *Manuscritos econômico-filosóficos*, Marx aborda essa problemática de um ângulo um pouco diferente: o comunismo, enquanto reino da liberdade, é prioridade do *ser* em relação ao *ter*, da autoatividade em relação à *posse* de bens. Trata-se de inverter a relação alienada estabelecida pelo capitalismo: "Quanto menos tu *fores*, quanto menos externares a tua vida, tanto mais tens, tanto maior é a tua vida *exteriorizada*, tanto mais acumulas da tua essência estranhada. Tudo o que o economista nacional te arranca de vida e de humanidade, ele te supre em *dinheiro e riqueza*"[17].

***

A guerra civil travada em torno da jornada de trabalho, e da qual falava Marx em *O capital*, estendeu-se e intensificou-se consideravelmente depois de sua época. Não é por acaso que o 1º de Maio, dia universal dos trabalhadores, é uma homenagem ao combate dos operários de Chicago pela jornada de oito horas. Cabe aqui uma breve referência é esse episódio que marcou a história da luta de classes durante um século e meio.

Em 1886, os sindicatos norte-americanos convocaram uma greve geral para impor a jornada de oito horas – na época, os operários eram obrigados a trabalhar dez, doze ou quatorze horas por dia. Iniciada em 1º de Maio de 1886, a greve se estendeu a várias cidades. No dia 3 de maio, diante das fábricas McCormick, em Chicago, a polícia atirou contra a multidão, matando quatro operários. No dia seguinte, a esquerda sindical – em particular os anarcossindicalistas – convocou um protesto na praça Haymarket, antigo mercado do feno de Chicago. Quando a polícia ordenou aos manifestantes que se dispersassem, alguém – nunca se soube quem – jogou uma bomba nos policiais, matando oito e ferindo sessenta; em resposta, a polícia atirou, causando um número desconhecido de mortos e duzentos feridos.

Incapazes de encontrar o responsável pelo atentado, as autoridades prenderam os principais dirigentes do sindicalismo revolucionário de Chicago e submeteram-nos a uma paródia de justiça. Condenados por suas ideias, por seus panfletos e por suas convocações revolucionárias à luta, a maioria desses militantes foi condenada à morte. Um deles, Louis Lingg, suicidou-se com um bastão de dinamite; os quatro outros, August Spies, Albert Parsons, Adolph Fischer e

---

[17] K. Marx, *Manuscritos econômico-filosóficos*, cit., p. 142.

George Engel, foram enforcados em 11 de novembro de 1887. Já no patíbulo, com a corda em volta do pescoço, Spies pronunciou suas últimas palavras, hoje gravadas em letras de bronze no Monumento aos Mártires de Chicago: "O tempo virá em que nosso silêncio será mais poderoso do que as vozes que vocês agora estrangulam". Alguns anos depois, em 1893, o novo governador do Estado de Illinois, John P. Altgeld, reabilitou os militantes assassinados, reconhecendo que a maioria das "provas" apresentadas pela acusação durante o processo era "pura falsificação". Em 1889, no Congresso da Segunda Internacional, foi decidido que o 1º de Maio seria o dia internacional da luta dos trabalhadores pela jornada de oito horas.

Não é meu objetivo enumerar aqui os múltiplos episódios dessa luta no decorrer do século XX. Basta dizer que ela continua até hoje. Enquanto os governos da Europa e dos Estados Unidos tentam aumentar a jornada de trabalho, o governo de Evo Morales reduziu a semana de trabalho na Bolívia para 39 horas.

Para concluir, algumas observações sobre o significado humano, econômico, político e ecológico da redução da jornada de trabalho.

- O tempo livre, como já insistia Marx, é o tempo para a autorrealização humana, para a atividade livremente escolhida, esportiva, erótica, cultural, política, artística etc. Nesse sentido, a luta atual pela redução da jornada de trabalho prefigura o que será amanhã uma sociedade em que o tempo livre ocupará o lugar central. Um tempo que não será mais desperdiçado com o consumismo frenético imposto pela publicidade e pela ideologia mercantil do capitalismo, mas um tempo dedicado à *atividade humana* em todas as suas formas.
- O tempo livre é a condição para uma verdadeira democracia participativa. E muito difícil para um trabalhador ou trabalhadora, depois de oito ou dez horas de trabalho, participar de reuniões, assembleias, debates e outras atividades sindicais ou políticas. Com uma redução substancial da jornada de trabalho, facilita-se consideravelmente a participação direta da população trabalhadora em assembleias de bairro, assembleias de orçamento participativo, reuniões sindicais ou políticas no local de trabalho, e outras manifestações de democracia participativa.
- A redução da jornada de trabalho significa redução do desemprego. Todos trabalham, e todos têm menos horas de trabalho. Dupla vantagem! Não é por acaso que os sindicatos, em muitos países do mundo, apresentam a redução da jornada de trabalho como principal método para combater o desemprego. Na França, durante o período em que foi dirigida por um governo de cen-

tro-esquerda, conseguiu-se impor uma jornada semanal de 35 horas, mas os governos conservadores que se sucederam, sem ousar suprimir essa lei, fizeram de tudo para esvaziar seu conteúdo.

- Por fim, o significado ecológico da redução da jornada de trabalho. Em vez de "trabalhar mais para ganhar mais", como propôs infamemente o presidente Sarkozy, privilegiamos o tempo livre, o tempo da autoatividade. Em outras palavras, colocamos a qualidade de vida e a liberdade acima da obsessão consumista de aquisição de mais e mais bens. A redução da jornada de trabalho, sem diminuição de salário, é um primeiro passo para romper o círculo vicioso do produtivismo e do consumismo, responsáveis pela crise ecológica que se aproxima de nós a passos rápidos.

SOBRE O AUTOR

MICHAEL LÖWY nasceu na cidade de São Paulo em 1938, filho de imigrantes judeus de Viena. Licenciou-se em Ciências Sociais na Universidade de São Paulo em 1960 e doutorou-se na Sorbonne, sob a orientação de Lucien Goldmann, em 1964. Vive em Paris desde 1969, onde trabalha como diretor de pesquisas no CNRS (Centre National de la Recherche Scientifique) e dirige um seminário na École des Hautes Études en Sciences Sociales. Considerado um dos maiores pesquisadores das obras de Karl Marx, Leon Trotski, Rosa Luxemburgo, György Lukács, Lucien Goldmann e Walter Benjamin, tornou-se referência teórica para militantes revolucionários de toda a América Latina. Foi homenageado, em 1994, com a medalha de prata do CNRS em Ciências Sociais. É autor de livros e artigos traduzidos em 25 línguas. Sobre ele, a Boitempo publicou *As utopias de Michael Löwy: reflexões de um marxista insubordinado* (orgs. Ivana Jinkings e João Alexandre Peschanski, São Paulo, 2007) e *Michael Löwy: marxismo e crítica da modernidade* (Fabio Mascaro Querido, 2016).

Principais publicações no Brasil:

Para uma sociologia dos intelectuais revolucionários
São Paulo, Ciências Humanas, 1979

Ideologias e ciência social: elementos para uma análise marxista
São Paulo, Cortez, 1985

Método dialético e teoria política
Rio de Janeiro, Paz e Terra, 1985

Redenção e utopia: o judaísmo libertário na Europa central
São Paulo, Companhia das Letras, 1989

Romantismo e messianismo
São Paulo, Perspectiva/Edusp, 1990

Marxismo e Teologia da Libertação
São Paulo, Cortez, 1991

Romantismo e política
(com Robert Sayre) Rio de Janeiro, Paz e Terra, 1993

As aventuras de Karl Marx contra o barão de Münchhausen
São Paulo, Cortez, 1994

A evolução política de Lukács: 1909-1929
São Paulo, Cortez, 1998

O pensamento de Che Guevara
São Paulo, Expressão Popular, 1999

O marxismo na América Latina: uma antologia de 1909 aos dias atuais
São Paulo, Fundação Perseu Abramo, 1999

A guerra dos deuses: religião e política na América Latina
Petrópolis, Vozes, 2000 (Prêmio Sérgio Buarque de Holanda – categoria ensaio, concedido pelo Ministério da Cultura)

A estrela da manhã: surrealismo e marxismo
Rio de Janeiro, Civilização Brasileira, 2002

Ecologia e socialismo
São Paulo, Cortez, 2005

Walter Benjamin: aviso de incêndio – uma leitura das teses "Sobre o conceito de história"
São Paulo, Boitempo, 2005

Franz Kafka: sonhador insubmisso
Rio de Janeiro, Azougue, 2005

Romantismo e messianismo
São Paulo, Perspectiva, 2008

Lucien Goldmann ou a dialética da totalidade
(com Sami Naïr) São Paulo, Boitempo, 2009

Revoluções (org.)
São Paulo, Boitempo, 2009

Ler Marx
(com Emmanuel Renault e Gérard Duménil) São Paulo, Unesp, 2011

Judeus heterodoxos
São Paulo, Perspectiva, 2012

A jaula de aço: Max Weber e o marxismo weberiano
São Paulo, Boitempo, 2014

Revolta e melancolia: o romantismo na contracorrente da modernidade
(com Robert Sayre) São Paulo, Boitempo, 2015

Centelhas: marxismo e revolução no século XXI
(com Daniel Bensaïd) São Paulo, Boitempo, 2017

A estrela da manhã
São Paulo, Boitempo, 2018

OUTRAS PUBLICAÇÕES DA BOITEMPO

O futuro começa agora
BOAVENTURA DE SOUSA SANTOS
Apresentação de **Naomar de Almeida-Filho**
Orelha de **Ruy Braga**

Interseccionalidade
PATRICIA HILL COLLINS E SIRMA BILGE
Tradução de **Rane Souza**
Orelha de **Winnie Bueno**

O manifesto socialista
BHASKAR SUNKARA
Tradução de **Artur Renzo**
Orelha de **Victor Marques**

Minha carne
PRETA FERREIRA
Prefácio de **Juliana Borges**
Posfácio de **Conceição Evaristo**
Orelha de **Erica Malunguinho**
Quarta capa de **Angela Davis, Allyne Andrade e Silva, Maria Gadú e Carmen Silva**

O patriarcado do salário, volume I
SILVIA FEDERICI
Tradução de **Heci Regina Candiani**
Orelha de **Bruna Della Torre**

Raça, nação, classe
ÉTIENNE BALIBAR E IMMANUEL WALLERSTEIN
Tradução de **Wanda Caldeira Brant**
Orelha de **Silvio Almeida**

Rosa Luxemburgo e a reinvenção da política
HERNÁN OUVIÑA
Tradução de **Igor Ojeda**
Revisão técnica e apresentação de **Isabel Loureiro**
Prefácio de **Silvia Federici**
Orelha de **Torge Löding**
Coedição de **Fundação Rosa Luxemburgo**

ARSENAL LÊNIN
Conselho editorial Antonio Carlos Mazzeo, Antonio Rago,
Augusto Buonicore, Ivana Jinkings, Marcos Del Roio,
Marly Vianna, Milton Pinheiro e Slavoj Žižek

O que fazer?
VLADÍMIR ILITCH LÊNIN
Tradução de **Edições Avante!**
Revisão da tradução de **Paula Vaz de Almeida**
Prefácio de **Valério Arcary**
Orelha de **Virgínia Fontes**

BIBLIOTECA LUKÁCS

Essenciais são os livros não escritos: últimas entrevistas (1966-1971)
GYÖRGY LUKÁCS
Organização, tradução, notas e apresentação de **Ronaldo Vielmi Fortes**
Revisão técnica e apresentação de **Alexandre Aranha Arbia**
Orelha de **Anderson Deo**

ESCRITOS GRAMSCIANOS

Odeio os indiferentes: escritos de 1917
ANTONIO GRAMSCI
Seleção, tradução e aparato crítico de **Daniela Mussi e Alvaro Bianchi**
Orelha de **Guido Liguori**

ESTADO DE SÍTIO
Coordenação de Paulo Arantes

A escola não é uma empresa
CHRISTIAN LAVAL
Tradução de **Mariana Echalar**
Orelha de **Afrânio Catani**

MARX-ENGELS

Dialética da natureza
FRIEDRICH ENGELS
Tradução e notas de **Nélio Schneider**
Apresentação de **Ricardo Musse**
Orelha de **Laura Luedy**

MARXISMO E LITERATURA
Coordenação de Michael Löwy

A estrela da manhã
Michael Löwy
Tradução de **Eliana Aguiar**
Apresentação de **Leandro Konder**
Orelha de **Alex Januário**
Apêndice de **Sergio Lima**

PANDEMIA CAPITAL

Pandemia: covid-19 e a reinvenção do comunismo
Slavoj Žižek
Tradução de **Artur Renzo**
Prefácio de **Christian Ingo Lenz Dunker**

CLÁSSICOS BOITEMPO

Estrela vermelha
Aleksandr Bogdánov
Tradução e prefácio de **Paula Vaz de Almeida e Ekaterina Vólkova Américo**
Orelha de **Pedro Ramos de Toledo**

BARRICADA
Conselho editorial Gilberto Maringoni e Luiz Gê

Marx: uma biografia em quadrinhos
Anne Simon e Corinne Maier
Tradução de **Mariana Echalar**
Letras de **Lilian Mitsunaga**

BOITATÁ

Troca-tintas
Gonçalo Viana

Combate na praça do Palácio Real, Paris. Litografia da série "Revolução de 1848", de A. Bes e F. Dubreuil, c. 1849.

Este livro foi composto em California, 10,5/14,5, e reimpresso em papel Avena 80 g/m² pela gráfica Lis, para a Boitempo, em abril de 2021, com tiragem de 500 exemplares.